CW01648735

L'ANTIQUITÉ RETROUVÉE

Illustration de couverture :

Vue du centre-ville de Rome au IVe siècle apr. J.-C.

7, rue Jean-du-Bellay - 75004 Paris
Tél. : 01 43 26 85 82 - Fax. : 01 43 29 34 88
ISBN : 2-87772-316-X

L'ANTIQUITÉ RETROUVÉE

JEAN-CLAUDE GOLVIN

AVEC LA COLLABORATION DE

GÉRARD COULON, AUDE GROS DE BELER

ET FRÉDÉRIC LONTCHO

DEUXIÈME ÉDITION

editions errance

Note de l'Éditeur

Jean-Claude Golvin commence par suivre une formation d'architecte, et il s'intéresse à l'Antiquité. Il se lance dans une thèse sur les amphithéâtres romains, entre au Bureau d'architecture antique et fait un détour par l'Égypte, où il dirige pendant dix ans le Centre franco-égyptien d'étude et de restauration des temples de Karnak. C'est à la fin de son séjour, que ce directeur de recherche au CNRS eut envie de restituer les lieux où il avait travaillé. Ce fut d'abord un passe-temps. De retour à Paris, il s'adressa, sans trop y croire, à un éditeur. De là naquirent une collaboration et une amitié qui durent maintenant depuis plus de quinze ans, et ont permis de réaliser huit livres où son nom apparaît sur la couverture avec ceux d'archéologues de différentes disciplines et de participer à une vingtaine d'autres publications.

Très vite, les archéologues, les éditeurs, les auteurs et les journalistes ayant compris l'intérêt de la reconstitution, les dessins de Jean-Claude Golvin se mirent à illustrer couvertures de livres et grands magazines. Travailleur infatigable menant encore de nombreuses missions scientifiques en Tunisie, tous ses loisirs sont consacrés à sa passion : reconstituer les lieux du passé.

La naissance d'une image est une histoire complexe. Elle est avant tout le résultat d'un long dialogue avec les archéologues. Les restes visibles peuvent avoir été mis au jour après plus d'un siècle de fouilles, travail de nombreux chercheurs qui se sont succédé, ayant plus ou moins publié leurs résultats. La connaissance de la topographie ne peut être qu'irrégulière. Certaines zones sont surdocumentées, d'autres mal interprétées, d'autres encore non fouillées. Il faut jongler avec tous ces éléments pour trouver une harmonie et donner une impression, une ambiance, une couleur à l'air. Jean-Claude Golvin préfère le nom d'« évocation » à celui de « restitution ». Dans l'écrit, devant le manque de connaissances, on élude, on ne parle pas d'un quartier non fouillé. Le dessin ne permet pas ces échappatoires. Il faut donc oser, et Jean-Claude Golvin a eu du courage. Quelques chercheurs se sont gaussés, d'autres se sont attaqués à des points de détail, comme s'ils n'avaient jamais songé à imaginer les lieux de leur étude et comme si seuls comptaient le diamètre d'une colonne ou le détail d'une peinture. Mais, pour beaucoup d'archéologues, Golvin a permis une avancée de la réflexion. Souvent la première image réalisée implique des remises en question, obligeant à élaborer une nouvelle évocation.

Ces dessins sont de fantastiques synthèses. Sur quelques décimètres carrés sont réunis des milliers d'informations. L'équivalent de plusieurs dizaines de livres et de plans devient accessible en un seul regard.

Et puis, il y a le choix du rêve. Connaissant les techniques informatiques des images virtuelles, auxquelles il a souvent participé, l'artiste a opté pour l'aquarelle. Il tient à la nuance des couleurs et à la beauté de l'image. Après la rigueur scientifique, le résultat veut faire rêver.

Depuis vingt ans, Jean-Claude Golvin arpente l'Antiquité. Ses dessins illustrent des publications savantes, des livres de vulgarisation, des articles de presse. Il a dessiné ainsi plus de six cents restitutions, qui se retrouvent dispersées. Nous avons réuni dans ces pages les images des plus grands sites de l'Antiquité, depuis 2500 av. J.-C. jusqu'au Ve siècle apr. J.-C., englobant les grandes civilisations de la Mésopotamie et du bassin méditerranéen. Les planches concernant l'Égypte et la Gaule romaine sont extraites de deux précédents ouvrages de Jean-Claude Golvin, *Voyage en Égypte ancienne* (Actes Sud/Errance 1999) et *Voyage en Gaule romaine* (Actes Sud/Errance 2002). Les grands ports de la Méditerranée proviennent de *Voyages sur la Méditerranée romaine* (Actes Sud/Errance 2005).

Une grande unité se dégage de cette œuvre, mais, pour chaque site, le créateur extrait une idée forte qui caractérise celui-ci, ainsi que son histoire. Certaines de ces reconstitutions représentent des villes romaines. Selon les critères stricts de l'urbanisme romain, les cités devraient toutes être semblables ; pourtant, elles sont toutes différentes.

Les cent évocations présentées dans cet ouvrage apportent une connaissance encyclopédique de l'architecture et de l'urbanisme dans l'Antiquité. Le visiteur n'imaginera plus les ruines qu'il observe de la même façon. Quelques colonnes dressées peuvent se ressembler, mais elles appartenaient à des monuments très différents. Ce livre témoigne de la diversité du génie humain quand il bâtit ces villes, avec leurs sanctuaires, leurs lieux publics et leurs habitats. Il est une fantastique invitation au voyage dans cette Antiquité retrouvée.

Frédéric Lontcho

Le Proche-Orient

On sait aujourd'hui que la ziggourat d'Ur est le premier édifice de ce type construit en Mésopotamie ; c'est donc elle qui a servi de modèle aux trente-trois autres tours sacrées répertoriées au Moyen-Orient. Bâtie dans la première moitié du IIIe millénaire av. J.-C., elle ne comprend que trois degrés et ne s'élève qu'à 21,33 m de hauteur, ce qui est peu si on la compare avec la fameuse tour de Babylone comptant sept degrés pour une hauteur minimale estimée à 50 m. Le bon état de conservation de la ziggourat d'Ur est dû à la qualité exceptionnelle de son revêtement de briques cuites – importante innovation technique de l'époque –, qui mesure 2,50 m d'épaisseur. Les orifices aménagés dans le revêtement doivent permettre à la masse de brique crue interne de s'aérer, tout en l'empêchant de se fissurer. De même, l'inclinaison des parois et leur forme légèrement incurvée ne sont pas des caprices esthétiques, mais doivent faciliter la lutte contre les poussées.

UR (IRAK)

Après s'être déclaré indépendant du roi d'Uruk, le gouverneur Ur-Nammu se proclame roi et fait de la ville d'Ur qu'il administrait sa capitale. Cette nouvelle dynastie, qui s'étend de 2112 à 2004 av. J.-C., inaugure une ère de grande prospérité. Durant cette période, Ur se trouve à la tête d'un véritable empire sumérien, étendant son influence sur toute la Mésopotamie : Sumer, Akkad, Élam et Assur. Elle administre le pays en nommant des gouverneurs interchangeables – une quarantaine au total – qui ne dépendent que du roi. Des envoyés rendent compte au souverain de tout ce qui se passe en province. Ce dernier est le chef suprême de l'armée. À son service, il dispose de la bureaucratie la plus élaborée de l'Antiquité. Toutes les transactions sont contrôlées quotidiennement, tandis que la gestion des richesses stockées et redistribuées procure à l'État une grande part de ses revenus ; celui-ci perçoit les contributions volontaires des gouverneurs et les taxes. Tributs et butins enrichissent le trésor et des milliers de journaliers cultivent la terre, récoltent et creusent des canaux pour assurer une bonne irrigation. Un commerce prospère se développe, permettant aux villes et aux temples de s'enrichir.

La ville, défendue par un haut rempart, s'étend sur une superficie très vaste couvrant 1,2 km sur 700 m. Elle comprend deux ports sur l'Euphrate, l'un au nord et l'autre à l'ouest. Elle est entièrement construite en briques crues et ses rues ont un tracé irrégulier complexe, les murs se superposant à d'anciennes structures. La grande enceinte occupe la partie nord de la ville et mesure 350 m sur 200 m. Entièrement dédiée au dieu de la lune Nannar, elle est accessible par des portes monumentales et abrite les édifices les plus importants de la ville. Elle comprend le temple proprement dit, la ziggourat, et trois autres grands complexes monumentaux : les magasins du temple, vaste quadrilatère de 80 m de côté ; la résidence officielle de la grande prêtresse du dieu de la lune ; un palais royal qui ne devait servir qu'à l'occasion des cérémonies officielles, le palais du souverain se trouvant dans la ville sainte voisine de Nippur. La nécropole royale se trouve également dans l'enceinte. Pour réaliser cet immense complexe, Ur-Nammu fait appel à des architectes dont l'influence va s'exercer sur toutes les grandes villes du royaume.

Vers 2100 av. J.-C., les architectes d'Ur-Nammu réalisent, à Ur, dans la capitale du royaume, le premier exemple de ziggourat, monument massif en briques crues, adoptant une forme rectangulaire – ou carrée – et comprenant plusieurs terrasses superposées; munies de parements obliques, celles-ci sont d'importance décroissante et accessibles par des escaliers monumentaux. On a généralement tendance à croire que ces derniers relient la cour, où se trouve le "temple d'en bas", au sommet de l'édifice, où se dresse le "temple d'en haut", aux parois étincelantes, dit-on, car revêtues de briques émaillées. Or, si l'on en juge par les nombreuses représentations de ziggourats sur les sceaux-cylindres, les *kudurrûs* (stèles-frontières définissant la limite de domaines) et les reliefs mésopotamiens, il apparaît très clairement que de nombreux édifices de ce type ne supportent aucun monument. Il n'empêche que, même dans ce contexte, la ziggourat n'apparaît pas comme un élément isolé; quelle que soit sa structure, il semble qu'elle fonctionne plutôt comme un organe essentiel d'un complexe religieux important.

Le mot ziggourat, d'origine akkadienne, dérive de *zaqaru* qui signifie "haut, être élevé". Les noms donnés à certaines ziggourats nous éclairent sur leur rôle et sur celui du temple ou de la chapelle qui les couronnait éventuellement: "Maison de la Montagne de l'Univers" (Assur), "Maison qui est le fondement du Ciel et de la Terre" (Babylone), "Maison des sept guides du Ciel et de la Terre" (Borsippa), "Maison élevée de Zababa et d'Innina dont la tête est haute comme le Ciel" (Kish)... Si l'on ne peut se faire une idée précise sur les cérémonies qui s'y déroulaient dans l'Antiquité, ni départager les hypothèses variées émises à ce sujet, on peut toutefois penser que le rôle premier de la ziggourat est d'établir un lien continuel entre les divinités du ciel et de la terre. Cet édifice, qui sacralise à la fois le temple et la ville, reste, en quelque sorte, un lieu de passage et un axe du monde où convergent les chemins du ciel et ceux de l'abîme liquide sur lequel flotte la terre.

La ziggourat d'Ur avec ses trois degrés s'élevant à 21,33 m de haut, premier monument de ce type construit en Mésopotamie à l'initiative d'Ur-Nammu, fondateur de la IIIe dynastie d'Ur (2112-2004 av. J.-C.).

BABYLONE (TELL BABIL, IRAK)

Babylone, la "Porte de Dieu", reste la plus célèbre et la plus grande ville de l'Antiquité orientale. Elle est située à une centaine de kilomètres au sud de l'actuelle Bagdad, sur la rive orientale de l'Euphrate. Si, dans les textes, le nom de Babylone apparaît dès la fin du IIIe millénaire av. J.-C., il reste que la cité révélée par les recherches archéologiques est surtout celle des rois néo-babyloniens – de Nabuchodonosor II (605-562 av. J.-C.) notamment – qui ont reconstruit la ville à la suite des destructions infligées par Sennachérib en 689 av. J.-C. et par Assurbanipal en 648 av. J.-C. À son apogée, c'est la capitale d'un vaste empire incluant l'ensemble de la Mésopotamie et rivalisant avec l'Égypte ; avec ses 1 000 ha de superficie, il s'agit de la plus grande ville du monde à son époque. Son enceinte extérieure délimite un immense espace de 12 km², au milieu duquel se dresse une triple enceinte qui cerne le quadrilatère de 1,5 km de côté correspondant au cœur de la ville. Celle-ci se compose de deux quartiers, séparés l'un de l'autre par l'Euphrate et reliés par un pont : à l'ouest, la "ville neuve" ; à l'est, une zone mieux fortifiée et plus importante, essentiellement composée d'édifices palatiaux et cultuels.

L'image de restitution proposée tente de donner une idée vraisemblable du cœur de la ville antique, reposant sur les recherches qui lui ont été consacrées et des hypothèses relatives à la localisation et à l'aspect de ses monuments les plus célèbres, en particulier les Jardins suspendus, l'une des Sept Merveilles du monde antique, la fameuse tour de Babel, nom donné à la grande ziggourat *(voir page ci-contre)*, et la porte d'Ishtar ; de ces édifices grandioses et de ces enceintes longées de canaux, il se dégage une réelle impression de puissance. Après avoir traversé le faubourg nord, la grande voie processionnelle, artère principale de la ville, traverse la porte d'Ishtar, longe les palais, les temples et l'enceinte de la ziggourat, ainsi que les beaux quartiers d'habitation, composés de maisons luxueuses à cour centrale qui s'organisent selon un tracé urbain, non orthogonal mais assez régulier ; puis, elle bifurque vers l'ouest, à angle droit, en direction du pont qui enjambe l'Euphrate.

BABYLONE (600 av. J.-C.)

Sans preuves archéologiques, les Jardins suspendus sont imaginés avec l'esprit et les contraintes des techniques architecturales des bâtisseurs

1 • L'Euphrate, fleuve traversant Babylone de part en part dans le sens sud-nord (ici, apparaît la représentation du quartier est)

2 • Enceinte extérieure, commencée par le roi Nabopolassar (625-605 av. J.-C.) et achevée par son fils Nabuchodonosor II (605-562 av. J.-C.)

3 • Triple enceinte cernant le cœur de la ville (elle est composée de trois murs hérissés de tours et séparés par des voies de circulation d'une douzaine de mètres de largeur)

4 • Grande enceinte défensive protégeant l'entrée du centre de la ville et les palais du côté nord

5 • Porte d'Enlil

6 • Porte de Ninurta, également appelée porte de Zabada

7 • Porte de Marduk

8 • Porte d'Ishtar aux parements de briques vernissées de couleur bleue (elle est décorée de motifs représentant des taureaux et des dragons, animaux attributs de Marduk, la divinité principale de Babylone)

9 • Palais du Nord, édifié par Nabuchodonosor II à la fin de son règne, vers le milieu du VIe siècle av. J.-C.

10 • Emplacement et aspect le plus vraisemblable des célèbres Jardins suspendus, considérés comme la Deuxième Merveille du monde antique (ils se présentent sous la forme d'une succession de terrasses plantées de grands arbres, bien irriguées, supportées par des voûtes et reliées par des rampes)

11 • Temple de la déesse Ninmah

12 • Temple d'Ishtar d'Agadé

13 • Temple de Nabu

14 • Monument constitué de chambres voûtées que l'archéologue Koldewey a tout d'abord identifié, à tort, comme les Jardins suspendus (il s'agirait plus probablement des magasins du palais)

15 • Palais du Sud, résidence principale de Nabuchodonosor II commencée par son père Nabopolassar comprenant plusieurs grandes cours et la salle du trône (c'est dans ce palais que s'est éteint Alexandre le Grand en 323 av. J.-C.)

16 • Grande voie processionnelle dallée où les statues des dieux défilaient lors des fêtes, notamment lors de celle du Nouvel an (le nom de cette grande artère de Babylone, *Aibur-Shabu*, signifie "les ennemis ne passent jamais")

17 • Forteresse aux murs épais de 25 m, défendant le palais du Sud depuis le fleuve

18 • Enceinte de l'*Eténénanki* enfermant la ziggourat (ce nom signifie "la Maison qui est le fondement du Ciel et de la Terre")

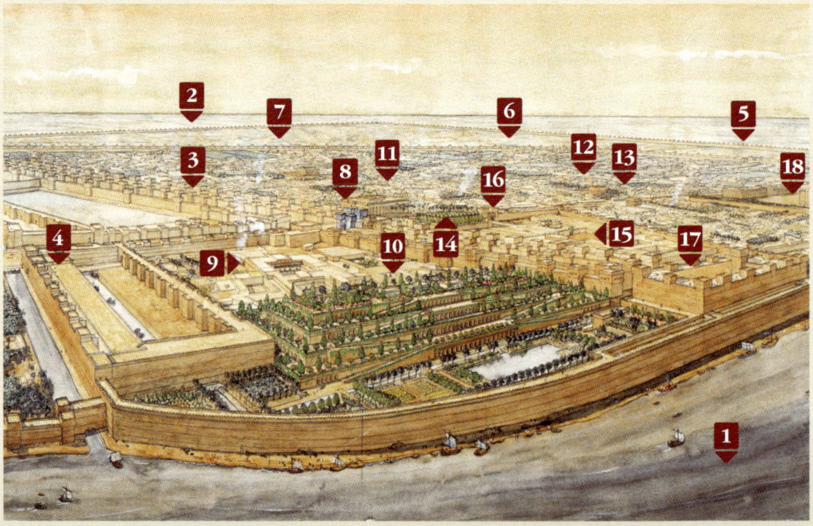

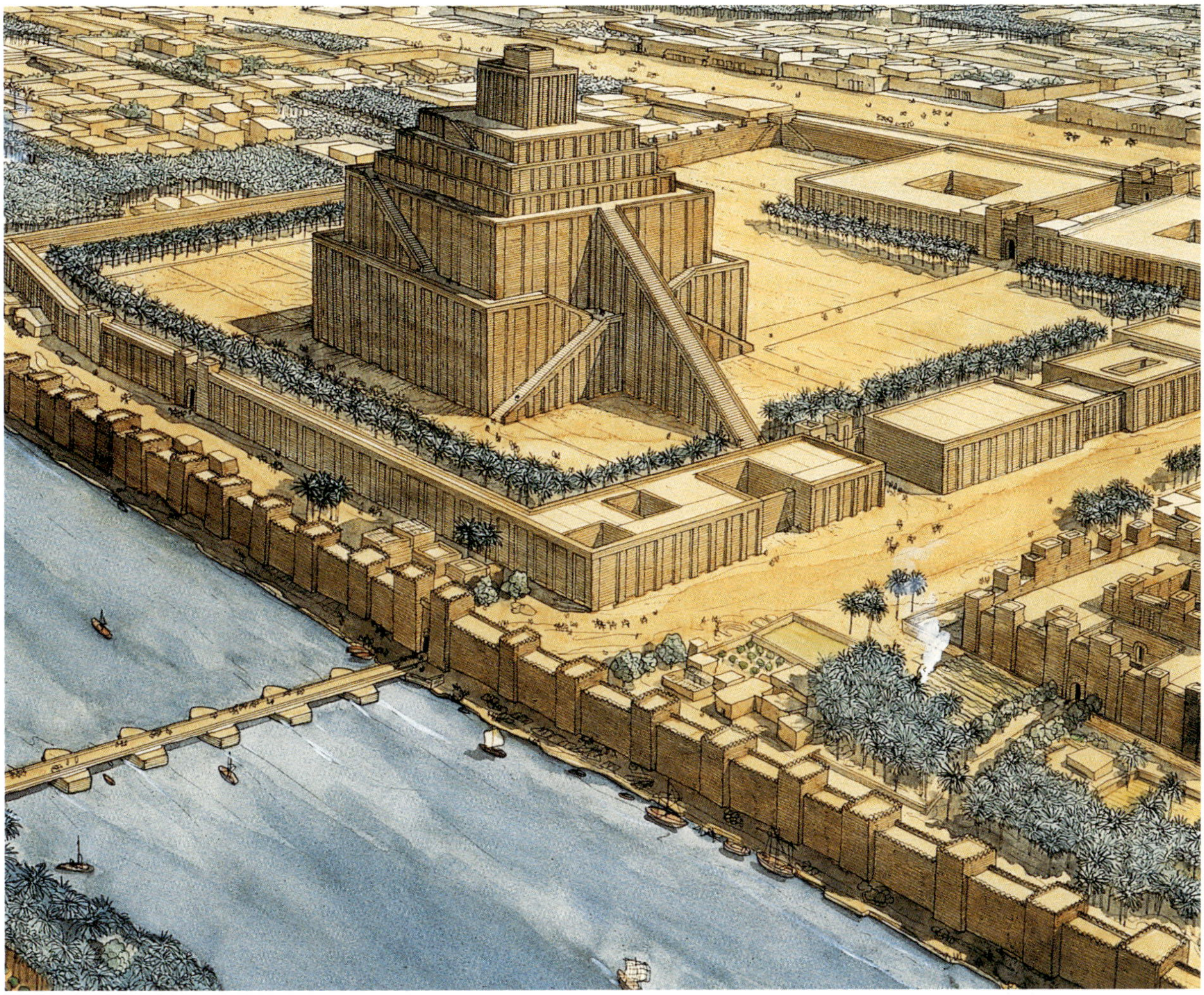

Au cœur du grand quartier oriental de la ville, immédiatement au bord de l'Euphrate, gisent les ruines d'un temple splendide dédié à Marduk, le dieu principal de la cité, constitué de plusieurs éléments: une vaste enceinte percée de six entrées monumentales, délimitant une esplanade de 460 m de long sur 410 m de large; une ziggourat, la célèbre Tour de Babel, haute tour à sept étages, vraisemblablement surmontée d'un temple; des chapelles auxiliaires et des entrepôts. Bien que la Tour de Babel soit très mal conservée, puisqu'elle ne forme plus qu'un tas de briques crues ceinturé par un fossé rempli d'eau marquant son périmètre, on parvient tout de même à se faire une idée du monument grâce à quelques témoignages écrits: le récit biblique de la *Genèse* (XI, 1-9), la description d'Hérodote (*L'Enquête*, I, 181-183) ou la tablette d'Esagil qui fournit quelques informations chiffrées. On sait déjà que, dans l'Antiquité, cet édifice portait le nom évocateur d'*Eteménanki*, la "Maison qui est le fondement du Ciel et de la Terre". Si l'on en juge par les textes, le monument a connu plusieurs aménagements. De son premier état, on ignore tout, sinon que l'édifice a été démoli par le roi assyrien Sennachérib en 689 av. J.-C. Immédiatement reconstruite par ses successeurs Assarhaddon et Assurbanipal, la ziggourat connaît son état définitif sous les règnes des rois babyloniens Nabopolassar et Nabuchodonosor, aux VIIe-VIe siècles av. J.-C.; ceux-ci se chargent d'achever les travaux et de construire le sanctuaire situé au sommet du bâtiment. Plus tard, la tour subit les assauts des Perses qui la démolissent partiellement, puis le site se transforme en carrière de briques, et ce, jusqu'à l'époque arabe.

Dans sa description, Hérodote fournit quelques informations intéressantes, mais parfois contradictoires avec les recherches archéologiques ou les autres sources. Il évoque une tour massive de 192 m de côté (d'après les fouilles, le premier étage reposait plutôt sur un soubassement de 91,48 m sur 91,66 m, pour une hauteur très controversée, allant de 50 à 90 m), surmontée de huit tours (les dernières reconstitutions évoquent sept étages). Une rampe extérieure en spirale permet d'accéder au sommet et, à mi-chemin de la montée, on trouve une halte avec des sièges pour se reposer. Au sommet de la dernière tour se dresse un grand temple à l'intérieur duquel on peut voir un lit garni d'étoffes magnifiques et une table en or.

La ziggourat de Babylone, l'*Eteménanki* des Anciens, "la Maison qui est le fondement du Ciel et de la Terre". Rien ne subsistant de son état originel, seules les reconstitutions permettent de se faire une idée de l'ampleur et de l'apparence du monument. On penche, aujourd'hui, pour une tour de 50 à 90 m de haut, à sept étages dégressifs, reposant sur un socle d'environ 91 m de côté.

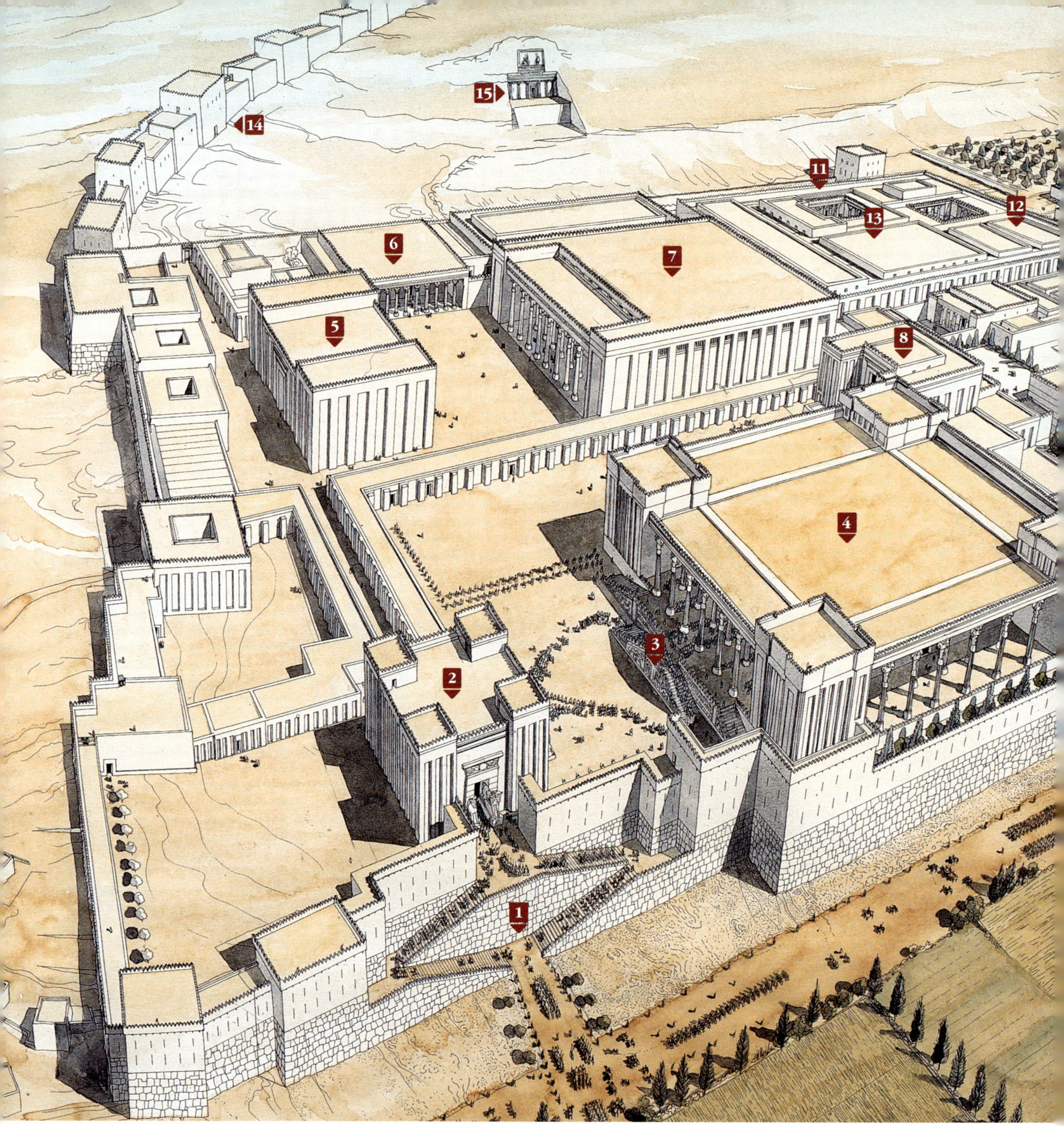

PERSÉPOLIS (IRAN)

Cette ville, créée par Darius Ier au début de son règne, vers 516-513 av. J.-C. et construite en majorité par lui et par son fils Xerxès (486-465 av. J.-C.), constitue l'une des capitales de l'Empire perse. Implantée au cœur du Fars, au nord-est de Chiraz, elle domine la haute plaine de Merv Dacht et se trouve parsemée de *tells* datant des Ve et IVe millénaires av. J.-C. La "citadelle" qui surplombe la ville, sorte de terrasse aménagée au pied du Kuh-i-Rahmat, couvre une superficie de 1,36 ha ; on y accède par un vaste escalier à deux volées symétriques donnant sur un propylée, appelé la "Porte de toutes les Nations", dont les entrées sont flanquées de monstres ailés. On parvient alors sur une vaste esplanade qui s'ouvre sur les deux principaux édifices publics de la cité : l'*Apadana* de Darius Ier (522-486 av. J.-C.), salle hypostyle carrée à trois portiques, construite sur une terrasse dont les escaliers sont décorés de reliefs célèbres ; la salle du trône de Xerxès (486-465 av. J.-C.), ou salle aux Cent colonnes. Entre les deux monuments, un propylée à double escalier décoré de reliefs, le *Tripylon*, donne accès à la partie privée de la "citadelle" comprenant principalement le palais de Darius, celui de Xerxès et la Trésorerie de Darius, édifice agrandi à plusieurs reprises par ses successeurs. Tous ces bâti-

ments sont constitués, pour l'essentiel, de vastes salles hypostyles carrées, flanquées de portiques à hautes colonnes en pierre ou en bois. Si l'on en croit les archéologues, ces palais n'étaient pas occupés en permanence par les rois perses, mais uniquement lors des fêtes célébrées au début de la nouvelle année, à l'occasion de la remise des tributs par les peuples soumis à l'Empire ; c'est justement cette cérémonie qui est représentée sur les escaliers de l'*Apadana*. Selon le récit des auteurs anciens, les sommes colossales accumulées à Persépolis ont été saisies par Alexandre, le général macédonien parti à l'assaut de l'Empire perse, et ce, peu de temps avant qu'un incendie ne vienne détruire les palais en 330 av. J.-C.

PERSÉPOLIS (Vᵉ siècle av. J.-C.)

1 • Escalier d'accès à la "citadelle" (cet escalier à double volée constitue l'unique accès à l'esplanade ; il donne sur la porte monumentale de Xerxès)

2 • "Porte de toutes les Nations", dite porte de Xerxès, commencée par Darius Ier (522-486 av. J.-C.) et achevée par Xerxès (486-465 av. J.-C.), édifice à trois portes avec salle à colonnes hautes de 14,86 m (les passages est et ouest sont gardés, comme il est de coutume dans les monuments assyriens, par des taureaux androcéphales ailés)

3 • Escaliers nord de l'*Apadana*

4 • *Apadana*, construite par Darius Ier vers 516-513 av. J.-C. sur une terrasse de 2,60 m de haut et de 112 m de côté à laquelle on accède par de vastes escaliers situés sur les faces nord et est (pour l'essentiel, elle comprend une grande salle hypostyle de trente-six colonnes dont certaines sont encore debout ; sur trois des côtés, des portiques à deux rangs de six colonnes de 19 m de haut précèdent la salle, tandis que sur le quatrième côté, c'est-à-dire au sud, on trouve des entrepôts et des locaux de service)

5 • Porte inachevée

6 • Salle aux Trente-deux colonnes

7 • Salle aux Cent colonnes, ou salle du trône de Xerxès, achevée par Artaxerxès Ier (465-424 av. J.-C.) et implantée dans la partie nord-est de la "citadelle" (isolée par un mur à redans et accessible par la "Porte de toutes les Nations", elle se dresse au fond d'une cour et se compose d'une unique salle de cent colonnes éclairée avec un système de fenêtres percées en haut des murs ; elle est précédée par un portique de seize colonnes, long de 56,15 m et flanqué de deux lions colossaux)

8 • *Tripylon*, bâtiment installé derrière l'angle sud-est de l'*Apadana* (cet édifice, avec salle intérieure à quatre colonnes et portes abritées par des portiques, constitue le lien entre le secteur public et le secteur privé de la "citadelle" ; construit sur une terrasse à double escalier, il fait office à la fois de lieu de passage et de salle d'audience)

9 • Palais de Darius Ier, ou *Tatchara* (rebaptisé *Hadish* par Xerxès), également érigé sur une terrasse (le bâtiment, auquel on accède par un portique d'entrée au sud, se compose d'une salle principale à douze colonnes et de deux salles de séjour symétriques encadrées d'annexes)

10 • Palais de Xerxès, structure très ruinée aujourd'hui mais appartenant au complexe palatial construit au sud de l'*Apadana*

11• Bâtiment de la Trésorerie, modifié et agrandi à plusieurs reprises (au départ, il s'agit sans doute d'un palais, qui, à la suite de ses transformations successives, se transforme en Trésorerie)

12 • Palais initial construit par Darius Ier (l'édifice forme un rectangle de 61,90 m sur 120,70 m ; il se rattache à la tradition mésopotamienne du palais-résidence, structure s'organisant autour d'une cour intérieure unique à quatre portiques desservant des appartements privés indépendants)

13 • Rajout postérieur (cet aménagement de Xerxès prévoit une extension nord, principalement constituée d'une cour à portiques et d'une salle énorme de cent vingt colonnes, et une extension ouest, appelée le "Harem" et possédant de nombreuses dépendances)

14 • Fortifications de la "citadelle"

15 • Tombes royales rupestres creusées dans la montagne au-dessus de la "citadelle", attribuées sans certitude à Artaxerxès II (405-361 av. J.-C.) et Artaxerxès III (361-338 av. J.-C.)

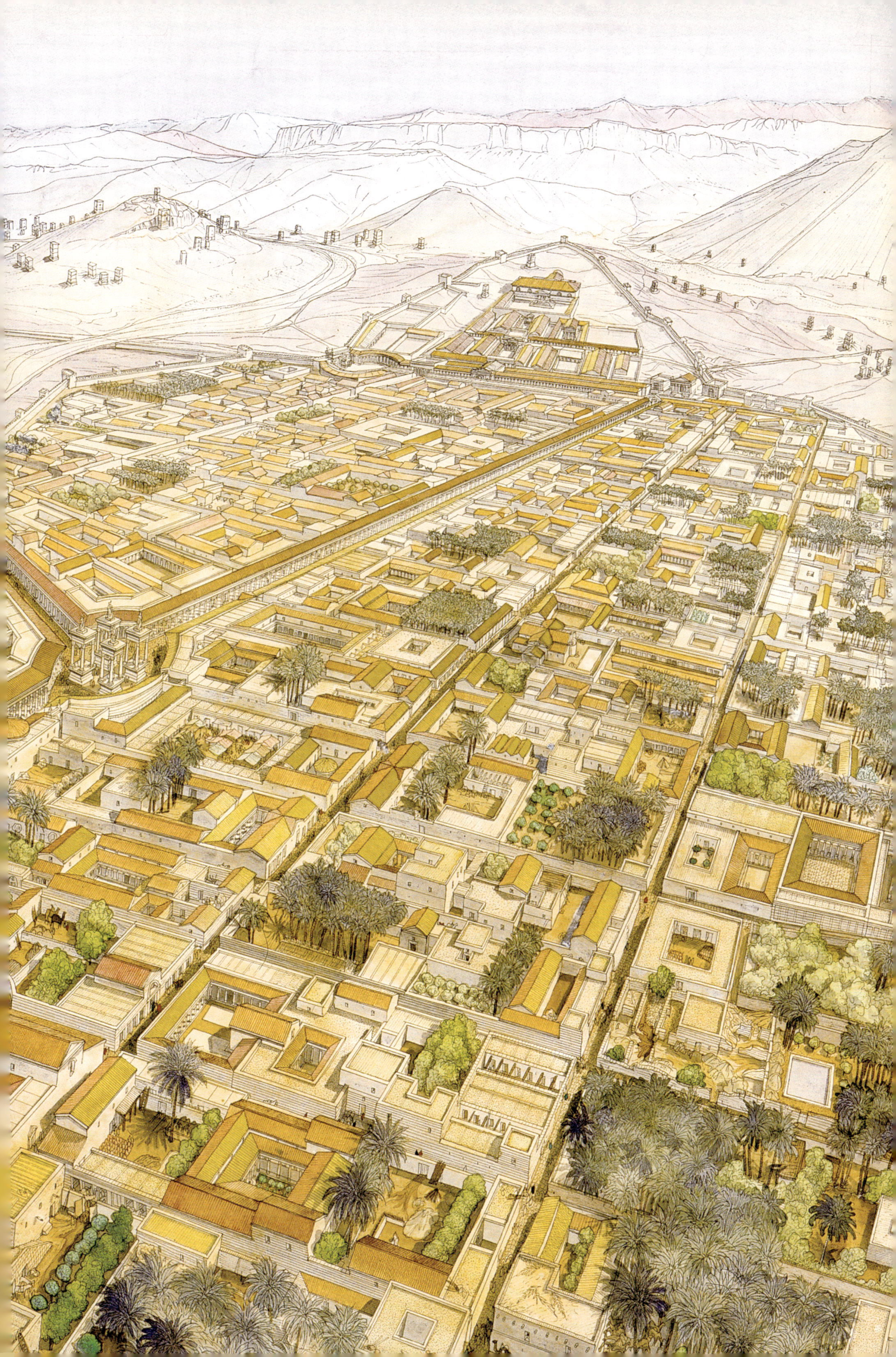

PALMYRE (SYRIE)

L'époque romaine est la mieux connue et la plus représentative de la longue histoire de Tadmor (Palmyre), une ville qui ne peut être comparée à aucune autre tant son rôle et la caractéristique de ses monuments sont originaux.

La ville occupait une position géographique idéale à la limite du désert syrien. Palmyre, véritable "port du désert", était située sur le chemin le plus court qui permettait

PALMYRE

Évoquer une ville dans le désert à la croisée des pistes

1 • Partie de la grande colonnade venant du temple de Bel. Elle servait de voie processionnelle lors des grandes fêtes du dieu

2 • Arc monumental (à trois arches). Le monument est de plan triangulaire car il se situe à l'articulation de deux parties de la grande colonnade dont l'orientation est différente

3 • Sanctuaire de Nebô (fils du grand dieu de Babylone, Mardouk). Nebô était le dieu des oracles et de la sagesse. Le temple à *podium* comprend six colonnes corinthiennes en façade. L'enceinte crénelée et couverte en terrasse est accessible par un propylée. Devant le temple se dresse un autel monumental

4 • Partie de grande colonnade (construite de 158 à 229 apr. J.-C.) traversant le quartier central de la ville. La voie (large de 11 m et bordée de portiques) était longée par des colonnes pourvues de consoles supportant des statues. Sous les portiques s'ouvraient de nombreuses boutiques

5 • Bains de Dioclétien.
Le bâtiment, dont la création remonte au IIe siècle apr. J.-C. et qui servit ensuite de palais à la reine Zénobie, fut restauré et achevé par Sossianus Hiéroclès, gouverneur romain de Syrie, entre 293 et 303

6 • Une belle maison à péristyle de Palmyre a été fouillée près du théâtre. Elle donne une bonne idée des plus belles demeures de la grande ville, dont les quartiers sont encore peu explorés

7 • Bien que doté d'une scène monumentale correspondant à un édifice de spectacle de grandes dimensions, le théâtre de Palmyre est peut-être resté inachevé : les vestiges conservés ne correspondent qu'au tiers inférieur de l'ensemble des gradins d'un théâtre complet

8 • Centre prestigieux de la vie civique de la cité, l'*agora* (ou *forum* de la ville romaine) était une vaste place non dallée de 84 x 71 m entourée de portiques décorés de plus d'une centaine de statues de notables et d'effigies des empereurs romains

9 • La grande "cour" qui aujourd'hui jouxte l'*agora* et dont les murs sont percés de fenêtres était-elle couverte à l'origine ? Son emplacement et la forme de son plan pourraient correspondre à ceux d'une grande basilique civile qui jouxtait le *forum*

10 • Salle de banquets

11 • Au centre de la placette ovale qui correspondait à l'articulation principale des deux parties principales de la grande colonnade se dressait sur un socle carré de 18 m de côté le "tétrapyle" : un monument composé de quatre édicules comprenant un soubassement qui supportait une statue, quatre colonnes et un entablement

12 • Complexe monumental de Baal Shamin (le "maître des cieux"), dieu de l'orage et de la fertilité. La construction des trois cours qui constituent le sanctuaire (comprenant le temple, une salle de banquet et un tombeau collectif) s'est échelonnée au long des Ier et IIe siècles de notre ère

13 • Dernière partie de la grande colonnade aboutissant à un arc monumental

14 • Temple funéraire

15 • Sanctuaire d'Allat (divinité guerrière d'origine arabe) construit au cours des Ier et IIe siècles et réaménagé par Dioclétien

16 • Complexe du camp réalisé vers 300 par le gouverneur Sossianus Hiéroclès, au nom de l'empereur Dioclétien. Il comprend dans l'axe la *via praetoria* au milieu de laquelle se dresse un tétrapyle monumental. Elle donne accès au *forum*, au-delà duquel se trouve la grande salle couverte des *principia* (60 x 12 m) et le temple aux enseignes.
Devant ce complexe, la "colonnade transversale" est une très large rue (servant occasionnellement de marché) qui aboutit au sud à la "place ovale"

17 • Nécropole et "vallée des tombeaux", comprenant de nombreuses tours funéraires (datées du Ier au IIIe siècle apr. J.-C.) et de grands tombeaux monumentaux datés du IIIe siècle apr. J.-C.

18 • Nécropole sud-ouest

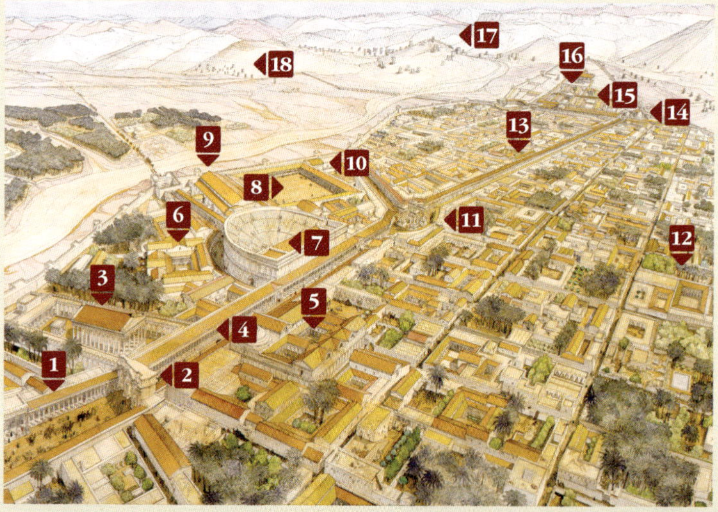

par voie de terre de relier la Méditerranée à l'Euphrate et au Golfe persique. Elle se trouvait aussi au débouché des routes de la soie venant d'Extrême-Orient et était donc le carrefour des plus grandes voies commerciales de la région. Elle doit sa fortune à l'activité des caravanes et des commerçants qui les contrôlaient.

La population de cette grande oasis était araméenne et constituée d'un ensemble complexe de clans, dont la prospérité se fondait sur une intense activité d'import-export qui la mettait en relation avec l'Orient d'une part, et la Méditerranée de l'autre. Les grandes caravanes effectuaient une expédition annuelle dont le golfe Persique était l'aboutissement, d'autres arrivaient de Perse par voie de terre.

Le nom de Palmyre reste attaché à celui de la reine Zénobie et à son épopée conquérante (aux quinze années exceptionnelles situées entre 259 et 274 apr. J.-C.). En cette période d'anarchie et de péril face aux Perses, l'empereur avait chargé un nomade nommé Odainath de défendre la ville et son territoire, entreprise qu'il mena avec un succès extraordinaire. Après son assassinat, son épouse Zénobie lui succéda. Elle put traiter d'égal à égal avec Rome. Quinze ans après avoir été vaincue par Aurélien en 274, Dioclétien réalisa le partage du pouvoir dont elle avait rêvé pour mieux organiser la défense de l'Empire.

Les monuments édifiés aux IIe et IIIe siècles ainsi que sous le règne de Dioclétien constituent l'essentiel des vestiges connus de la cité. La plus grande partie de ses quartiers d'habitation reste à fouiller, mais l'ampleur de la ville, la splendeur de ses édifices publics et celle de ses nécropoles témoignent de son originalité.

Dotée des édifices caractéristiques d'une grande ville de l'Empire, *forum*, théâtre, thermes, nymphées et traversée par des voies à colonnades magnifiques, la cité, défendue par une puissante enceinte, comprenait de beaux quartiers aux rues régulières et un grand nombre de demeures magnifiques.

Le temple de Bel

Un vaste péribole de 200 m de côté délimitait le sanctuaire. Un haut mur décoré de pilastres corinthiens engagés, couronné par une frise de merlons festonnés, constituait l'enceinte qui protégeait l'aire sacrée, grande cour dallée au centre de laquelle se dressait le temple dédié à Bel, divinité suprême de Palmyre, ainsi qu'à Yarhîbôl et Aglibôl, divinités du soleil et de la lune. Erigé à l'emplacement d'un ancien sanctuaire hellénistique et dédié en 32 apr. J.-C., à l'époque où Palmyre fut intégrée à l'Empire romain, l'édifice est original. S'il comporte certains éléments caractéristiques d'un temple romain, colonnes corinthiennes, *podium* et frontons, nombre de ses caractéristiques architecturales sont inspirées de sanctuaires traditionnels anciens de Mésopotamie et de Syrie. Les frontons factices délimitent une toiture en terrasse bordée de merlons festonnés, la *cella* à ciel ouvert ressemble à une cour dont les quatre angles sont matérialisés par des tours.

L'entrée latérale était accessible par une rampe en pente douce. À chaque extrémité de la *cella* se trouvait une chambre (*thalamos*). Celle de l'extrémité nord comprenait les reliefs cultuels représentant le dieu Bel. Des escaliers situés dans les angles de l'édifice permettaient de monter sur la toiture.

Le grand propylée ouvrait sur la voie monumentale par laquelle étaient introduits les animaux destinés aux sacrifices (taureaux, bœufs, béliers, chameaux). La construction du temple et son évolution se sont poursuivies jusqu'au dernier tiers du IIe siècle, période de construction du propylée.

BAALBEK (LIBAN)

Le gigantisme du plus grand temple jamais conçu

Blotti dans la plaine de la Beqaa, derrière la barrière du mont Liban et contre les derniers escarpements de l'Anti-Liban, le site de Baalbek offre le plus bel ensemble monumental conservé au Liban. On connaît mal l'histoire de la région, mais on situe les premiers aménagements cultuels de Baalbek vers le IIIe siècle av. J.-C., sous les Lagides qui, à la suite du partage de l'Empire d'Alexandre, règnent sur les cités phéniciennes et la Palestine. En 15 av. J.-C., Auguste y installe une colonie de vétérans et la ville, déjà bien développée, devient la *Colonia Julia Augusta Felix Heliopolitana* dont le rôle principal consiste à assurer l'ordre dans la nouvelle province de Syrie. Aujourd'hui, le site est totalement dominé par la présence de ses deux sanctuaires, sans doute commencés à l'époque hellénistique, mais sans cesse embellis, agrandis ou réaménagés jusque sous les derniers Sévères, au IIIe siècle apr. J.-C.

À droite, l'ensemble le plus imposant est consacré à Jupiter; il forme une vaste structure au fond de laquelle se dresse le temple du dieu. On y accède par un escalier monumental [1] donnant sur de majestueux propylées [2] constitués de douze colonnes en façade et sur une cour hexagonale [3] de 60 m de profondeur, entourée d'une colonnade flanquée de quatre exèdres et datée du règne de Philippe l'Arabe (237-249 apr. J.-C.). De là, on passe dans la grande cour rectangulaire [4], esplanade de 113 m sur 135 m bordée de portiques et munie d'exèdres; au centre se trouve un autel monumental à plusieurs étages [5], sorte de tour carrée de 20 m de côté, tandis que le fond est occupé par une immense plate-forme sur laquelle s'élève le sanctuaire de Jupiter [6], édifice périptère de 87 m de long sur 47 m de large. Achevé sous le règne de Néron (54-68 apr. J.-C.), il comportait initialement dix colonnes en façade et dix-neuf en longueur, mais aujourd'hui seules subsistent six colonnes du flanc sud. À ses côtés, mais nettement séparé, se dresse un temple plus petit, de 69 m de long sur 36 m de large, appelé à tort "temple de Bacchus" [7]. Sans doute postérieur d'une centaine d'années, il est très bien conservé, y compris les plafonds, et richement décoré.

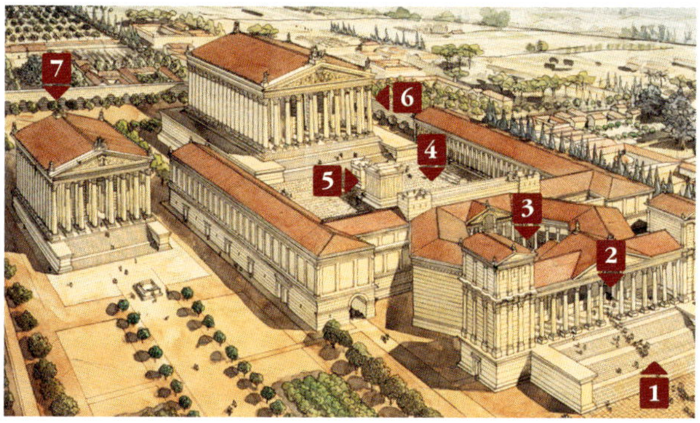

PÉTRA (JORDANIE)

Niché au fond d'un défilé rocheux situé à 80 km au sud de la mer Morte et à 100 km au nord d'Aqaba, le site de Pétra propose l'un des paysages les plus spectaculaires qu'il soit donné de voir au Moyen-Orient. Il est installé dans un lieu grandiose, totalement caché au milieu des falaises. L'endroit est si isolé et si bien dissimulé que, depuis son abandon, au VIIe siècle apr. J.-C., il n'a pas été réoccupé; il a même été oublié jusqu'en 1812, date à laquelle il a été redécouvert par Johann Ludwig Burckhardt. Pétra occupe un amphithéâtre naturel situé en moyenne à 1 000 m d'altitude, cerné par de hautes falaises de grès dont les coloris varient du jaune au brun-rouge foncé. La seule voie d'accès reste cette gorge étroite, le Siq, qui serpente à travers la montagne sur 3 km de long et à peine 3 à 11 m de large. Le choix du site a été motivé par plusieurs critères: son encaissement au cœur du massif jordanien qui offre une sécurité infaillible, la présence de sources d'eau, la possibilité de contrôler les principales voies de transport caravanier puisque la ville est implantée au croisement des pistes nord-sud, entre la Syrie et la mer Rouge, et est-ouest, entre les Indes, le golfe Persique et la Méditerranée. C'est donc par Pétra que transitent la plupart des marchandises circulant entre l'Orient et l'Occident: or, argent, pierres précieuses, bois, animaux rares, aromates, épices, encens… La ville, qui sert de relais sur ces routes commerciales, est aux mains de commerçants, très étroitement contrôlés par des dynasties locales entreprenantes et dynamiques: les Édomites, jusqu'au IVe siècle av. J.-C., puis les Nabatéens, de la fin du IVe av. J.-C. au début du IIe siècle apr. J.-C. Face au conquérant grec, séleucide, asmonéen ou romain, ces derniers parviennent à garder leur indépendance. Toutefois, profitant de la mort du roi Rabbel II, Trajan annexe la Nabatène en 106 apr. J.-C. et fonde la province d'Arabie; Bosra devient la capitale et Pétra l'une de ses métropoles.

Une fois sorti du Siq, on s'engage dans le ouadi Musa dont l'axe de circulation principal est marqué par une grande voie à double colonnade; comme semblent le suggérer les nombreux segments de dallage mis au jour, on pense qu'à l'origine cette allée était pavée et jouait sans doute le rôle de voie sacrée. De part et d'autre se dressent les principaux monuments, sanctuaires ou places publiques. À Pétra, ce sont les tombes rupestres qui constituent les édifices les plus remarquables du site. Toutes ces sépultures, aménagées pour les souverains nabatéens ou pour les grands dignitaires du royaume, sont creusées dans la falaise, soit sous forme de simples tombeaux-tours décorés de créneaux et, éventuellement, d'une gorge égyptienne, soit sous forme de tombes monumentales richement décorées en façade: Tombeau-palais, Tombeau corinthien, Tombeau dorique à l'Urne, Khazneh Firaoun…

Pétra, la cité nabatéenne (IIIe siècle apr. J.-C.)

Sans respecter les échelles relatives, ramener tout vers le regard de l'observateur, seul moyen de montrer en une seule image l'ensemble du site

1 • Porte du Siq, marquée par la présence de trois monuments entièrement dégagés de la falaise : les "Blocs des Djinns", tombeaux-tours dont deux possèdent des chambres funéraires

2 • Tombeau des obélisques et son *triclinium* : en haut, le tombeau est reconnaissable à sa façade ornée de quatre obélisques, appelés *nefesh*, cippes funéraires représentant chacun un défunt et témoignant de sa présence ; en bas, le *triclinium*, ou salle de banquet funéraire, présente six colonnes engagées en façade et est doté, à l'intérieur, de trois banquettes destinées aux invités du banquet

3 • Secteur d'Al-Madras avec quelques tombeaux anonymes

4 • Khazneh Firaoun ou trésor de Pharaon, construit au tournant de notre ère, mausolée commémoratif d'un roi nabatéen (sans doute Arétas IV), bien que la légende veuille que ce superbe édifice ait servi de cachette au trésor d'un pharaon (la façade de 40 m de haut se développe sur deux étages : en bas, une entrée précédée de six colonnes corinthiennes et surmontée d'un fronton ; en haut, une *tholos*, ornée d'une Isis-Fortune et entourée de deux pavillons latéraux avec des Amazones effectuant une danse guerrière)

5 • Zibb Atouf ou Haut-Lieu, sanctuaire occupant une crête qui domine la ville de 200 m, où l'on honorait peut-être Dushara, le grand dieu des Nabatéens (sur la plate-forme, on distingue encore l'autel pour les sacrifices, les banquettes réservées aux fidèles et le *podium* creusé pour recevoir les bétyles)

6 • Terrasse aux façades de tombeaux

7 • Tombeau 813 dit d'"Uneishu, ministre de Shaqilat II", avec sa façade de type Hégra qui désigne un tombeau-tour couronné de créneaux ou de demi-créneaux d'angle au-dessus d'une gorge égyptienne (cet édifice a livré des inscriptions nabatéennes du Ier siècle apr. J.-C. et des bijoux en or)

8 • Théâtre, creusé dans le versant nord de la montagne et construit sous le règne d'Arétas IV, au tout début du Ier siècle apr. J.-C. (avec ses trois niveaux, séparés horizontalement par deux galeries de circulation et verticalement par cinq escaliers, la *cavea* peut contenir environ 7 000 spectateurs)

9 • Ouadi Musa allant de la porte du Siq au mausolée de Sextius Florentinus (de part et d'autre du ouadi, on trouve des tombeaux appartenant aux dignitaires du royaume nabatéen, des structures cultuelles et un théâtre)

10 • Tombeau du soldat, daté de la première moitié du Ier siècle apr. J.-C. (il possède une façade à trois baies avec fronton ; entre les colonnes, on note la présence de trois niches, celle du centre abritant la sculpture d'un militaire nabatéen héroïsé)

11 • Tombeau dit "Renaissance", daté du IIe siècle apr. J.-C.

12 • Triple arche construite au tournant de notre ère

13 • Qasr el-Bint ou Château de la Fille, temple sans doute du Ier siècle av. J.-C., bâtiment haut de 23 m et formant un carré de près de 28 m de côté (l'accès s'effectue par un escalier en marbre, donnant sur une façade tétrastyle ; la *cella* est divisée en trois chapelles, celle du centre étant munie d'une plate-forme sur laquelle était installé le bétyle divin, pierre noire quadrangulaire posée sur une base en or)

14 • Carrières de pierre

15 • Bétyle aux yeux

16 • Gebel ed-Deir ou Monastère, le monument le plus prestigieux et le plus imposant de Pétra avec ses 45 m de large et ses 42 m de haut (il s'agit d'un temple, et non d'un tombeau, du IIe siècle apr. J.-C., avec une façade très semblable au Khazneh et des aménagements intérieurs liés à son rôle cultuel ; il aurait servi de lieu de rassemblement à une confrérie religieuse organisant des cérémonies en l'honneur du roi Oboas Ier qui avait combattu les Séleucides et les Asmonéens au Ier siècle apr. J.-C.)

17 • Qattar ed-Deir ou *triclinium* aux lions, tombe du Ier siècle av. J.-C. dont l'entrée est gardée par deux lions affrontés

18 • Tombeau de Sextius Florentinus, légat romain de la province d'Arabie jusqu'en 127 apr. J.-C. (tombeau-tour à fronton arqué orné du thème de la Dame aux rinceaux et surmonté d'un aigle impérial)

19 • Tombeau-palais ou tombeau à étages, le plus majestueux de la série avec ses 49 m de large et ses 46 m de haut, s'étageant sur cinq niveaux superposés et présentant, en façade, des rangées de pilastres, de colonnes engagées ou de pilastres de très petite taille

20 • Tombeau corinthien, sans doute de la fin du Ier siècle apr. J.-C., au décor architectural surchargé, constituant une sorte de mauvaise imitation du Khazneh (la façade, montée sur un *podium* d'environ 2 m, se compose d'un premier étage de huit colonnes engagées avec chapiteaux corinthiens et d'un second étage à *tholos* et pavillons latéraux)

21 • Tombeau dorique à l'Urne, transformé en église au Ve siècle apr. J.-C. et appelé la "Cour de Justice" car il a servi de tribunal (précédé de voûtes s'étageant sur deux niveaux, le tombeau possède une façade qui s'élève à 26 m de haut et une unique salle carrée fermée, au fond, par trois niches)

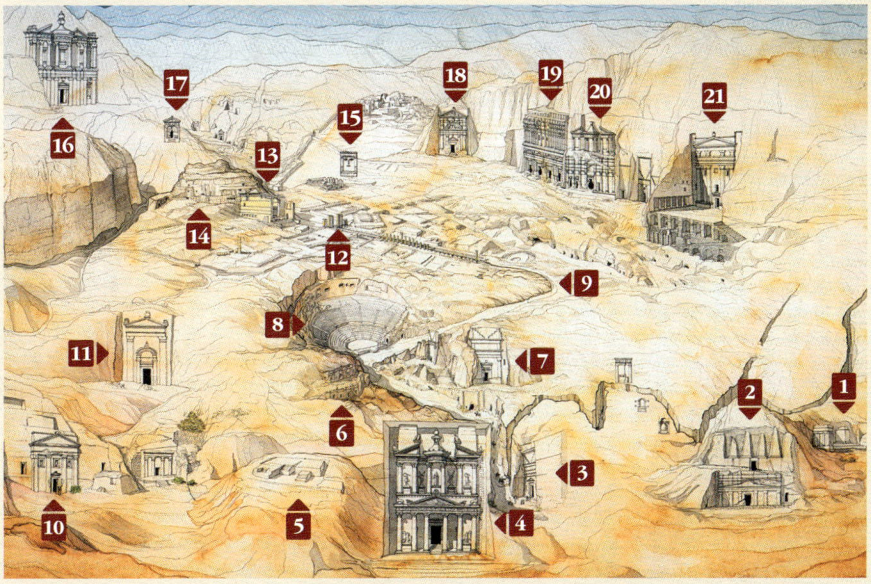

JÉRUSALEM (fin du Ier siècle av. J.-C.)
Imaginer la ville que traverse le Christ

1 • Esplanade du temple, aménagée sur le mont Moriah, vaste cour de 480 m de long sur 180 m de large entourée de portiques (elle est accessible aux juifs et aux non-juifs)
2 • Temple dit de Salomon, reconstruit par Hérode à partir de 19 av. J.-C. et remplaçant l'édifice incendié par Nabuchodonosor en 578 av. J.-C., rebâti sous le règne de Cyrus (le temple, haut de 45 m et plaqué d'or, se dresse au cœur de l'esplanade et abrite les salles les plus sacrées, notamment le *hekhal* où est conservé le chandelier à sept branches et le *débir* accessible au seul grand prêtre)
3 • Basilique longeant le côté sud de l'esplanade (c'est le lieu d'accueil des pèlerins, qui peuvent également s'y procurer des offrandes ; on pense, par ailleurs, qu'il s'agit du lieu de réunion du Sanhedrin, où siège la cour suprême de justice)
4 • Actuel mur des Lamentations, construit à l'aide d'énormes blocs de 40 à 350 t, seul vestige encore visible du temple de Salomon
5 • Escaliers et portes de Hulda, principales voies d'accès des pèlerins
6 • Pont surplombant la vallée du Cédron et faisant communiquer l'esplanade du temple avec le mont des Oliviers et les jardins de Gethsémani
7 • Forteresse Antonia, construite par Hérode en 37 av. J.-C., nommée ainsi en l'honneur du triumvir Antoine et destinée à surveiller le temple (le gouverneur romain Ponce Pilate s'y serait "lavé les mains" après la sentence de mort contre Jésus)
8 • Piscine dite "probatique", car située à la porte des Brebis (elle est construite à proximité d'un temple du dieu guérisseur Esculape et fréquentée par les infirmes et les malades qui, considérés comme impurs, ne peuvent accéder au temple)
9 • Enceinte d'Agrippa (63-12 av. J.-C.), conseiller d'Auguste, entourant l'ensemble de la ville (elle se compose d'un puissant mur, régulièrement interrompu par des tours de garde rectangulaires et par quatre portes percées aux quatre points cardinaux)
10 • Porte des Femmes ou porte de Damas, au nord de la ville
11 • Porte de l'Eau, au sud de la ville
12 • Mont des Oliviers, colline au pied de laquelle Jésus agonisa
13 • Jardins de Gethsémani, lieu de culte très ancien servant à des immolations cultuelles
14 • Vallée du Cédron
15 • Ville haute remontant à l'époque hellénistique (entourée par un rempart qui lui est propre, elle s'organise suivant un carroyage orthonormé)
16 • Palais d'Hérode et de ses successeurs, édifié en 24 av. J.-C. Il se compose de deux bâtiments séparés l'un de l'autre par des jardins, le tout étant protégé par une muraille fortifiée de tours rondes ou carrées ; au nord, le palais est protégé par trois tours portant les noms de personnages proches du roi : Mariamme, Phasaël et Hippicus.
17 • Place publique et marché, sorte de *forum* entouré de bâtiments à portiques sur trois côtés
18 • Théâtre
19 • Ville basse
20 • Emplacement supposé de l'hippodrome
21 • Piscine de Siloé, bassin construit par Ézéchias au VIIIe siècle av. J.-C. et entouré d'un portique par Hérode (elle est alimentée par la source de Gihon, grâce au creusement d'un tunnel de 533 m de long)
22 • Emplacement du Golgotha, lieu de crucifixion du Christ, mais terrain vague à l'époque d'Hérode (à proximité se trouve l'emplacement du tombeau du Christ où sera édifiée l'église du Saint-Sépulcre à l'époque byzantine)

La ville de Jérusalem sous le règne d'Hérode, à la fin du Ier siècle av. J.-C. Elle est bordée, à l'est, par le temple dit de Salomon, à l'ouest, par la ville haute (comprenant le palais d'Hérode et de ses successeurs, le *forum*, le théâtre et un riche quartier résidentiel à vastes maisons luxueuses), au sud, par la ville basse (essentiellement constituée d'habitats modestes) et, au nord, par un quartier de commerçants.

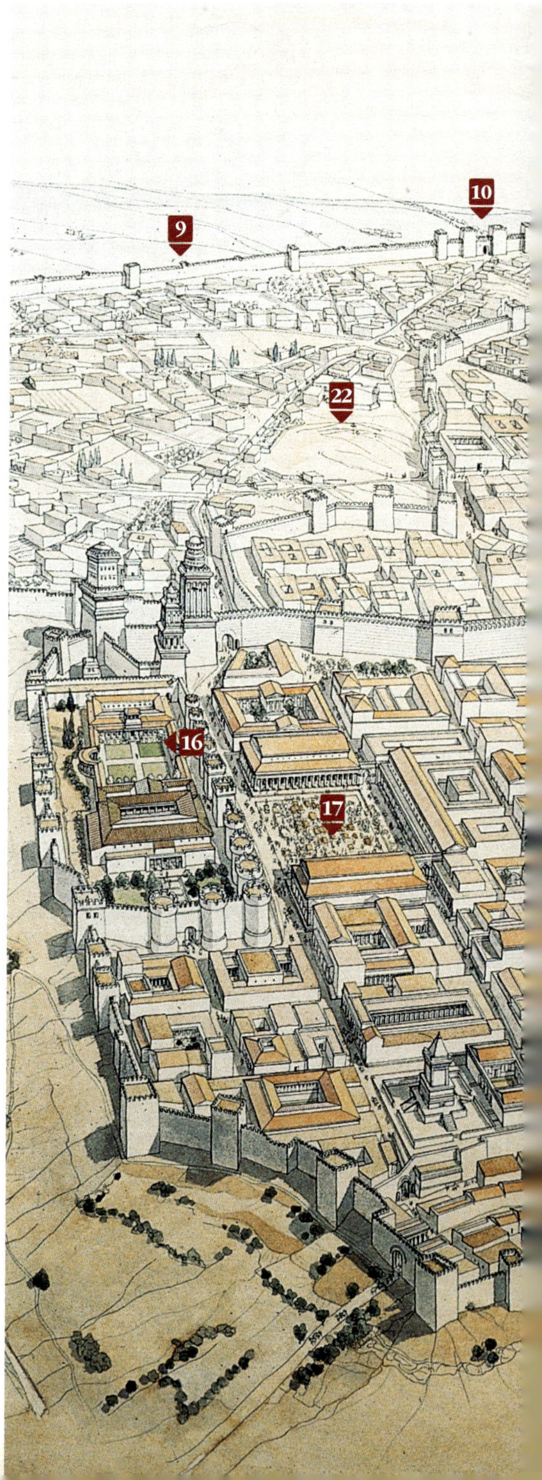

JÉRUSALEM (ISRAËL)

Maltraitée par le Babylonien Nabuchodonosor au VIe siècle av. J.-C., Jérusalem est partiellement reconstruite sous Hérode Ier, roi des Juifs entre 40 et 4 av. J.-C., qui en fait la capitale de son royaume. La ville couvre alors une superficie de 178 ha et abrite environ 30 000 habitants. Elle est ceinte d'un puissant rempart qui domine la vallée du Cédron et qui englobe principalement trois quartiers importants. La ville haute, tout d'abord, conçue selon un modèle hellénistique. Dotée de rues se coupant à angle droit, elle regroupe, autour du palais royal, du *forum* et du théâtre, de confortables demeures aristocratiques, vastes maisons à cour centrale disposant d'eau courante et généralement ornées de fresques et de mosaïques. La ville basse, ensuite, qui regroupe les quartiers modestes aux hautes maisons à étages, tassées le long de ruelles étroites et étagées. L'hippodrome, qui était sans doute installé dans un creux de vallon, devait être un monument polyvalent servant à la fois de stade, de cirque et d'amphithéâtre. Le temple, enfin, qui succède à ceux de Salomon (966-959 av. J.-C.) puis de Cyrus (inauguré en 515 av. J.-C.), pris dans une enceinte personnelle et construit au cœur d'une esplanade entourée de portiques. L'accès des pèlerins s'effectue par des escaliers monumentaux situés sur le côté sud de l'édifice.

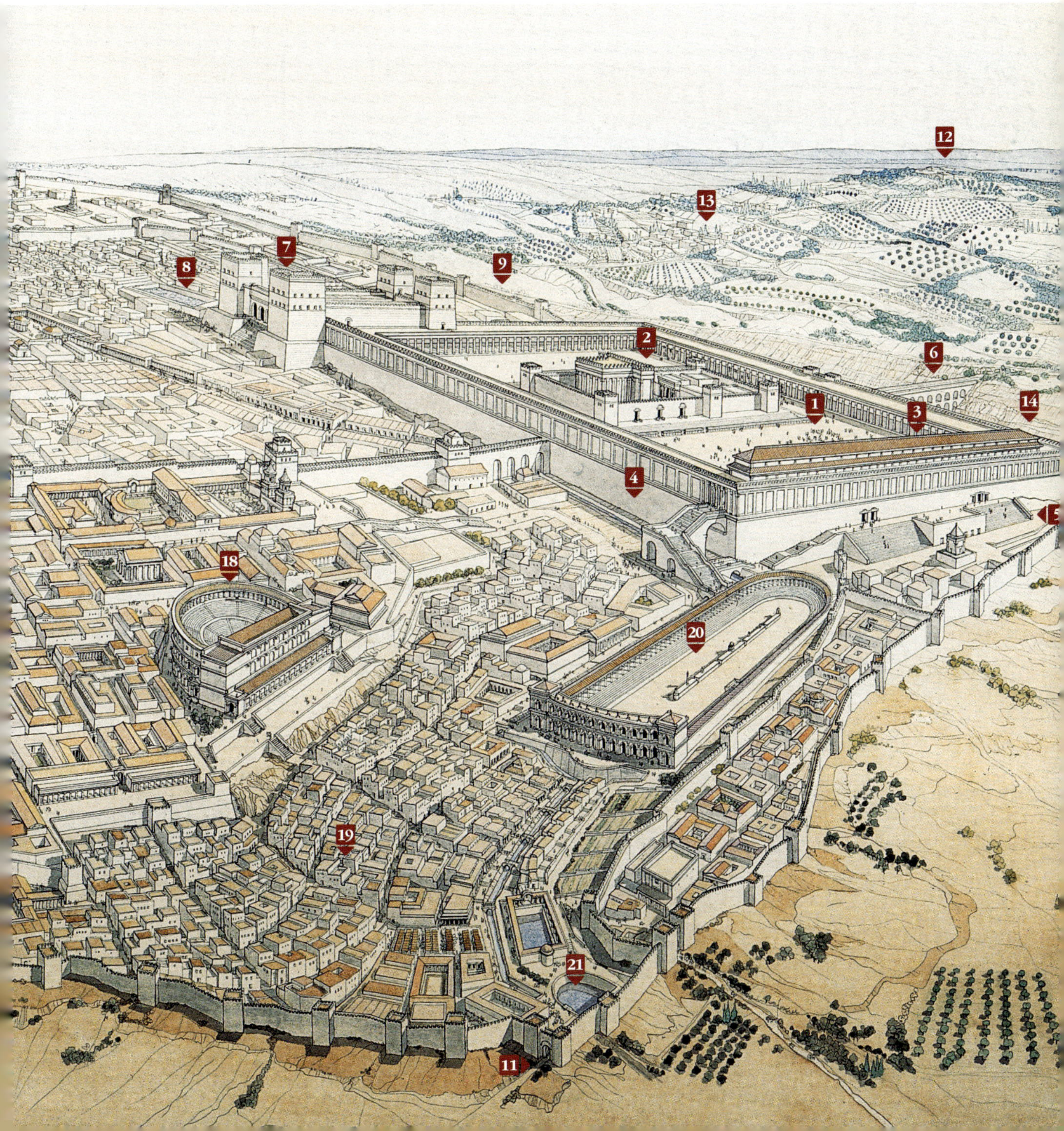

Césarée (Israël)

C'est le roi Hérode qui, à la fin du Ier siècle av. J.-C., décide de transformer le petit port phénicien de Straton en une magnifique cité. Si l'on en croit les textes, cet espace particulièrement bien situé lui aurait été offert par Auguste pour doter son royaume d'un véritable port et d'une nouvelle capitale, l'ancienne étant Jérusalem. En remerciement et en l'honneur de l'Empereur, Hérode baptise la ville *Caesarea*, Césarée. Il met une douzaine d'années à réaliser son projet et, en 10 ou 9 av. J.-C., on inaugure la cité avec de grandes festivités et des jeux sensationnels.

Désirant profiter au mieux de cet emplacement exceptionnel sur la Méditerranée, Hérode s'occupe d'abord de concevoir la zone portuaire. Pour ce faire, il aménage deux longues jetées s'avançant dans la mer : il délimite ainsi un port fortifié de 400 m de long sur 200 m de large capable, par son ampleur et la qualité de ses aménagements (entrepôts, ateliers et phare en particulier), de rivaliser avec le Pirée ou Ostie. Immédiatement autour du port et le long de la côte s'étend la ville, au tracé parfaitement orthonormé. Elle comprend un *forum*, tourné vers la mer et dominé par un temple dédié à Rome et à l'empereur Auguste, ainsi que différents aménagements publics : un théâtre, un stade de près de 300 m de long et un grand aqueduc alimentant la ville en eau. Hérode prévoit également l'édification d'un palais magnifique qui, immédiatement après l'annexion de la Judée à l'Empire – en l'an 6 apr. J.-C. –, va devenir la résidence des procurateurs romains.

Par la suite, plusieurs empereurs passent par Césarée : après la prise de Jérusalem, en 70 apr. J.-C., Titus y célèbre son triomphe, tandis qu'Hadrien (117-138 apr. J.-C.) l'utilise comme port stratégique lors de sa campagne militaire. Au IIe siècle apr. J.-C., la ville continue à se développer : elle se dote d'un amphithéâtre et d'un grand cirque de près de 450 m de long. Quel que soit son statut au fil des siècles, elle est considérée avant tout comme un grand port, que les Romains désignent sous le nom de *Caesarea Maritima* ; à l'égal d'Alexandrie, celui-ci s'ouvre sur le reste de l'Empire et établit une liaison efficace entre la Judée, la Palestine et la Méditerranée.

Césarée

(fin du IIe siècle apr. J.-C.)

1 • Port fortifié et entrepôts
2 • *Forum* avec le temple d'Auguste et de Rome, ouvrant sur le port et orienté vers la mer
3 • Stade où ont été célébrés les jeux magnifiques de l'inauguration de la ville
4 • Amphithéâtre destiné aux combats de gladiateurs, construit au IIe siècle apr. J.-C.
5 • Grand cirque pour les courses de char, édifié au IIe siècle apr. J.-C. et embelli par la suite
6 • Aqueduc qui amène les eaux d'une source située à 6 km de la ville

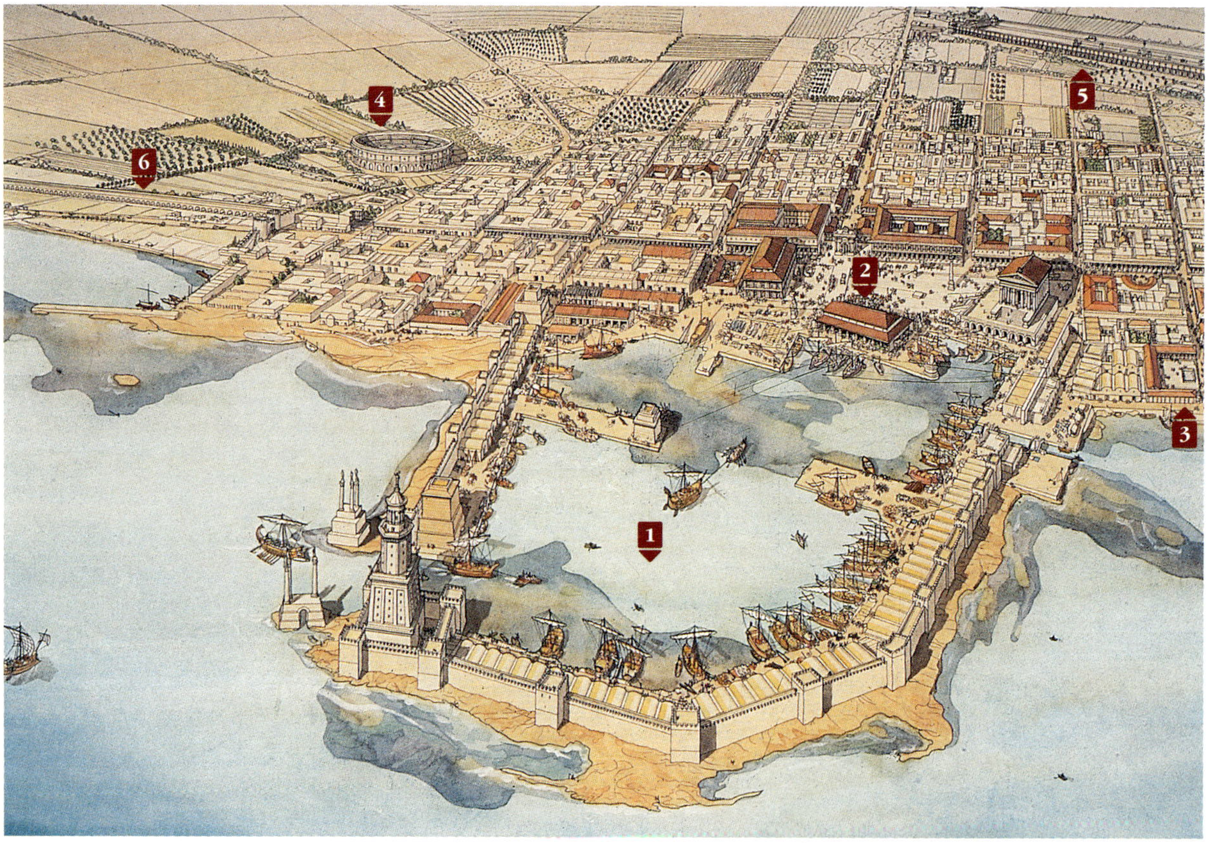

L'Égypte

La Vallée du Nil d'Assouan à Thèbes. Au premier plan, figure l'île de Philae dédiée à la déesse Isis. Après le coude formé par le fleuve, apparaissent l'île d'Éléphantine, où règnent Khnoum, Satis et Anoukis, gardiens des sources du Nil, et la ville d'Assouan avec ses carrières de granite rose. Le Nil dessert ensuite : Kom-Ombo (rive est), le temple double de Sobek et d'Haroéris, Edfou (rive ouest), le domaine d'Horus, El-Kab (rive est), ville de la déesse Nekhbet, protectrice de la Haute-Égypte, et Esna (rive ouest), où l'on voue un culte au dieu Khnoum et à la déesse Neith. Au loin s'étend la région thébaine avec ses multiples édifices : Karnak et Louqsor (rive est) ; nécropoles et temples funéraires du Nouvel Empire (rive ouest) dominés par la Cime de l'Occident où règne Meresger qui veille sur Thèbes-Ouest.

GIZA

Pendant l'époque médiévale, Giza était le nom donné à un petit bourg situé en face de la ville de Fostat (ancienne appellation du Caire). Aujourd'hui, avec l'expansion tentaculaire de la capitale égyptienne, ce simple petit village a été complètement englouti par la mégalopole pour devenir une banlieue riche du Caire. L'effet est saisissant : derrière les buildings modernes se dressent, majestueuses et immuables, les pyramides des rois de la IVe dynastie (2613-2498 av. J.-C.). Construites sur un grand plateau calcaire formant une avancée de la chaîne libyque vers la Vallée du Nil, elles semblent dominer toute la plaine qui les entoure. Le site doit son apparence actuelle à la configuration naturelle du terrain et aux activités humaines liées aux chantiers des pyramides, notamment à l'exploitation des carrières de pierre et à l'amoncellement des déchets de construction au fil du temps. Le plateau, situé en moyenne à 40 m au-dessus du niveau de la vallée (soit 60 m au-dessus du niveau de la mer), mesure environ 2 000 m d'est en ouest et 1 500 m du nord au sud. En son centre se dressent les pyramides royales alignées du nord-est au sud-ouest, par ordre chronologique et par taille décroissante : ainsi, la pyramide septentrionale, la plus ancienne et la plus grande, appartient à Chéops, celle du centre à Chéphren et la dernière, plus modeste, à Mykérinos.

Autour de ces monuments imposants s'organisent différentes structures formant le complexe funéraire du souverain. Seul celui de Chéphren permet encore d'imaginer l'organisation de cette architecture.

Non loin des bords du Nil ou d'un petit port aménagé à la frontière entre le désert et les terres cultivées, le temple bas (ou temple de la vallée) reçoit le défunt lors des funérailles ; il constitue un point de passage obligatoire vers la demeure d'éternité. On y pénètre par une porte donnant sur une cour bordée de chapelles et de magasins. C'est le lieu de purification et d'accueil, le lieu de renaissance du défunt qui, grâce aux rituels pratiqués pendant la momification, revit éternellement à travers les statues de culte placées dans son sanctuaire. Une chaussée montante et couverte mène au temple funéraire (ou temple haut). Situé sur la face est de la pyramide, il se divise en deux parties : le vestibule et la cour, pour le culte des statues ; le temple intime, pour le dépôt d'offrandes alimentaires. Derrière se dresse l'élément essentiel de cette structure funéraire : la pyramide, qui contient le caveau où le défunt repose pour l'éternité. Des fosses, creusées à même le roc au pied de la pyramide ou autour du temple haut, abritent les barques funéraires dont la symbolique pose encore de sérieux problèmes d'interprétation. Enfin, disposés en rangs serrés de part et d'autre du monument royal, se trouvent les mastabas, nom donné aux tombes civiles de l'Ancien Empire. Les particuliers, dont l'espoir de survie se limite à la seule tombe, entendent bien, par cette proximité, participer au devenir solaire du roi. Les plus nobles reposent autour de la pyramide ; les moins fortunés se voient relégués aux marges du désert : même par-delà la mort, la hiérarchie sociale est conservée.

LE PLATEAU DE GIZA À LA IVe DYNASTIE (2613-2498 av. J.-C.)

1 • "Ville des Pyramides"
2 • Complexe funéraire de Mykérinos
3 • Tombeau de la reine Khentkaous (épouse ou demi-sœur de Chepseskaf, dernier pharaon de la IVe dynastie)
4 • Complexe funéraire de Chéphren
5 • Sphinx de Giza
6 • Complexe funéraire de Chéops
7 • Installations portuaires
8 • Zone d'habitat
9 • Plateau de Giza

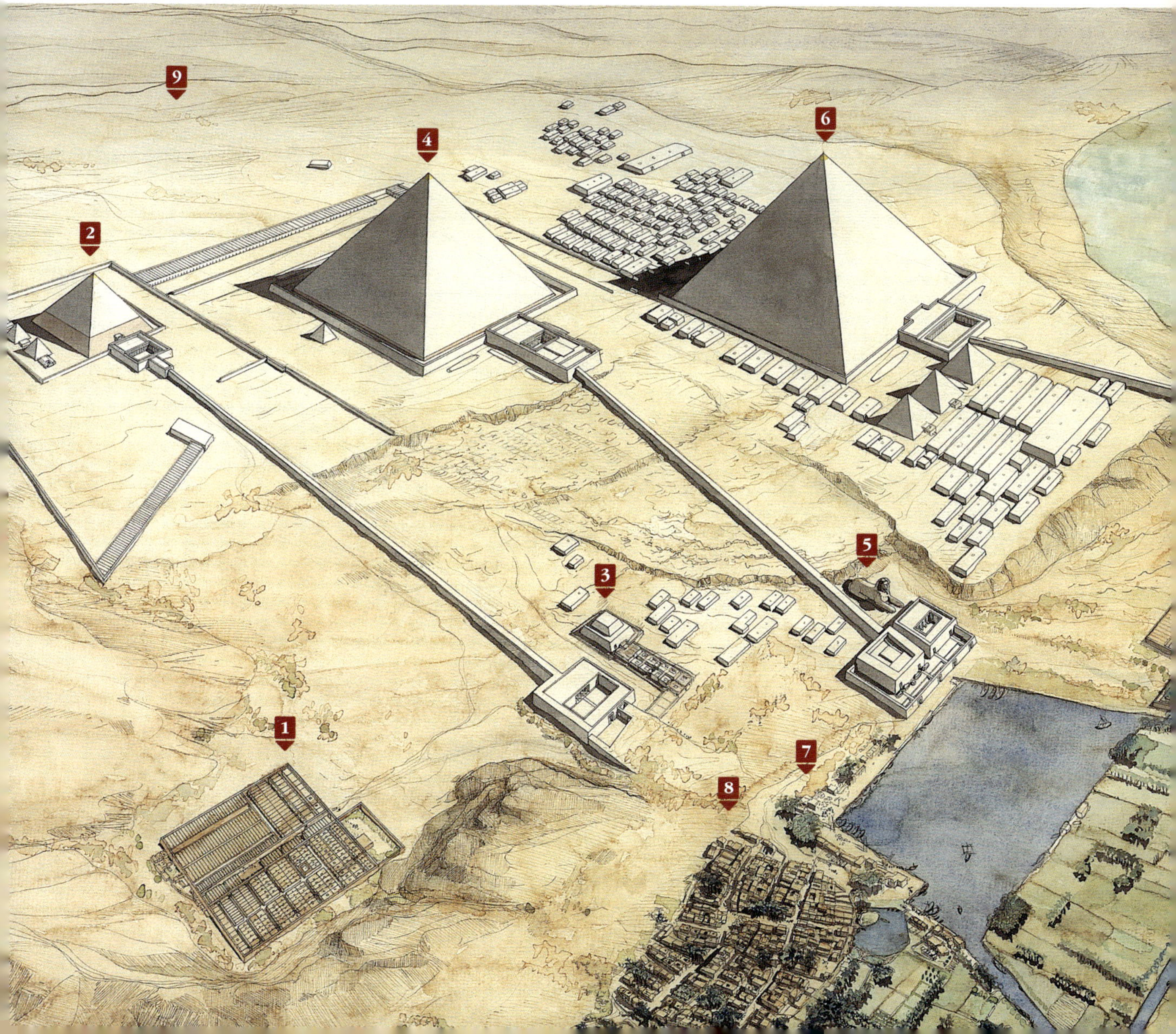

AKHÉTATON (TELL EL-AMARNA)

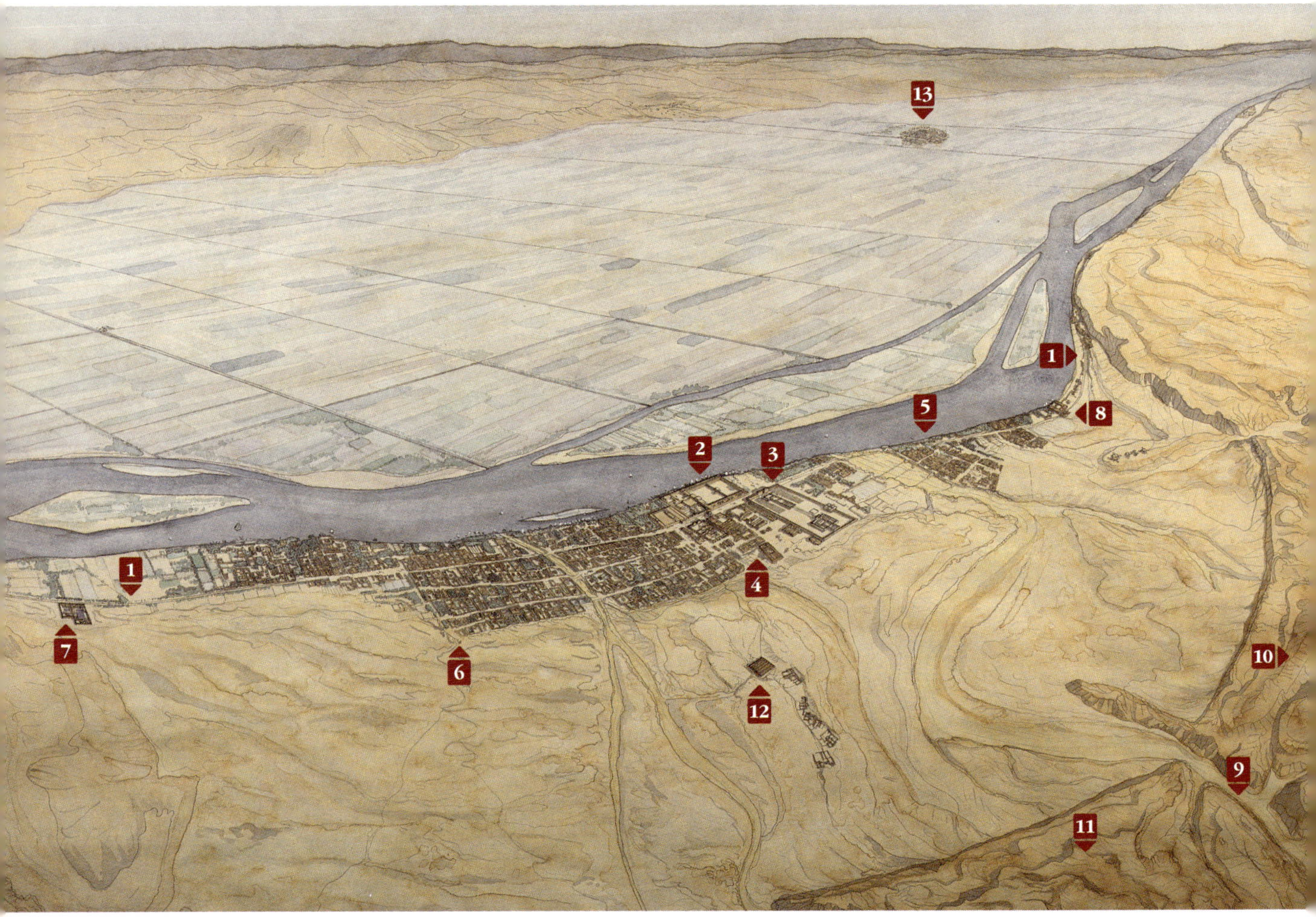

AKHÉTATON

(1352-1338 av. J.-C.)

1 • "Voie royale" traversant la ville du nord au sud
2 • Palais d'Akhénaton
3 • Temple principal : le "Temple de l'Aton à Akhétaton"
4 • Quartiers administratifs et autres zones cultuelles
5 • Ville nord
6 • Ville sud
7 • Résidence royale : le "Marou-Aton"
8 • Palais nord ayant sans doute appartenu à Nefertiti
9 • Ouadi conduisant au tombeau royal (il a été découvert au début du XXe siècle et se trouve à 12 km vers l'est ; il est inaccessible et, de surcroît, très mutilé)
10 • Tombes civiles nord
11 • Tombes civiles sud
12 • Village des ouvriers payés pour aménager la ville et les tombeaux (il se compose de maisons rudimentaires, d'un lieu de culte auxiliaire et d'une petite nécropole)
13 • Hermopolis (ville du dieu Thot située sur la rive ouest, à une vingtaine de kilomètres de Tell el-Amarna)

Rien n'est plus étrange à contempler que cette étendue désertique, fermée par un cirque rocheux de 25 km de développement. C'est Akhétaton, ou "l'Horizon du Disque", l'actuelle Tell el-Amarna, la capitale construite par Amenophis IV-Akhénaton (1352-1338 av. J.-C.), le "pharaon hérétique" qui décida de hisser le disque solaire Aton au rang de divinité dynastique, évinçant l'omnipuissance d'Amon, le dieu de l'Empire. De la cité royale, seules quelques fondations en brique indiquent l'emplacement passé des palais, des sanctuaires et des quartiers d'habitation, si bien que, sur le site, on traque les vestiges de cette ville bâtie à la hâte et abandonnée vingt ans plus tard, tout aussi soudainement. Pillée et saccagée après la mort du roi et le retour au culte d'Amon, la ville ne ressemble plus qu'à ce qu'elle était avant son édification : une vaste étendue, aride et inhospitalière. Toutefois, malgré son état de conservation déplorable, Akhétaton reste l'un des exemples les mieux préservés de structure urbaine du Nouvel Empire parce que, du fait de son abandon précipité, la ville a échappé aux destructions liées à une occupation continue. Si les conditions qui ont motivé son édification interdisent de considérer qu'il s'agit d'un archétype, l'étude du site doit toutefois permettre d'approfondir nos connaissances sur l'urbanisme de cette époque.

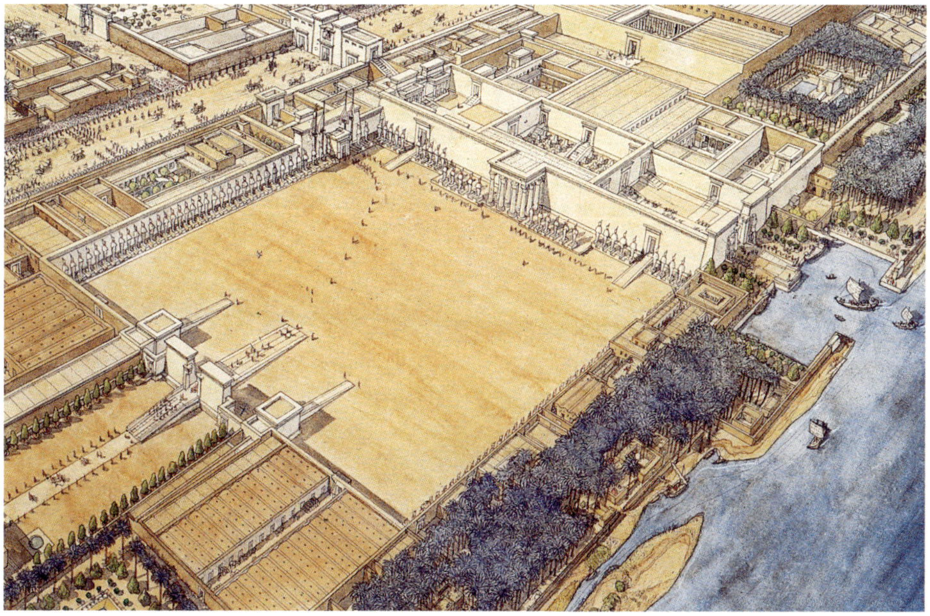

Le centre ville d'Akhétaton avec deux séries de locaux : à gauche, la résidence royale, comportant les locaux privés du souverain et de sa famille ; à droite, le "Grand palais" groupant les salles réservées aux activités administratives et officielles du roi. Les deux entités sont séparées par un bâtiment qui enjambe la "Voie royale" et qui permet de relier les deux édifices ; c'est aussi là que se trouve la fenêtre d'apparition, d'où Pharaon se montre à son peuple lors des grandes cérémonies.

La cité s'étend le long de la rive est du Nil et occupe la partie centrale du cirque rocheux. Une avenue, la "Voie royale", traverse la ville du nord au sud. Elle est bordée de différents bâtiments, notamment le "Grand palais" *(ci-dessus)*, le temple d'Aton à ciel ouvert appelé le "Temple de l'Aton à Akhétaton", les bureaux administratifs et les édifices de culte secondaires, également dédiés à Aton. Autour du noyau de la cité, sur les côtés nord et sud, s'éparpillent les ateliers des artisans et les habitations des fonctionnaires *(ci-dessous)*. Ces résidences ont été construites sans plan réellement structuré, l'installation au cœur de la cité se faisant suivant une règle hiérarchique : le dieu au centre puis, en allant vers l'extérieur, le roi, les hauts fonctionnaires et les personnages auxiliaires. Ce qui prédomine dans toutes ces habitations, c'est la place réservée aux espaces verts et aux jardins. La maison s'organise autour d'une salle à colonnes, simple ou double, parfois précédée d'une loggia. Tout autour se trouvent les chambres, souvent desservies par des pièces de service. À l'extérieur s'étend un jardin, plus ou moins spacieux selon le rang de son propriétaire ; il sépare la maison proprement dite des ateliers, des locaux affectés aux domestiques, des greniers et des étables.

À l'extrême sud de la ville, une résidence royale, le "Marou-Aton", comprend, outre les bâtiments réservés à l'habitation, un lieu de culte et un vaste jardin avec un lac intérieur et un kiosque. De même, les marges nord du site sont occupées par un autre palais, sans doute celui de Nefertiti, l'épouse du pharaon hérétique.

Un quartier du faubourg nord d'Akhétaton. Au premier plan, on aperçoit des habitations plutôt modestes, qui contrastent avec les grandes propriétés construites de l'autre côté de la rue. Celles-ci peuvent couvrir entre 1000 et 2400 m^2 ; elles comportent de vastes locaux d'habitation (salons spacieux, cuisines imposantes, nombreuses chambres, salles de bains, appartements privés, petites chapelles...), et des annexes (volières, silos à blé, jardin et potagers).

La région thébaine

Thèbes-Est sous Ramsès II (1279-1213 av. J.-C.)

1 • Temple de Louqsor (on l'appelle le temple d'Amon d'Opet en référence à la Fête du Nouvel An qui s'y déroule chaque année ; pendant dix jours, les dieux de Karnak séjournent à Louqsor pour y célébrer le Nouvel An égyptien)

2 • Dromos (cette allée monumentale bordée de sphinx à tête de bélier relie le temple de Louqsor aux sanctuaires de Karnak ; elle mesure 27 m de large sur près de 2 km de long)

3 • Thèbes ville (pour ne pas empiéter sur les terres atteintes par la crue, elle est installée à l'abri de l'inondation, entre le Nil, les espaces cultuels et les terres cultivables)

4 • Domaine d'Amon (à l'époque ramesside, on pénétrait dans le sanctuaire par une entrée remontant à la fin de la XVIIIe dynastie – l'actuel deuxième pylône – donnant sur la salle hypostyle, principalement décorée sous les règnes de Séthi Ier et de Ramsès II)

5 • Domaine de Mout, la parèdre d'Amon

6 • Domaine de Montou, le dieu guerrier de l'Empire

7 • Temple dédié à Khonsou, le dieu fils de la triade thébaine, construit dans l'angle sud-ouest du domaine dédié à Amon

La Thèbes antique, capitale des pharaons du Nouvel Empire (1552-1069 av. J.-C.), sise à l'emplacement de l'actuelle ville de Louqsor, se divise en deux zones distinctes séparées par le Nil : Thèbes-Est et Thèbes-Ouest, entités géographiques mises sous le contrôle de deux gouverneurs différents, celui de l'Orient de Thèbes et celui de l'Occident de Thèbes. Cette distinction entre les services administratifs de l'Est et de l'Ouest remonte aux premiers temps de l'histoire égyptienne. Là où apparaît le soleil, symbole de la vie, habitent les vivants ; là où il disparaît règnent les défunts. Ainsi, sur la rive est, se dressent les temples de culte, les palais royaux et les zones d'habitat ; sur la rive ouest, se déploient les structures vouées à l'industrie de la mort (tombes et temples funéraires). Bien entendu, cette règle ne saurait s'appliquer dans tous les cas ; elle comporte quelques exceptions, en particulier aux époques tardives.

À Thèbes, cette norme est assez bien respectée. Sur la rive orientale se trouvent les enceintes cultuelles dédiées à la triade thébaine (Amon, Mout et Khonsou), ainsi que la ville groupée autour de ces espaces sacrés. En revanche, sur la rive occidentale, on constate quelques petites transgressions. Ici, selon la coutume, se trouvent les tombes royales (Vallée des Rois et Vallée des Reines), les nécropoles civiles et les temples funéraires (Ramesseum, Deir el-Bahari…), mais apparaissent également des édifices qui auraient dû être installés du côté oriental, notamment le palais d'Amenophis III à Malgatta, quelques sanctuaires de culte (temple d'Isis à Deir Chelouit, temple de Tééphibis à Qasr el-Agouz…) et un village (Deir el-Medineh) abritant les ouvriers de la nécropole des rois.

Thèbes-Est, Thèbes-Ouest (IIe siècle apr. J.-C.)

En une seule image, les deux rives de Thèbes pour comprendre l'interaction des sites

1 • Thèbes-Est

2 • Domaine de Montou (accolé au domaine d'Amon avec lequel il ne communique pas directement, ce sanctuaire est dédié à Montou, le dieu guerrier de l'Empire ; il est relié par un dromos à un petit bassin des barques aménagé le long d'un canal du Nil)

3 • Domaine d'Amon (ce temple, entièrement consacré à Amon-Rê, le dieu de l'Empire, constitue le centre névralgique de la ville de Thèbes ; il comporte deux axes principaux, l'un conduisant au Nil, l'autre se dirigeant vers le domaine de Mout)

4 • Domaine de Mout (il est relié à l'enceinte d'Amon par un dromos, et regroupe, autour d'un lac sacré, les édifices dédiés à la déesse Mout, la parèdre d'Amon)

5 • Temple d'Amon-Kematef (placé aux côtés du domaine de Mout, ce sanctuaire est dédié à Amon-Kematef, le "Taureau de sa Mère", divinité étroitement mise en relation avec Min, le dieu de la fertilité)

6 • Temple de Khonsou (c'est un sanctuaire consacré à Khonsou, le dieu fils de la triade thébaine ; il est inclus dans l'enceinte d'Amon, mais possède son bassin des barques personnel auquel on accède par un dromos)

7 • Temple de Louqsor (il s'agit du temple d'Amon d'Opet, dans lequel, une fois par an, se déroulent les cérémonies liées à l'avènement du Nouvel An égyptien ; il est relié aux sanctuaires de Karnak par un dromos de sphinx mesurant environ 2 km de long)

8 • Thèbes ville (sur la rive est du Nil, la rive des vivants des anciens Égyptiens, s'étend la ville de Thèbes qui s'organise autour des enceintes sacrées et le long des dromos ; elle présente un aspect anarchique car elle s'est accrue et transformée par apports successifs)

9 • Thèbes-Ouest

10 • Palais de Malgatta et Birket Habou (Malgatta marque l'emplacement du palais d'Amenophis III ; il est agrémenté par un grand lac, le Birket Habou, formant un tout indissociable avec le palais et jouant un rôle rituel pendant les cérémonies jubilaires)

11 • Temples funéraires, de gauche à droite : site de Medinet-Habou (il abrite le temple d'Amon de Djêmé – ou temple des Thoutmosis –, les chapelles des Divines Adoratrices, ainsi que le palais royal et le temple funéraire de Ramsès III), temple d'Ay et d'Horemheb, temple non identifié, temple de Thoutmosis II, temple d'Amenhotep fils de Hapou (au cœur des édifices royaux, ce temple fait figure d'exception : il appartient à l'un des plus hauts dignitaires du pays sous le règne d'Amenophis III) et temple de Thoutmosis Ier

12 • Amenophium (temple funéraire d'Amenophis III, essentiellement connu aujourd'hui grâce aux deux célèbres Colosses de Memnon qui marquaient jadis l'entrée de l'édifice)

13 • Vallée des Reines (la "Place de Beauté" regroupe environ quatre-vingts sépultures appartenant aux reines, aux princesses ou aux princes royaux)

14 • Deir el-Medineh (ici logent les ouvriers chargés de l'aménagement des hypogées royaux ; ce village comprend une zone d'habitat, une nécropole et un sanctuaire de l'époque ptolémaïque dédié à Hathor)

15 • Temples funéraires, de gauche à droite : temple de Merenptah, temple de la reine Taousert, temple de Thoutmosis IV, Ramesseum (temple de Ramsès II), temple de Siptah et temple de Thoutmosis III

16 • Deir el-Bahari (site où sont installés le temple funéraire d'Hatchepsout, une chapelle de Thoutmosis III et le complexe funéraire de Montouhotep, pharaon de la XIe dynastie)

17 • Gournah (temple funéraire de Séthi Ier)

18 • Vallée des Rois (le "Siège de Maât", divisé en deux ouadis, la Vallée des Singes à l'est et la Vallée des Rois à l'ouest, abrite soixante-deux tombes appartenant, pour la plupart, aux pharaons des XVIIIe, XIXe et XXe dynasties)

19 • Cime thébaine, ou Cime de l'Occident, appelée el-Qorn en arabe (cette pyramide naturelle culmine à 470 m ; elle est habitée par la déesse Meresger qui veille sur l'ensemble de la nécropole thébaine comme sur le village des ouvriers de Deir el-Medineh)

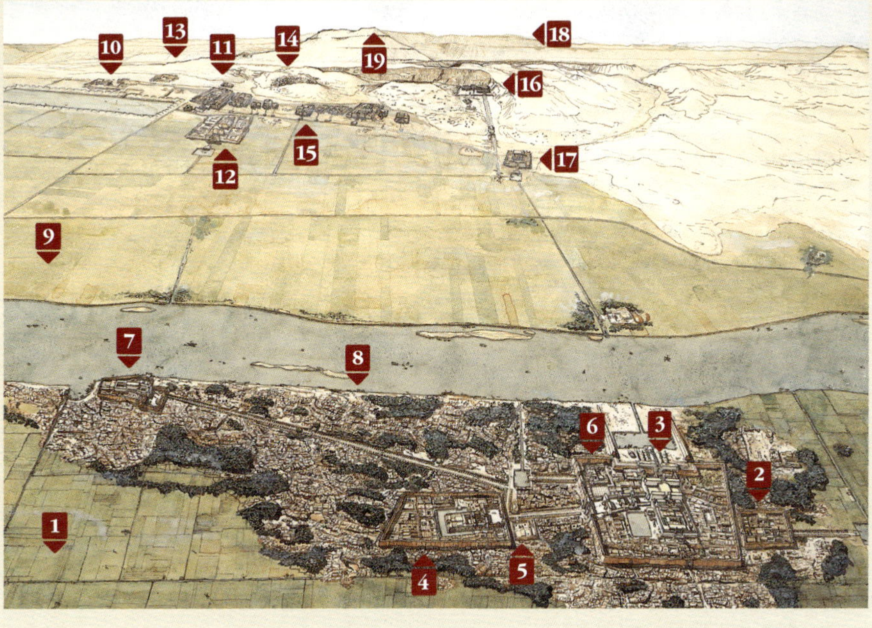

Un temple funéraire avec, au loin, la tombe qui lui est associée et, au centre, le village des artisans qui l'ont construit

Thèbes-Ouest

L'organisation des structures installées à Thèbes-Ouest répond aux exigences des croyances funéraires. À la limite entre les terres arables et le désert se dressent les temples funéraires royaux qui forment un long chapelet de constructions, plus ou moins vastes en fonction de leur propriétaire. Destinés à assurer le culte funéraire du pharaon défunt, ces monuments correspondent aux "Châteaux de Millions d'Années" des souverains du Nouvel Empire (1552-1069 av. J.-C.) : du nord au sud, Gournah (Séthi Ier), Deir el-Bahari (Hatchepsout), Ramesseum (Ramsès II), Amenophium (Amenophis III), Medinet-Habou (Ramsès III)... Compris dans une enceinte, ils sont généralement reliés au Nil par un canal aboutissant à un débarcadère aménagé face à l'entrée du sanctuaire. Ces structures fonctionnent avec des tombes dans lesquelles reposent le défunt et ses trésors. Aménagées par des artisans installés dans le petit village de Deir el-Medineh, ces sépultures se répartissent en deux nécropoles principales : Vallée des Rois (réservée à Pharaon et aux reines ayant effectivement régné sur l'Égypte) et Vallée des Reines (réservée aux épouses royales et aux princes), creusées dans un contrefort de la falaise libyque. Quant aux civils, ils possèdent des sépultures beaucoup plus modestes aménagées dans les collines environnantes : nécropoles de l'Assassif, de Dra Abou el-Neggah, d'El-Khôkha, de Cheikh Abd el-Gournah et de Gournet el-Mouraï où tombe et temple funéraire ne sont pas dissociés. On accède au caveau par un escalier donnant dans la chapelle funéraire ouverte sur l'extérieur.

Le temple égyptien

Dans la religion égyptienne, on différencie deux types de temples : les temples de culte et les temples funéraires. Le temple de culte, que l'on traduit littéralement par "maison du dieu", est un édifice devant assurer, par sa présence et son fonctionnement, le maintien de l'ordre universel et la permanence de la création. Ici, vit le dieu, qui habite physiquement et matériellement dans le sanctuaire. Quant aux temples funéraires, les "Châteaux de Millions d'Années" des rois du Nouvel Empire (1552-1069 av. J.-C.), ils sont destinés à desservir le culte funéraire de la personne à qui ils sont dédiés. Quel que soit leur type, ils s'organisent de la façon suivante : pylône d'entrée précédé de deux obélisques et de colosses, cour meublée d'autels et de statues, salles hypostyles et saint des saints dans lequel, à l'abri des regards, on conserve la statue du dieu et parfois sa barque processionnelle.

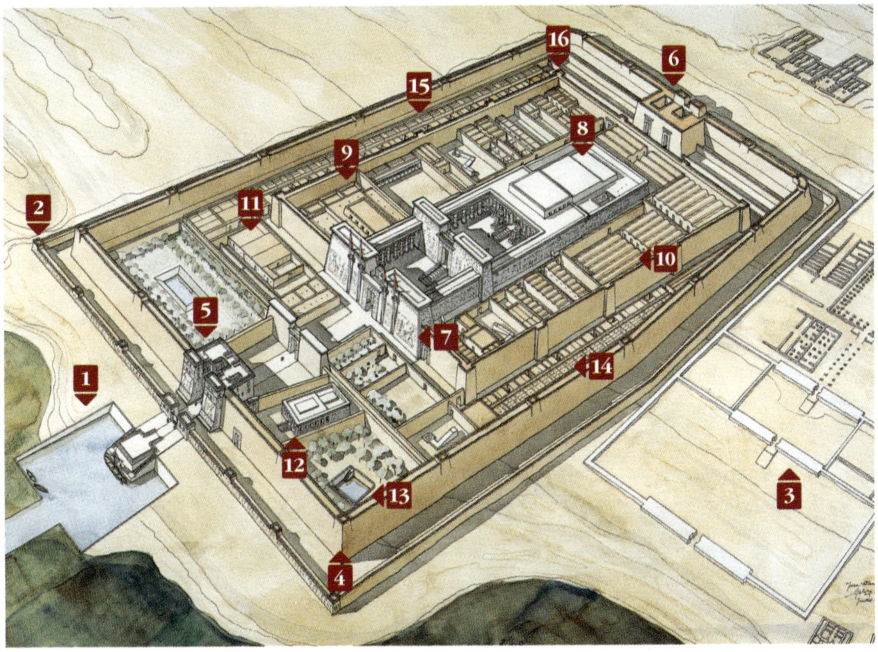

◀◀ Au premier plan, le temple funéraire de Ramsès III (Medinet-Habou) ; derrière, celui d'Ay et d'Horemheb ; au loin, la Vallée des Rois ; entre les deux, le village des artisans de Deir el-Medineh.

Medinet-Habou sous le règne de Ramsès III (1186-1154 av. J.-C.)

1 • Débarcadère relié au Nil par un canal
2 • Enceinte extérieure en pierre de taille, de faible hauteur et non bastionnée
3 • Temple funéraire d'Ay et Horemheb
4 • Enceinte intermédiaire en brique crue
5 • "Migdol" de l'est adoptant la forme d'une tour de garde asiatique et marquant l'entrée du domaine sacré
6 • "Migdol" de l'ouest (disparu)
7 • Premier pylône permettant d'accéder au temple funéraire proprement dit
8 • Temple funéraire de Ramsès III
9 • Palais royal
10 • Entrepôts, magasins, réserves, bureaux, volières, ateliers et enclos à céréales construits en brique crue
11 • Écuries et hangars pour les chars royaux
12 • Temple de la XVIIIe dynastie (1552-1295 av. J.-C.), dit "temple des Thoutmosides"
13 • Lac sacré pour les ablutions rituelles des prêtres et les promenades en barque des divinités
14 • Constructions administratives
15 • Habitations et locaux réservés aux prêtres
16 • Rempart bastionné en brique crue

DEIR EL-BAHARI

Deir el-Bahari, le temple funéraire de la reine Hatchepsout (1478-1458 av. J.-C.), est construit au pied de la falaise occidentale thébaine, à l'aplomb d'un imposant cirque rocheux avec lequel le sanctuaire semble faire corps. L'union de l'édifice à son environnement naturel est si parfaite que la roche semble avoir été taillée pour recevoir cette majestueuse construction. C'est le monument le plus remarquable de toute la nécropole par le choix de son emplacement, la perfection de ses proportions, l'originalité de son plan et la beauté de ses reliefs gravés dans un calcaire très pur. Élaboré par Senenmout, l'architecte en chef de la reine, cet édifice se compose de trois terrasses, reliées par des rampes et bordées de portiques ornés de bas-reliefs.

La terrasse inférieure s'achève par un portique à deux rangs de supports interrompu, au centre, par le passage de la rampe d'accès conduisant à l'étage supérieur. Les décors présentent des scènes royales de chasse et de pêche (portique nord), ainsi que le transport de deux obélisques de Thoutmosis II entre l'île de Sehel et le temple d'Amon à Karnak (portique sud). La terrasse intermédiaire possède la même disposition, avec deux portiques de part et d'autre de la rampe menant à la terrasse supérieure. Côté nord, les reliefs retracent la naissance divine d'Hatchepsout, fruit de l'union mythique entre sa mère et le dieu Amon, son allaitement, son éducation, son association au trône auprès de son père Thoutmosis Ier et son avènement comme "roi" unique d'Égypte. Côté sud, figure le récit de l'expédition commerciale au pays de Pount. Taillée dans le roc à l'extrémité du portique nord, se trouve la chapelle d'Anubis, le dieu de la momification. Elle est composée d'un vestibule et de trois sanctuaires attenants. Les textes, les motifs décoratifs et les scènes possèdent encore de très vifs coloris. Les deux représentations majeures montrent Anubis et Amon installés devant une table d'offrandes sur laquelle s'amoncellent toutes sortes de mets et de boissons. À l'opposé, la chapelle d'Hathor compte deux salles, avec colonnes à chapiteaux hathoriques, et une chapelle de trois chambres.

Quant à la terrasse supérieure, elle comprend une grande cour centrale, un élégant portique, plusieurs chapelles latérales et un sanctuaire profondément creusé dans la falaise. La cour est fermée par trois parois ornées de reliefs de très belle facture. Le mur du fond, adossé au cirque rocheux, est creusé de petites niches décorées de reliefs vivement colorés montrant Thoutmosis Ier et Hatchepsout devant les divinités majeures du panthéon. Au centre, s'ouvre une porte donnant accès au sanctuaire, composé de trois salles en enfilade et de niches latérales.

Deir el-Medineh

Le village de Deir el-Medineh, dont le nom antique est *Set Maât*, la "Place de Vérité", abrite les logements des ouvriers de "l'Institution de la Tombe" chargés d'aménager et de décorer les hypogées royaux. Peintres, sculpteurs et carriers vivent là, dans un certain isolement pour éviter que ne transpirent les informations relatives à la disposition et au contenu des tombeaux. Placés sous l'autorité directe du plus haut fonctionnaire de la nécropole, le vizir de Thèbes-Ouest, ils font l'objet d'une surveillance rapprochée par des policiers nubiens, les *madjoy*.

Fondé par Thoutmosis Ier (1506-1493 av. J.-C.) au début de la XVIIIe dynastie, le village ne compte, au début, qu'une soixantaine de maisons. Au fil des règnes, "l'Institution de la Tombe" se développe; elle atteint son apogée à l'époque ramesside, notamment sous Ramsès IV (1154-1148 av. J.-C.), où l'on dénombre, pendant quelques années, cent vingt habitations dans lesquelles s'entassent mille deux cents personnes. N'ayant plus de raison d'être, puisque les rois abandonnent la Vallée des Rois comme lieu de sépulture, la communauté périclite à la fin de la XXe dynastie, après le creusement de la tombe de Ramsès XI (1096-1069 av. J.-C.).

Deir el-Medineh sous la XIXe dynastie (1295-1188 av. J.-C.)

1 • Entrée de Deir el-Medineh (le village occupe le lit d'un ancien ouadi creusé entre la colline de Gournet el-Mouraï et la falaise libyque)

2 • Rue principale du village (d'orientation nord-sud, elle forme un crochet dans la partie sud et scinde le village en deux équipes distinctes : à l'est, l'équipe de la droite et, à l'ouest, l'équipe de la gauche)

3 • Quartier nord (il se compose de maisons de petite taille destinées aux ouvriers ; dotées d'une ouverture sur rue, elles possèdent deux à quatre pièces, auxquelles s'ajoutent une terrasse et une cave)

4 • Quartier sud (il abrite les chefs de l'Institution ; les maisons mesurent jusqu'à 30 m de long, mais conservent le même type d'aménagement que les habitats du quartier nord)

5 • Enceinte (elle délimite un espace de 131 m de long sur 50 m de large, l'accès s'effectuant par le nord)

6 • Nécropole (elle occupe le versant occidental du village et comprend les sépultures des ouvriers de "l'Institution de la Tombe")

7 • Vers Medinet-Habou, situé plein sud à environ 800 m, qui fournit une partie des besoins du village en eau et en nourriture, et vers la Vallée des Reines, située à l'ouest à environ 600 m

8 • Vers la Vallée des Rois, située plein nord à environ 1 200 m, à laquelle on accède par un chemin traversant la montagne

9 • Cime de l'Occident où règne Meresger, la protectrice du village

ALEXANDRIE

La meilleure description de l'Alexandrie antique figure dans la *Géographie* de Strabon, historien ayant séjourné dans la ville vers 25 av. J.-C.; elle constitue le seul témoignage vivant et détaillé de la cité hellénistique. Conçue par l'architecte Dinocrate de Rhodes, la ville adopte la forme d'une "chlamyde", sorte de long manteau macédonien; au nord, la mer sert de frontière naturelle, tandis qu'au sud s'étend le lac Maréotis. Le tracé de la ville s'inspire des modèles hellénistiques, avec un réseau orthogonal de rues formant un quadrillage régulier. Tout a été calculé pour que la ville soit exposée aux vents du nord qui ont un effet rafraîchissant en été. Ses artères sont si spacieuses que chars et chevaux peuvent y circuler à l'aise; de surcroît, *"deux d'entre elles sont extrêmement larges, de plus d'un plèthre de largeur* [30 m], *et s'entrecroisent à angle droit"*. Visiblement, l'agglomération regorge de magnifiques jardins publics et de palais qui *"occupent le quart, voire le tiers de la superficie totale"*.

Lorsque l'on arrive dans la ville par le grand port, *"à main droite, on trouve l'île et la tour de Pharos; à main gauche, les récifs et la pointe de Lochias, avec un bâtiment royal"*. Après avoir dépassé le cap de Lochias, on parvient au quartier des palais: ici, jardins et demeures royales, sans cesse remaniées ou agrandies, jouxtent le Musée, le *Sôma*, renfermant *"les sépultures des rois et celle d'Alexandre"*, le *"port artificiel et fermé, propriété privée des rois"*, ainsi que la Bibliothèque. L'idée de doter la ville d'une telle institution revient à Démétrios de Phalère. Il imagine la création d'un bâtiment qui recevrait des savants (grammairiens, philologues, poètes, géographes, médecins, physiciens, astronomes...) pour leur permettre d'effectuer des recherches et de dispenser des cours, leur outil de travail étant constitué de sept cent mille ouvrages rassemblant tous les écrits du monde grec. En face, apparaît Antirrhodos: c'est une *"île située en avant du port artificiel, possédant un palais royal et un petit port; elle fut dénommée ainsi, comme si elle était la rivale de Rhodes"*. Suivent différents édifices ou sanctuaires, rapidement survolés par Strabon, mais appartenant sans doute au centre névralgique de la cité: théâtre, temples de Poséidon et de César, bâtiments des douanes, entrepôts et chantiers navals... Ils précèdent l'Heptastade, digue reliant l'île de Pharos à la terre ferme. À l'ouest, s'ouvre un second port: l'Eunostos, au-dessus duquel apparaît un bassin artificiel, dit le Kibôtos. Muni d'un arsenal, ce bassin est en communication directe avec le lac Maréotis par un canal navigable. Au-delà, après les dernières maisons de la ville, commence le faubourg de Nécropolis, *"où sont un grand nombre de jardins, de tombeaux et de lieux d'accueil propres à la momification des morts"*. En deçà du canal, se dresse le Sarapion, dédié à Sérapis, le dieu de la cité alexandrine et de la dynastie des Ptolémées, ainsi que *"d'autres enceintes sacrées fort anciennes"*. Quant au cœur de la cité, il est occupé par les tribunaux, les jardins et le Gymnase, orné de portiques *"longs de plus d'un stade* [177 m]*"*. De même, ici, se dresse le

ALEXANDRIE "AUX MARGES DE L'ÉGYPTE" (Ier siècle av. J.-C.)
Esquisse d'une topographie urbaine hellénistique nouvelle pour l'Égypte

1 • Mer Méditerranée bordant Alexandrie au nord
2 • Lac Maréotis bordant Alexandrie au sud
3 • Grand port de la ville
4 • Île de Pharos
5 • Phare d'Alexandrie, considéré par les Anciens comme la Septième Merveille du monde antique (disparu)
6 • Bâtiment royal
7 • Quartier des palais
8 • Île d'Antirrhodos
9 • Centre névralgique de la cité (théâtre, temples de Poséidon et de César, bâtiment des douanes, entrepôts et chantiers navals...)
10 • Heptastade (digue reliant l'île de Pharos à la terre ferme)
11 • Port de l'Eunostos
12 • Bassin artificiel du Kibôtos
13 • Faubourg de Nécropolis (lieu réservé à l'industrie de la mort)
14 • Sarapion (temple dédié à Sérapis, la divinité protectrice de la ville d'Alexandrie et de la dynastie grecque)
15 • Porte canopique (elle ferme la voie canopique, d'orientation est-ouest, qui est l'un des deux axes majeurs d'Alexandrie; cette voie, de 30 m de large selon Strabon, sépare la porte canopique et le quartier de Nécropolis)
16 • Hippodrome

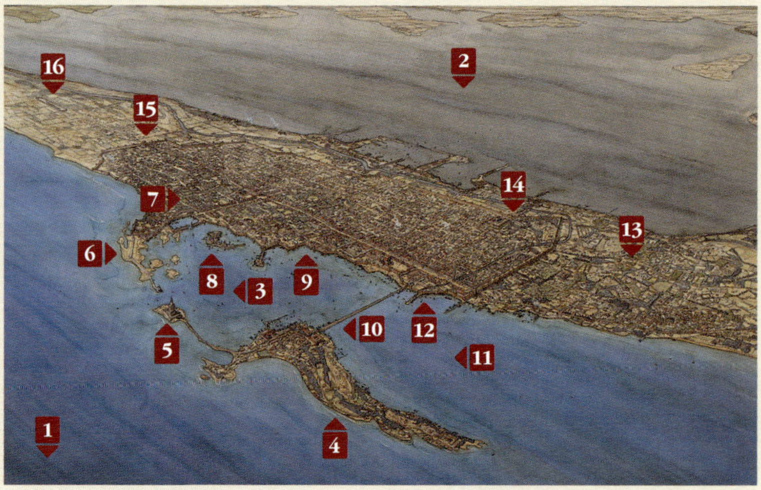

Le phare d'Alexandrie est un monument inauguré en 280 av. J.-C., sous le règne de Ptolémée II Philadelphe. Aujourd'hui perdu, il portait une inscription dédicatoire, non encore retrouvée par les archéologues travaillant activement sur le chantier de Qâyt-Bay, situé à l'emplacement présumé du monument : *"Pour le roi Ptolémée et la reine Arsinoé son épouse, dieux Adelphes, Sostrate, fils de Déxiphanès, de Cnide, aux dieux sauveurs, pour les navigateurs."* Il s'agit sans doute d'une tour à trois étages distincts (carré, octogonal et circulaire) de plus de 100 m de haut.

Paneion, la Colline de Pan, d'où l'on peut *"contempler la ville dans son intégralité, s'étendant à ses pieds dans toutes les directions"*. Un grand axe bordé d'élégants portiques traverse la ville d'ouest en est, de Nécropolis à la porte canopique. Plus loin, se trouve l'Hippodrome qui donne son nom à tout un faubourg s'étendant en rues parallèles jusqu'au canal dit de Canope.

Que reste-t-il de toutes ces merveilles et des aménagements de la ville à l'époque romaine ? Force est de constater que les villes arabe et moderne, installées à l'emplacement exact de la cité antique, ont saccagé l'Alexandrie gréco-romaine. Du centre religieux, établi dans le quartier du Sarapion, il ne subsiste que la colonne dite de Pompée, quelques fragments statuaires et les catacombes de Kom el-Shugafa. Elles forment un ensemble tout à fait remarquable de sépultures des Ier et IIe siècles, avec des chambres décorées de scènes présentant un délicieux mélange d'art égyptien et d'art grec. Le centre de la ville antique devait être occupé par les grandes institutions publiques : Bouleutêrion (endroit où siège le "conseil"), gymnase, *agora*, tribunaux, théâtre, thermes… Seuls le théâtre romain de Kom el-Dick et les thermes ont résisté au temps. Des palais royaux, rien ne subsiste ; rien non plus du *Sôma*, du Musée ou de la Bibliothèque, édifice maltraité par César, réaménagé par Antoine, pillé au IVe siècle et disparu en 642 au cours d'un incendie. Le cimetière du quartier de Nécropolis a été mis au jour en 1997, dévoilant des tombes composées de nombreux caveaux creusés dans la paroi rocheuse.

Quant au phare, inauguré en 280 av. J.-C., il a fonctionné pendant près de mille sept cents ans pour disparaître définitivement en 1477 lorsque le sultan mamelouk Qâyt-Bay décide de construire une forteresse à l'extrémité nord-est de l'île de Pharos. Aujourd'hui, il fait l'objet de fouilles sous-marines au pied du fort où a été repéré un site très important, constitué de plus de deux mille blocs : fragments de chapiteaux, de statues, de sphinx, de colonnes, de blocs, d'obélisques… Il est très difficile de savoir s'il s'agit du phare, surtout tant que l'inscription dédicatoire n'a pas été mise au jour. De même, l'Heptastade n'existe plus. L'île de Pharos est devenue une presqu'île, car la digue s'est transformée en une bande de terre sur laquelle s'est installée la ville arabe.

EDFOU

Aucun temple égyptien n'est aussi bien conservé que celui dédié au culte d'Horus à Edfou car, du pylône aux salles les plus reculées, les différents éléments du bâtiment nous sont parvenus presque intacts. Il donne l'illusion d'un monument de construction récente, abandonné quelques années auparavant. Aussi, son étude reste-t-elle primordiale : il constitue l'archétype d'un édifice cultuel, tant dans son organisation architecturale que dans le contenu de ses décors. Toutefois, il semble difficile de considérer ce sanctuaire comme un modèle car il s'agit d'un édifice ptolémaïque, donc tardif, et il semble évident que ce type de structure a évolué depuis le début de l'histoire égyptienne. Fait rare en Égypte, les textes révèlent précisément sa date de fondation, le 7 épiphi de l'an 10 de Ptolémée III (23 août 237 av. J.-C.), comme celle de son inauguration, le 1er khoïak de l'an 25 de Ptolémée XII (5 décembre 57 av. J.-C.). Ainsi, contrairement à de nombreux temples sans cesse remaniés au fil des siècles, celui d'Edfou est homogène ; en effet, pour une construction égyptienne, il a été édifié sur un laps de temps assez court.

Par sa taille, c'est un des centres religieux les plus imposants de la Vallée du Nil : 79 m de large et 137 m de long. Si, dans les grandes lignes, la structure des sanctuaires de l'époque ptolémaïque doit ressembler à celle des édifices antérieurs, on constate que des particularités apparaissent, sans doute inhérentes aux origines de leurs commanditaires. D'emblée, on est surpris par la clarté du plan de base : pylône d'entrée monumental, cour entourée de portiques, salle hypostyle, chambres desservies par des chapelles annexes et saint des saints dans lequel, à l'abri de tous les regards, on conserve la statue du dieu. Le tout est compris dans un double mur d'enceinte. Le premier, en grès, enserre le temple ne laissant au passage qu'un espace étroit. Le second, en brique crue et beaucoup plus massif, englobe les édifices annexes : mammisi où l'on célèbre chaque année la naissance du dieu fils Harsomthous, nilomètre servant à contrôler les fluctuations des eaux du Nil, lac sacré pour les ablutions des prêtres et les promenades de la statue divine, entrepôts destinés à stocker les denrées et habitations des prêtres… Tout s'organise pour que le *naos* soit la pièce la plus centrale, la plus étroite, la plus basse de plafond, la plus élevée de sol et la plus sombre.

Parallèlement à cette nouvelle organisation de l'espace, l'architecture s'alourdit d'éléments superflus qui rendent les bâtiments massifs : chapiteaux composites, architraves imposantes, gorges développées, murs d'entrecolonnement… Les reliefs et les textes adoptent un agencement rigoureux : désormais les registres, clairs et droits, sont délimités par des colonnes de textes compartimentées et ordonnées. Les personnages acquièrent une nouvelle silhouette où, à la platitude des formes, succède une rondeur très inhabituelle. Quant aux décors, ils présentent des thèmes issus de l'iconographie royale traditionnelle, mais, de surcroît, figurent de nombreuses scènes relatives aux cosmogonies et au fonctionnement du culte, depuis le service journalier jusqu'aux cérémonies plus solennelles.

LE TEMPLE D'HORUS À EDFOU (Ier siècle av. J.-C.)

Très bien conservé, il imposait peu de restitutions, sinon de le remettre en vie en montrant la procession d'Hathor rendant visite à son époux Horus

1 • Enceinte en brique crue englobant le domaine d'Horus
2 • "Kiosque du faucon" où se déroulent certains rites de couronnement
3 • Mammisi de Ptolémée VIII, "lieu de naissance" d'Harsomthous, le dieu fils de la triade d'Edfou (Horus, Hathor et Harsomthous)
4 • Pylône d'entrée, culminant à 36 m de haut, précédé de deux statues du faucon Horus et orné sur ses deux môles d'une scène où Ptolémée XII sacrifie des prisonniers devant Horus, la divinité maîtresse du sanctuaire
5 • Cour entourée de portiques conduisant aux salles sacrées par une porte précédée de deux statues de faucon
6 • Grande salle hypostyle
7 • Sanctuaire comprenant un vestibule, la "chambre des offrandes", la "chambre centrale" et le *naos* (ou saint des saints) entouré de plusieurs salles de culte
8 • Kiosque de l'"Union au Disque" où se déroulent les rites destinés à régénérer la statue divine
9 • Nilomètre (structure destinée à contrôler les fluctuations des eaux du Nil)
10 • Mur d'enceinte enserrant le sanctuaire
11 • Position hypothétique du lac sacré
12 • Annexes du temple
13 • Ville d'Ombos
14 • Nécropole

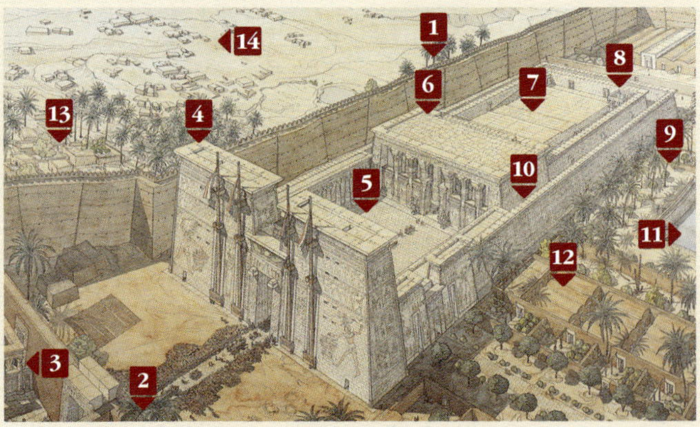

La Grèce

À Delphes, avant d'arriver devant le temple principal dédié à Apollon, on rencontre le sanctuaire d'Athéna Pronaia – appelé aujourd'hui "Marmaria" –, où apparaissent les vestiges de plusieurs édifices occupant une place de toute première importance dans l'architecture grecque. De gauche à droite : une construction rectangulaire arasée du Ve siècle av. J.-C., que l'on surnomme communément la "Maison des prêtres" bien que l'on ne sache pas précisément quelle était sa vocation ; le nouveau temple d'Athéna Pronaia, construit vers 370-360 av. J.-C. pour remplacer le temple archaïque situé près de l'entrée ouest et détruit par un tremblement de terre ; la *tholos* du début du IVe siècle av. J.-C., monument circulaire en marbre de destination inconnue malgré le fait que son caractère chtonien ne fasse plus aucun doute ; deux "trésors" des VIe et Ve siècles av. J.-C., nom donné aux petites constructions édifiées par différentes villes dans les grands sanctuaires pour abriter les objets précieux offerts à la divinité ; le temple archaïque d'Athéna Pronaia, bâtiment datant des années 500 av. J.-C. et disparu lors du tremblement de terre de 373 av. J.-C. ; légèrement en retrait par rapport aux autres constructions, deux édifices rectangulaires appartenant peut-être au petit temple du héros local Phylacos, à moins qu'il ne s'agisse de deux "trésors" archaïques anonymes abandonnés. L'image montre une restitution idéale des édifices, chacun au temps de sa splendeur.

DELPHES

Construit sur les pentes sud-ouest du Parnasse et installé dans un cadre magnifique, le site de Delphes abrite différentes structures cultuelles, en particulier un sanctuaire dédié à Apollon, l'un des plus célèbres de toute la Grèce antique. En réalité, l'histoire et la renommée de la ville se confondent avec celle de son oracle (et le rôle de la Pythie), qui attire des pèlerins venus de l'ensemble du bassin méditerranéen et que mentionnent presque tous les auteurs anciens. Fondé au VIIe siècle av. J.-C. à l'emplacement d'un ancien oracle, le sanctuaire d'Apollon prospère rapidement grâce aux richesses fabuleuses offertes par des villes grecques et conservées dans des bâtiments annexes appelés "trésors". Le site est représenté dans l'état où l'auraient vu le grand voyageur Pausanias (historien-géographe de la fin du IIe siècle de notre ère) et Plutarque, grand prêtre de Delphes, l'un des plus grands penseurs de son temps (50-125 apr. J.-C.).

Le site comprend deux ensembles principaux séparés l'un de l'autre par un gymnase du IVe siècle av. J.-C.: en contrebas, le sanctuaire d'Athéna Pronaia constitué de plusieurs petits temples et "trésors"; le sanctuaire d'Apollon regroupant, dans son enceinte de forme presque rectangulaire, de très nombreux bâtiments qui s'organisent autour du temple principal. L'entrée se trouve dans l'angle sud-est; de là part la voie sacrée qui monte vers le sanctuaire en effectuant un long virage sinueux. De part et d'autre de cette allée, se succèdent divers édifices qui rivalisent tous de richesse et de beauté: des constructions élégantes et des portiques élancés, des statues, des offrandes et des ex-voto, les plus importants élevés immédiatement au bord de la chaussée, les autres légèrement en retrait, un peu dérobés à la vue. Et, au sommet, se dresse le temple d'Apollon, but ultime du parcours, édifice détruit à plusieurs reprises par des incendies ou des tremblements de terre, mais à chaque fois reconstruit grâce aux contributions venues de tout le pays. Tel qu'il se présente aujourd'hui, le bâtiment remonte aux années 330 av. J.-C. De taille imposante – 60 m de long sur 24 m de large – et d'ordre dorique périptère, ce temple se caractérise par une disposition interne des salles assez mystérieuse et non encore élucidée – tant il est mal conservé –, sans doute due à sa vocation oraculaire. Là officiait assise sur un trépied la Pythie, jeune femme qui entrait en transe et dont les cris incompréhensibles au profane étaient interprétés par les prêtres.

Le site de Delphes
(IIe siècle apr. J.-C.)

1 • Sanctuaire d'Athéna Pronaia, dit Marmaria *(voir p. 49)*, comprenant principalement le temple d'Athéna et une superbe *tholos* du début du IVe siècle av. J.-C.

2 • Gymnase construit aux environs de 330 av. J.-C. sur deux niveaux différents (en bas, la palestre avec vestiaires, bains, salles de repos et de loisirs ; en haut, le xyste, portique couvert avec piste de quelque 185 m de long, et la paradromis, piste de plein air de taille légèrement inférieure)

3 • Sanctuaire d'Apollon groupant, dans son enceinte, différents monuments (ex-voto, temples, portiques, statues...) dominés par le temple d'Apollon lui-même où se rendent les oracles

4 • Portique Ouest, situé à l'extérieur de l'enceinte du sanctuaire d'Apollon, sans doute édifié par les Étoliens avec le produit du butin de leur victoire sur les envahisseurs galates en 278 av. J.-C.

5 • Stade datant du IIe siècle apr. J.-C. où se déroulent les Jeux pythiques célébrés tous les quatre ans pour commémorer les exploits d'Apollon (la piste mesure 177,41 m, soit 600 pieds romains de 0,2957 m ; pour la première fois, on trouve des gradins, douze rangées au nord et six au sud, pouvant accueillir 6 500 spectateurs)

6 • *Agora* romaine située devant l'entrée principale du sanctuaire

7 • Voie sacrée bordée de différents monuments, partant de l'entrée principale, percée au sud-est du mur d'enceinte, et conduisant au temple d'Apollon juché au sommet de la colline

8 • Ex-voto offert par les Lacédémoniens pour commémorer leur victoire sur les Athéniens à Aigos-Potamos en 404 av. J.-C. (il se compose d'une niche monumentale, précédée d'une colonnade d'ordre dorique et ornée de trente-huit statues en bronze : dix d'entre elles figurent des dieux ou des héros ; les vingt-huit restantes représentent les capitaines des navires lacédémoniens)

9 • Offrande des Argiens (à droite, hémicycle consacré à l'occasion de la fondation de la ville de Messène en 369 av. J.-C., comprenant dix statues en bronze des rois légendaires d'Argos ; à gauche, hémicycle consacré, selon Pausanias, en 456 av. J.-C., avec statues des Épigones, personnages qui passent pour avoir réussi à prendre Thèbes)

10 • Groupe de plusieurs "trésors" installés dans l'angle sud-ouest de l'enceinte du sanctuaire (ils appartiennent à différentes villes grecques : Sicyone, Siphnos, Mégare, Syracuse, Cnide, Thèbes, Athènes...)

11 • Autre groupe de trésors construit le long du mur oriental de l'enceinte du sanctuaire (trésors de Corinthe, de Cyrène, d'Acanthos et de Brasidas...)

12 • Portique à étage offert par Attale Ier (roi de Pergame) vers 220 av. J.-C. (au IVe siècle apr. J.-C., il a été transformé en citerne pour alimenter en eau les thermes situés légèrement en contrebas)

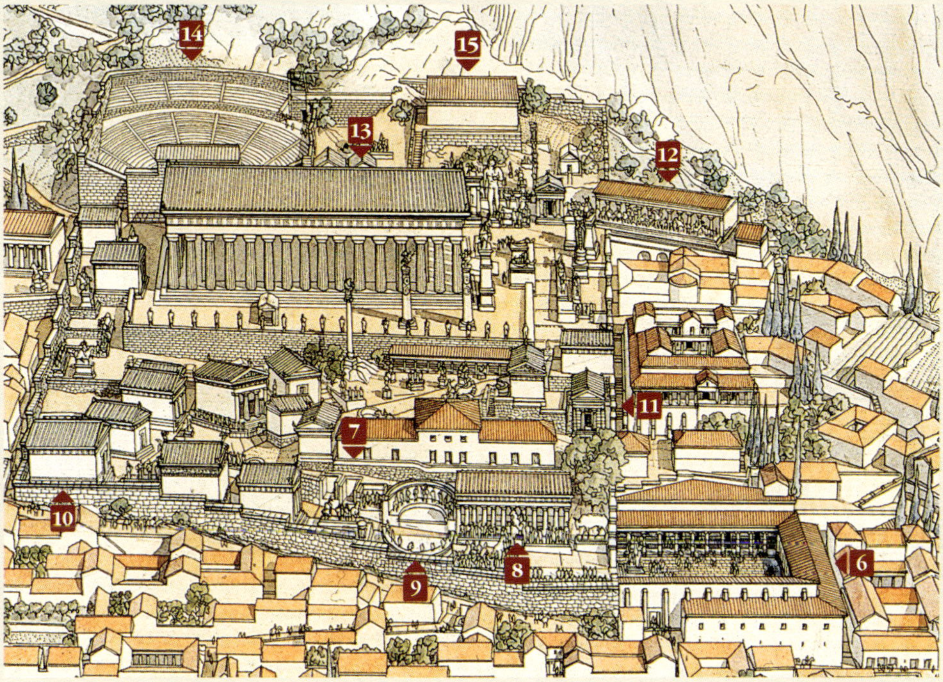

13 • Temple d'Apollon inauguré en 330/329 av. J.-C., centre névralgique du sanctuaire

14 • Théâtre édifié au début du IIe siècle av. J.-C. et réaménagé à l'époque impériale (il compte trente-cinq rangées de gradins en pierre pouvant contenir quelque 5 000 spectateurs ; l'*orchestra* dallée mesure 18,50 m de diamètre et le *proskénion* 9 m de long)

15 • Lesché des Cnidiens, adossée à la paroi nord de l'enceinte (grande salle rectangulaire du Ve siècle av. J.-C., décorée de superbes fresques peintes par Polygnote de Thasos représentant la prise de Troie et la descente d'Ulysse aux Enfers)

ATHÈNES

Située sur un vaste plateau d'environ 3 ha de superficie, l'Acropole domine la ville d'Athènes. Son histoire se confond avec celle de la cité elle-même et remonte à l'époque mycénienne (1600-1100 av. J.-C.). Des structures de cette Acropole primitive, il ne subsiste que de rares vestiges du mur d'enceinte et de la porte. Aux VIIIe-VIe siècles av. J.-C., l'Acropole abandonne ses prérogatives politiques et se consacre entièrement à sa vocation cultuelle : on y vénère Athéna, la déesse protectrice de la cité, à qui l'on dédie plusieurs édifices, notamment le petit temple d'Athéna Niké situé à l'entrée du site. Toutefois, en 480 av. J.-C., les Perses infligent une violente défaite à Athènes, qui conduit inévitablement au sac de l'Acropole.

Dès 454 av. J.-C., Périclès décide de réaménager totalement les lieux ; ce projet grandiose et ambitieux doit permettre de réaffirmer la puissance d'Athènes. Les travaux débutent à peine quatre ans plus tard avec, comme maître d'œuvre, Phidias, le plus grand sculpteur de son siècle. On débute par le Parthénon, le joyau de l'Acropole, sanctuaire érigé à la gloire d'Athéna. Suivent les Propylées, la reconstruction du temple d'Athéna Niké et l'*Érechthéion*. À la fin du Ve siècle av. J.-C., les principaux bâtiments sont achevés et prêts à remplir leur fonction cultuelle ; au cours des siècles suivants, on note quelques aménagements mineurs, mais ils ne modifient pas l'aspect général du site, visible aujourd'hui presque dans l'état où il a été laissé par Périclès.

L'ACROPOLE D'ATHÈNES AU TEMPS DE PÉRICLÈS ET DE PHIDIAS (Ve siècle av. J.-C.)

La vue classique des classiques ; dès que les artistes européens voulurent évoquer l'Antiquité, les premières peintures représentèrent l'Acropole

1 • Temple d'Athéna Niké, monument marquant l'entrée de l'Acropole, construit par Callicratès dans la seconde moitié du Ve siècle av. J.-C. (temple en marbre, de style ionique, constitué d'une seule pièce où l'on exposait la statue cultuelle)

2 • Propylées, entrée monumentale en marbre pentélique composée d'un corps central et de deux ailes en retour de dimensions inégales (construits par Mnésiclès entre 437 et 431 av. J.-C., les propylées viennent remplacer l'entrée de Pisistrate ; l'édifice forme un vaste rectangle précédé de portiques et muni de cinq portes permettant d'accéder sur l'Acropole par la Voie sacrée)

3 • Propylées (aile nord), bâtiment d'accueil appelé la "pinacothèque" en raison des tableaux qui y étaient présentés

4 • Propylées (aile sud), bâtiment de taille beaucoup plus réduite se limitant à un simple portique

5 • *Téménos* d'Athéna Hygie, déesse de la santé, et d'Artémis Brauronia, protectrice des accouchements (ces temples contenaient chacun une statue en bronze ou en marbre de la déesse vénérée, l'Artémis ayant été offerte par les Athéniens à l'occasion de l'épidémie meurtrière de 429 av. J.-C.)

6 • *Téménos* d'Athéna Erganè, aspect particulier d'Athéna considérée comme ouvrière et recevant, en cadeau, le produit du travail des ouvriers et des femmes

7 • Chalcothèque, édifice ayant servi de dépôt des bronzes, probablement construit vers 450 av. J.-C. et agrandi d'un portique en 432 av. J.-C.

8 • Athéna Promachos, œuvre de Phidias (cette sculpture en bronze représentant Athéna en tant que gardienne de la ville mesurait, dit-on, plus de 9 m de haut ; elle a été inaugurée en 454 av. J.-C. et est connue grâce aux descriptions des voyageurs de l'Antiquité)

9 • Voie sacrée reliant les propylées au Parthénon

10 • Parthénon, temple en marbre pentélique dédié à Athéna et construit entre 447 et 432 av. J.-C. (il s'agit d'un temple d'ordre dorique, entouré d'une colonnade sur ses quatre côtés avec, en façade, huit colonnes surmontées d'un fronton sculpté de reliefs évoquant la déesse Athéna ; l'édifice compte deux chambres, le *naos* et le Parthénon lui-même, s'ouvrant à l'est et à l'ouest sur un portique de six colonnes doriques)

11 • Autel de Zeus Hypatos, aujourd'hui disparu

12 • *Érechthéion*, lieu de culte essentiel de l'Acropole édifié entre 421 et 406 av. J.-C. (plusieurs sanctuaires constituent ce monument qui conserve toutefois une véritable unité architecturale avec, essentiellement, un bâtiment central constitué de deux chapelles, l'une dédiée à Athéna Polias et l'autre à Poséidon ; l'édifice se caractérise par la finesse de son décor et par la beauté de ses portiques, notamment de celui des Caryatides avec, en guise de colonnes, six statues de femmes vêtues de longues tuniques ioniennes et portant sur la tête un chapiteau circulaire sculpté d'oves et de fers de lance)

13 • *Pandroséion*, ou temple de Pandrose, consacré à la fille de Cécrops (il est formé d'une cour qui renfermait l'olivier sacré d'Athéna, un autel dédié à Zeus et une chapelle)

14 • Maison dite "des Arrhéphores", nom donné aux fillettes de sept à onze ans chargées de confectionner, avec Athéna elle-même, le vêtement sacré qui, chaque année, était apporté à l'occasion d'une grande cérémonie dans le sanctuaire de la déesse (de ce petit bâtiment carré, ne subsistent que quelques éléments des fondations)

15 • Escalier vers chemin circulaire

16 • Logements et locaux administratifs

Athènes romaine

Athènes romaine (IIIe siècle apr. J.-C.)

1 • Acropole (voir page en regard)
2 • Théâtre de Dionysos, édifice des Ve-IVe siècles av. J.-C., restauré à l'époque romaine, notamment l'*orchestra*; il pouvait contenir jusqu'à 17 000 spectateurs, installés sur des gradins montant, à l'origine, jusqu'au pied du rocher de l'Acropole
3 • La Pnyx, plate-forme rocheuse située face à l'Acropole, où se réunit l'*ecclesia*, c'est-à-dire l'assemblée du peuple; construite au Ve siècle av. J.-C., elle adopte la forme d'un grand hémicycle avec une estrade accolée au mur du fond d'où les orateurs s'adressent à l'auditoire
4 • *Agora* romaine, grand péristyle rectangulaire de 111 m sur 98 m, à colonnade ionique, derrière lequel se trouvent des stoas et des magasins
5 • Odéon, érigé en 15 av. J.-C. par Agrippa, le gendre d'Auguste; il s'agit d'une salle de spectacle colossale, couverte, plus grande que le Parthénon
6 • Temple d'Arès, construit en 430 av. J.-C. sur le modèle de l'*Héphaïstéion*; ce sanctuaire, édifié au départ au pied du mont Parnès, a été transféré sur l'*agora* au début de la période romaine
7 • Tholos construit en 465 av. J.-C.; il abrite une commission restreinte de la *boulè*, le conseil des Prytanes qui constitue le centre nerveux du gouvernement
8 • *Bouleutérion*, édifié au Ve siècle av. J.-C.; il abrite la *boulè*, assemblée chargée d'élaborer des projets de lois, soumis ensuite au vote à l'*ecclesia*
9 • *Héphaïstéion*, qui se dresse au sommet du *Kolonos Agoraios*, la colline au nord-ouest de l'*agora*; bâti au milieu du Ve siècle av. J.-C., ce temple périptère hexastyle dorique est consacré à Héphaïstos et à Athéna
10 • Portique d'Attale, fondé par Attale II, roi de Pergame de 159 à 138 av. J.-C.; cette colonnade, de 116 m de long et 20 m de large, constitue à la fois un lieu de promenade et un centre commercial
11 • Bibliothèque d'Hadrien, le bâtiment aux "Cent colonnes", le plus grand édifice public érigé par Hadrien à Athènes; ce grand quadrilatère est formé de trois corps de bâtiment en U et, à l'ouest, d'un mur de façade précédé d'un propylée; à l'opposé, s'ouvre la bibliothèque proprement dite avec ses salles de lecture et ses archives
12 • Colline où se dresse le monument funéraire de Philopappos, citoyen d'Athènes, érigé en 116 apr. J.-C.
13 • Port du Pirée, principal port d'Athènes et centre du commerce
14 • Tour des vents, construite au Ier siècle av. J.-C. par Andronikos Kyrrestes, superbe édifice octogonal servant à la fois de girouette, de cadran solaire et d'horloge hydraulique
15 • Odéon d'Hérode Atticus, riche citoyen d'Athènes ami de l'empereur Hadrien, petit théâtre construit au milieu du IIe siècle apr. J.-C. et formant un hémicycle de 29 m de diamètre, pouvant accueillir 5 000 spectateurs

La résistance d'Athènes à l'impérialisme romain conduit au sac de la ville par les légions de Sylla en 86 av. J.-C. Outre l'importance des destructions, Athènes sort totalement diminuée de cette épreuve. Or, la reconstruction traîne et la cité grecque ne cesse ne subir de nouvelles déprédations; seul le Pyrée, mis à feu et à sang, bénéficie de quelques restaurations.

En réalité, ce n'est qu'à l'époque d'Auguste, au tournant de notre ère, que l'on envisage une intervention à grande échelle: non seulement, on restaure les bâtiments détruits, mais on transforme les structures existantes et on construit de nouveaux édifices. Le but est clair: célébrer l'empereur et sa famille. Trois zones sont spécialement touchées par ces travaux: l'Acropole, limitée par la saturation de l'espace, où l'on se contente donc d'effectuer de simples restaurations; la zone située à l'est de l'*agora* grecque, consacrée à l'édification d'une nouvelle *agora*; la région au nord de l'Illissos, avec l'achèvement de l'*Olympieion*. Un peu plus tard, à l'occasion de la visite d'Agrippa en 15 av. J.-C., on édifie un odéon (qui sera reconstruit au IIe siècle apr. J.-C.) et un sanctuaire lié au culte de la famille impériale, de même que l'on effectue des déplacements de monuments.

Puis, au IIe siècle apr. J.-C., Hadrien se lance dans un véritable programme monumental, construisant aussi bien des aqueducs, qu'une bibliothèque, une basilique, des portes de ville, des temples… Malgré les quelques initiatives antérieures, c'est bien à cet empereur que l'on doit l'essentiel des transformations de la ville d'Athènes à l'époque romaine.

CORINTHE

CORINTHE ET SON ISTHME (IIe siècle apr. J.-C.)

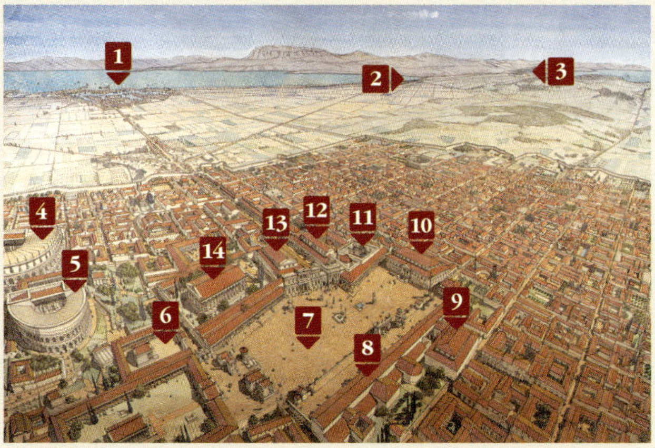

1 • Port septentrional du Lechaion, situé sur le golfe de Corinthe, à 2,5 km au nord de la cité ; c'est l'un des plus grands ports de l'Empire romain, son bassin couvre une quinzaine d'hectares et ses quais se développent sur environ 5 km

2 • Isthme de Corinthe

3 • Port méridional de Cenchrées, situé sur le golfe Saronique, à 7 km au sud de la cité ; il présente une forme ovale de 450 m de développement et couvre une superficie de 3 ha

4 • Théâtre, reconstruit lors de l'installation de la colonie romaine, puis réaménagé sous Hadrien avec un beau front de scène

5 • Odéon, édifice assez modeste de la fin du Ier siècle apr. J.-C. ; détruit par un incendie, puis reconstruit en marbre au début du IIe siècle apr. J.-C. par Hérode Atticus

6 • Temple E, généralement appelé temple d'Octavie ; à la fin du Ier siècle apr. J.-C., on édifie un grand *temenos* autour de ce sanctuaire probablement dédié à Zeus et au culte impérial

7 • *Forum*, l'un des plus vastes créés dans une cité romaine ; il se subdivise en deux terrasses séparées par le *bêma*, en avant du portique Sud, d'où le gouverneur s'adresse à la population

8 • Grand portique Sud, daté du dernier tiers du IVe siècle av. J.-C. ; à l'époque romaine, on réaménage l'édifice pour y installer les services administratifs de la colonie, notamment le *bouleutérion*, et une rangée de boutiques et, à l'extrémité orientale, un *tabularium* pour conserver les archives

9 • Basilique méridionale, construite sur le plan de la basilique julienne au Ier siècle apr. J.-C.

10 • Basilique julienne, sans doute construite au début du règne d'Auguste selon un plan identique à celui des basiliques édifiées à la même période à Rome

11 • Fontaine Pirène, remaniée de nombreuses fois et, de manière radicale, au IIe siècle apr. J.-C. ; à cette occasion, la cour devient presque carrée et on ajoute des exèdres semi-circulaires au nord, à l'est et à l'ouest, le tout étant totalement recouvert de marbre et pourvu d'une statue de la nymphe Pirène

12 • Voie du Lechaion correspondant au *cardo maximus*

13 • Basilique Nord, édifice construit à la fin du Ier siècle av. J.-C., en même temps que le *tabularium* ; avancée de quelques mètres à la fin du règne d'Auguste pour s'aligner sur les autres bâtiments bordant le *forum*, la façade de présente, non pas des caryatides, mais des captifs barbares

14 • Temple d'Apollon, édifice purement grec, mais totalement modifié à l'époque romaine selon les principes constructifs en vigueur à Rome

Fondée par César en 44 av. J.-C., la colonie de Corinthe est située sur l'isthme reliant la Grèce continentale au Péloponnèse. Rapidement, grâce à cette situation géographique tout à fait exceptionnelle, Corinthe devient l'un des plus grands ports de la Méditerranée romaine et le siège du gouverneur de la province d'Achaïe. On dit que l'idée de créer un passage revient à Néron, qui, du fait de la taille des navires amenés à emprunter ce goulet, entreprend de percer un canal d'une mer à l'autre. L'ouvrage devait avoir 40 ou 50 m de large et il semble avoir été commencé avec l'aide de 6000 prisonniers juifs envoyés par Vespasien en 66 apr. J.-C. Toutefois, la mort de l'empereur, en 68, devait arrêter les travaux jusqu'à l'époque moderne. Du fait de sa vocation commerciale, la ville possède toute une série de ports sur ses deux rives maritimes, les plus importants étant celui du Lechaion au nord et celui de Cenchrées au sud.

Le plan de Corinthe est de type hippodamien ; il a sans doute été exécuté par le même architecte que celui qui réalisera, quelques années plus tard, la ville de Carthage. Il repose sur quatre carrés égaux (les centuries), le centre topographique se trouvant à proximité du *forum*. L'axe principal est le *cardo maximus*, appelé la voie du Lechaion, qui scinde la ville en deux parties presque égales ; perpendiculairement, douze *decumani* divisent l'espace en une trentaine d'îlots. Au centre, donc, se dresse le *forum*, vaste quadrilatère d'environ 160 m sur 95 m, autour duquel s'organisent les édifices publics de la cité : sanctuaires, basiliques, *bouleutérion*… Malgré d'impressionnants travaux de terrassement pour niveler la place, on constate que, dans la mesure du possible, on essaye de conserver les éléments d'architecture antérieurs, comme le grand portique Sud ou la fontaine Pirène. Parallèlement, on installe de nouveaux bâtiments destinés à accroître les capacités fonctionnelles du lieu.

Olympie

Installé au confluent de l'Alphée et du Kladéos, au Péloponnèse occidental, le sanctuaire d'Olympie reste l'un des plus célèbres de Grèce. C'est là que, tous les quatre ans, se déroulent les jeux panhelléniques donnés en l'honneur de Zeus Olympien. Inaugurés en 776 av. J.-C. avec une seule épreuve au programme, ils atteignent leur apogée au début du Ve siècle av. J.-C., où l'on dénombre treize épreuves étalées sur plusieurs jours pendant lesquels les cérémonies religieuses se mêlent aux exploits sportifs ; ils cessent en 393 apr. J.-C. Isolée par un mur de péribole, l'enceinte sacrée possède trois entrées principales. À l'intérieur se dressent les édifices liés au culte (temples de Zeus et d'Héra principalement) ; à l'extérieur se trouvent les édifices annexes (palestre et gymnase à l'ouest, stade et hippodrome à l'est, thermes, maisons des prêtres, auberges…).

Le sanctuaire d'Olympie (IVe siècle av. J.-C.)

1 • Mont Kronion dominant le site d'Olympie, au pied duquel s'étend l'Altis, le bois sacré d'Olympie planté de platanes, d'oliviers sauvages, de chênes, de peupliers et de pins

2 • Alphée, rivière au bord de laquelle se dresse Olympie

3 • *Héraion* dédié à Héra, temple qui constitue l'un des plus anciens exemples conservés d'architecture religieuse monumentale en Grèce (ce temple dorique aux proportions massives a sans doute été construit en une seule fois, vers 600 av. J.-C. ; au fil des siècles, les colonnes qui étaient à l'origine en bois ont été remplacées par leur équivalent en pierre, d'où le manque d'homogénéité des portiques)

4 • Temple de Zeus, le centre névralgique du sanctuaire, édifié entre 468 et 457 av. J.-C. (c'est dans la *cella* de ce temple périptère dorique, le plus vaste du Péloponnèse, que se dressait le plus grand chef-d'œuvre de Phidias : la statue chryséléphantine en or et en ivoire de Zeus constituant l'une des Sept Merveilles du monde antique)

5 • *Mètrôon*, temple de Cybèle, mère des dieux, construit au début du IVe siècle av. J.-C. et remployé à partir du règne d'Auguste comme édifice dédié au culte impérial

6 • *Philippéion*, entrepris par Philippe II après la bataille de Chéronée en 338 av. J.-C. et achevé par Alexandre le Grand (construction circulaire servant à honorer le culte de la dynastie macédonienne héroïsée)

7 • "Trésors" offerts par des colonies grecques (Sicyone, Sélinonte, Métaponte, Mégare, Géla…), les plus anciens étant contemprorains de l'*Héraion* et les plus récents datant de la première moitié du Ve siècle av. J.-C.

8 • Prytanée datant du début du Ve siècle av. J.-C., siège des administrateurs du sanctuaire et lieu où se déroulent les banquets offerts aux officiels et aux gagnants des Jeux

9 • Gymnase, édifice du début du IIe siècle av. J.-C. (il s'agit d'un bâtiment clos de 200 m de long sur 120 m de large, formé d'une cour à portiques où les athlètes s'entraînent aux sports exigeant de l'espace : javelot, disque et course)

10 • Palestre, édifice du IIIe siècle av. J.-C. (de forme carrée, ce bâtiment de 66 m de côté s'organise autour d'une cour à péristyle ; il sert pour l'entraînement à la boxe, à la lutte et au saut)

11 • Atelier de Phidias aménagé lors de la fabrication de la statue du temple de Zeus, soit vers 430 av. J.-C.

12 • *Théokoléon*, bâtiment rectangulaire du début du IVe siècle av. J.-C., siège des prêtres d'Olympie

13 • *Hérôon*, monument circulaire dédié à un héros anonyme, contemporain du *Théokoléôn*

14 • *Léônidaion*, hôtellerie offerte et construite en 330 av. J.-C. par l'architecte Léonidas de Naxos pour accueillir les dignitaires étrangers et les invités de marque

15 • Bains et thermes de l'époque romaine

16 • *Bouleutêrion*, édifice construit en plusieurs étapes, entre le milieu du VIe siècle et le Ve siècle av. J.-C. (au centre du bâtiment de plan carré, était aménagé l'autel de Zeus Horkios sur lequel les athlètes devaient prêter serment avant de participer aux Jeux)

17 • Stade tel qu'il est aménagé au début du Ve siècle av. J.-C., lorsque les Jeux perdent leur signification religieuse pour devenir un spectacle profane (autour de la piste, de 212,54 m de long sur 28,50 m de large, peuvent s'installer 45 000 spectateurs, assis généralement sur le sol, hormis quelques privilégiés bénéficiant de sièges en pierre)

18 • Portique d'Écho ou *Eptaéchos*, en référence à l'écho qui passait pour s'y propager sept fois (constitué de deux colonnades et dressé vers 350 av. J.-C., il isole définitivement le stade du reste du sanctuaire)

19 • Hippodrome, monument trop détruit aujourd'hui pour parvenir à s'en faire une idée précise, mais on évalue sa longueur totale à 780 m

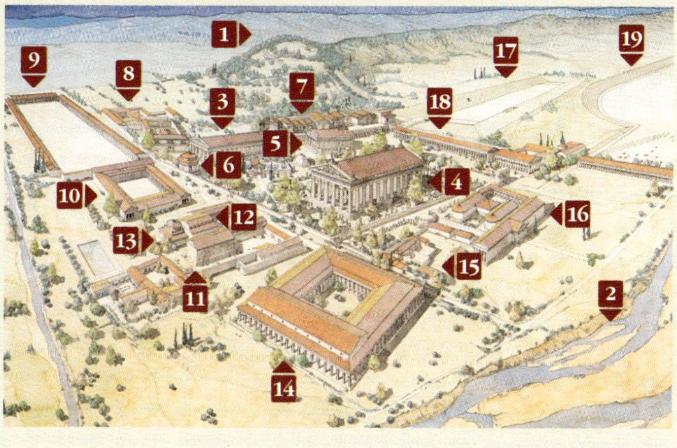

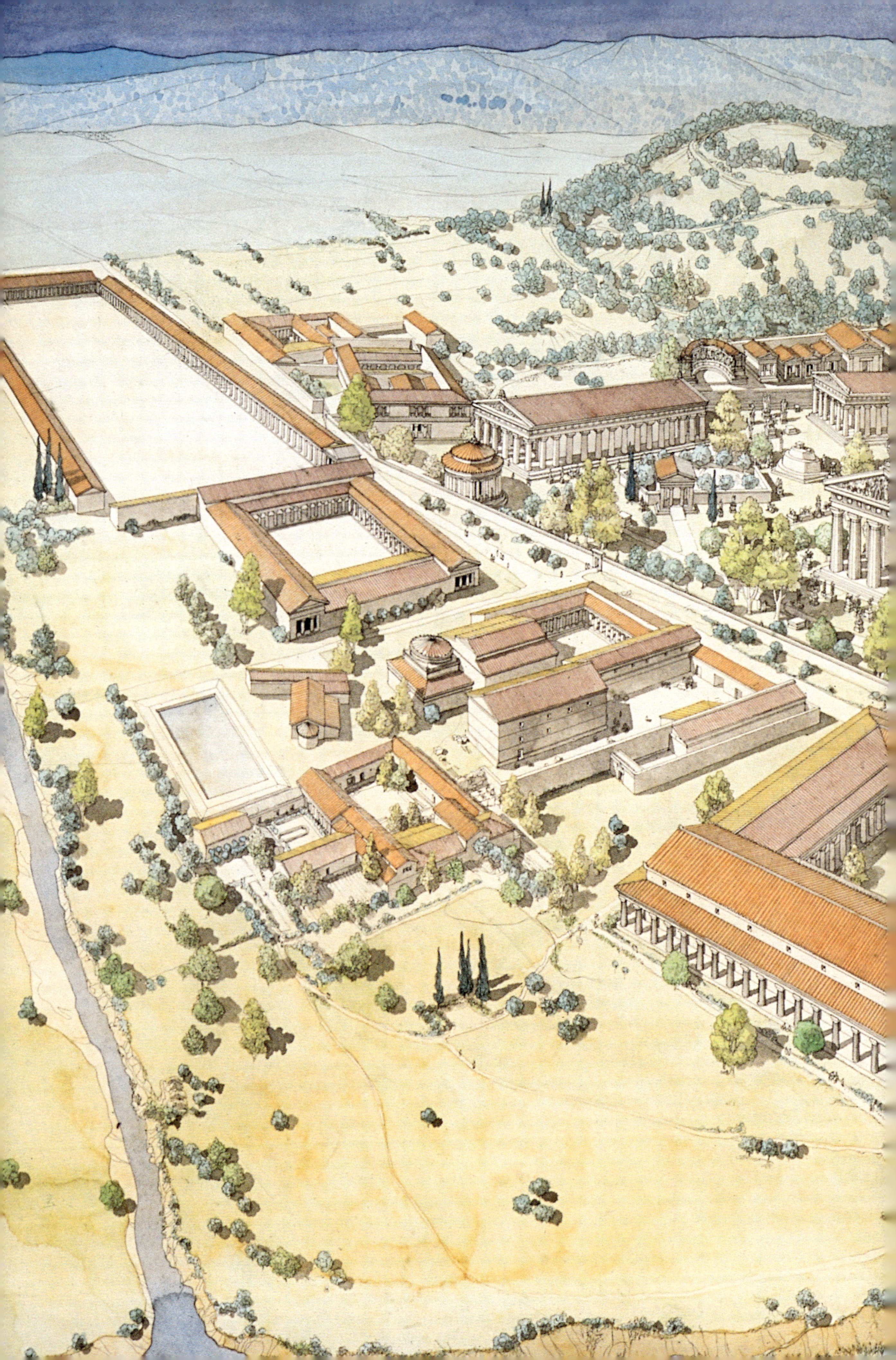

Dans les îles, au début de la civilisation grecque, Cnossos.

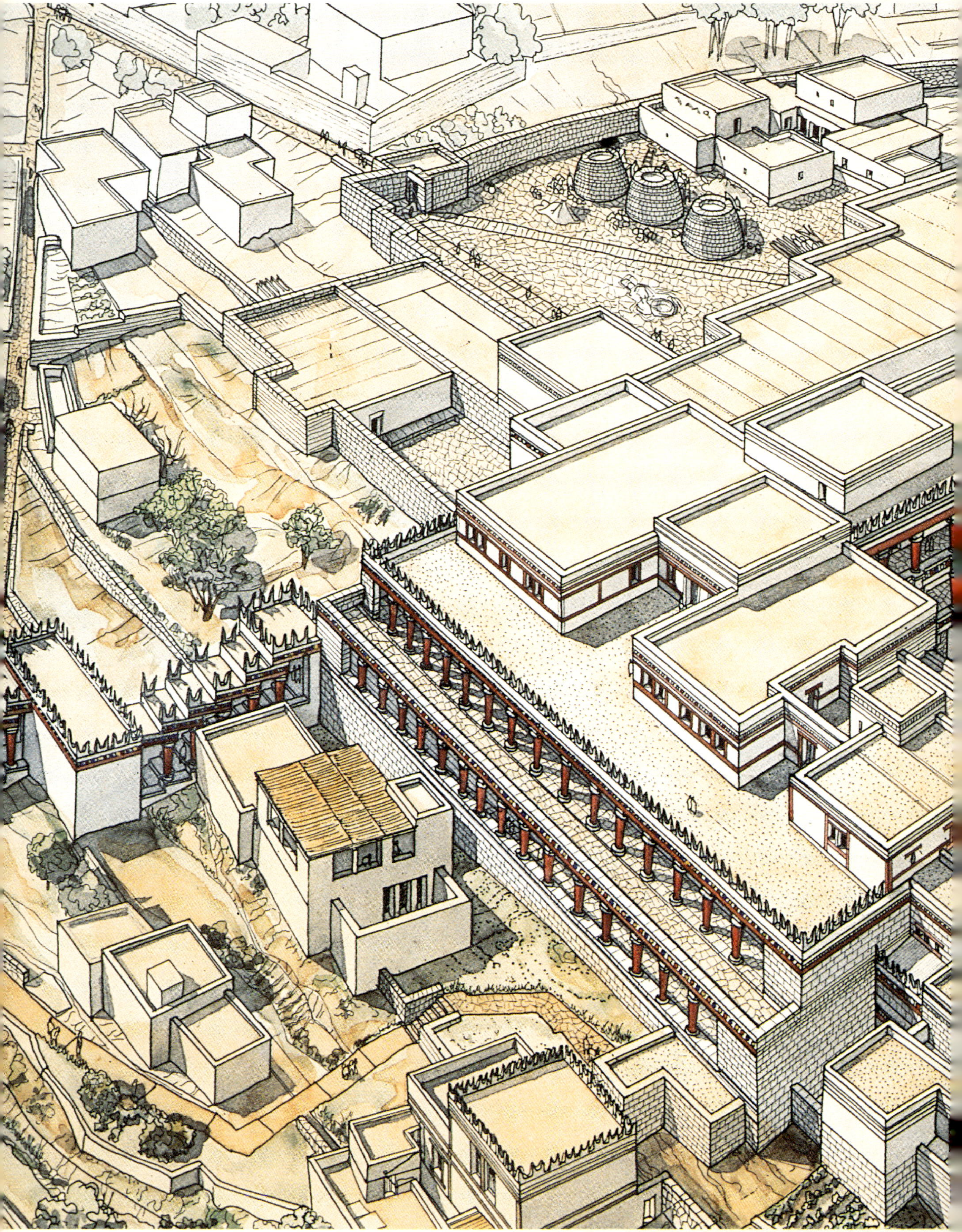

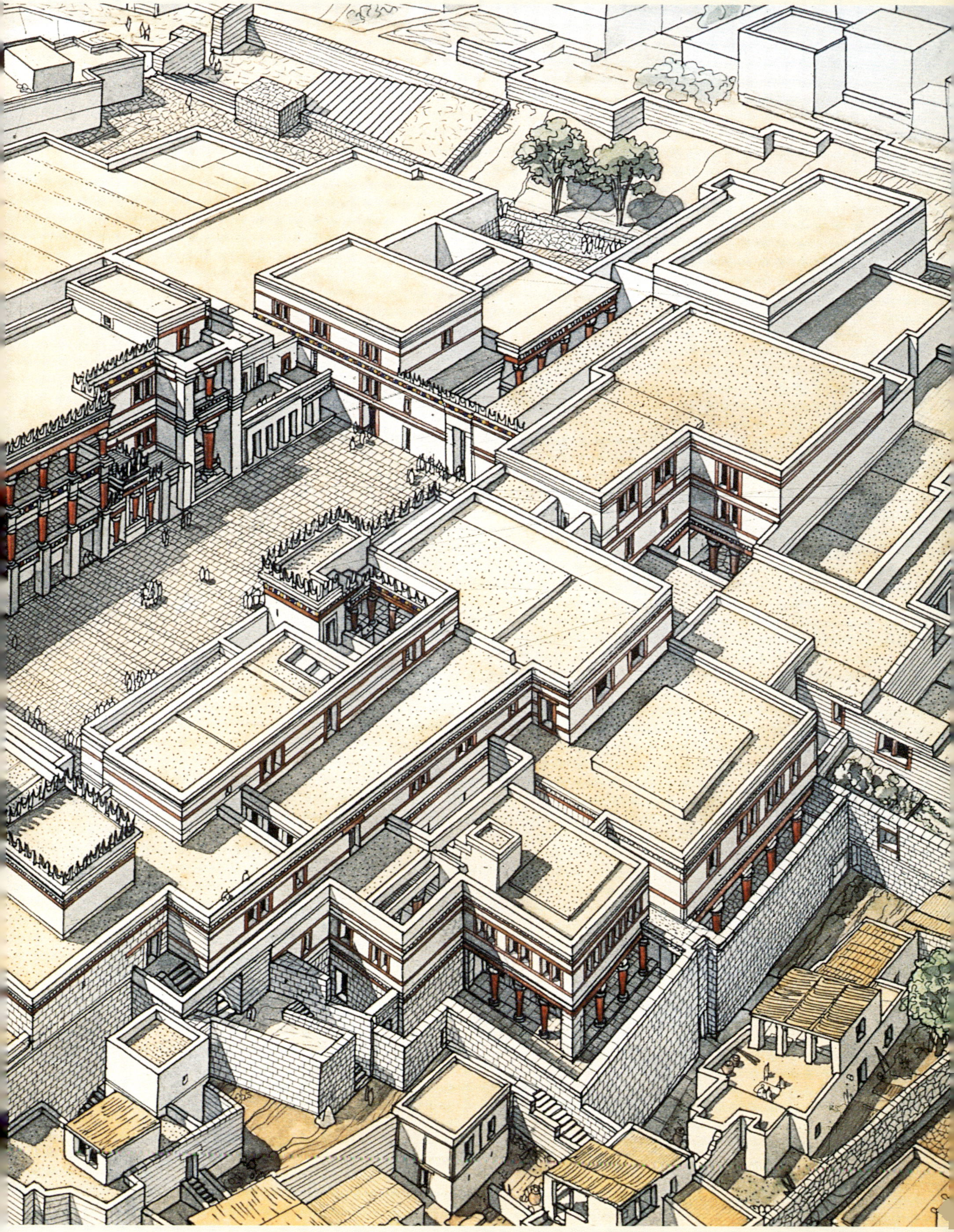

Cnossos (Crète)

Cnossos au temps du légendaire roi Minos (vers 1600 av. J.-C.)

1 • Entrée sud, la plus monumentale des trois entrées (elle se compose d'un grand escalier qui aboutit à l'extrémité ouest de la façade à colonnes du palais)
2 • Corridor de la Procession (ce nom s'explique par le fait que, sur deux registres, les murs de ce couloir étaient ornés de fresques représentant des défilés de porteurs d'offrandes ; au total, on a dénombré quelque cinq cents personnages masculins dans cette frise)
3 • Corridor du Prince aux fleurs de lys
4 • Cour centrale, grand espace rectangulaire de 50 m de long sur 28 m de large
5 • Salle du trône dans laquelle on pénètre par une double porte (la pièce est encore munie d'un trône élevé en albâtre et de bancs disposés le long des murs)
6 • Zone du sanctuaire comprenant différentes structures : le sanctuaire à proprement parler, muni de cinq colonnes en façade ; des cryptes cultuelles précédées de leur vestibule ; des chambres avec fosses souterraines pour conserver les objets de culte
7 • Temple grec
8 • Magasins ouest, longues salles rectangulaires très étroites (au moment de la découverte, dix-huit d'entre elles contenaient des jarres du type *pithoi)*
9 • Appartements privés de la famille royale (dans cet espace, on accède à l'étage supérieur par un escalier monumental, très bien conservé)
10 • Mégaron du roi, pièce dont trois des quatre murs sont occupés par des portes d'entrée, le quatrième étant meublé par un trône en bois avec baldaquin (jumelée avec son vestibule grâce à une lourde porte à deux battants laissée ouverte, cette salle servait de salle d'audiences)
11 • Secteur des ateliers de potiers, de tailleurs et de polisseurs de pierre, d'orfèvres et d'artisans
12 • Appartements particuliers de la reine constitués de trois salles décorées de fresques superbes : une pièce avec baies donnant sur un puits de lumière, une salle de bains avec baignoire et des toilettes avec système de chasse d'eau
13 • Entrée nord du palais, à laquelle on accède par la voie royale (elle est généralement utilisée par ceux qui viennent des quartiers d'habitation situés à l'ouest et au nord du palais ou par ceux qui viennent du port)
14 • Voie royale, imposante allée de 4 m de large constituée d'une chaussée centrale, surélevée, dallée et flanquée de deux chemins latéraux
15 • Aire théâtrale, espace aménagé avec des gradins où devaient se dérouler certaines cérémonies
16 • Salle hypostyle
17 • Zones d'habitat avec vastes maisons couvertes en terrasses

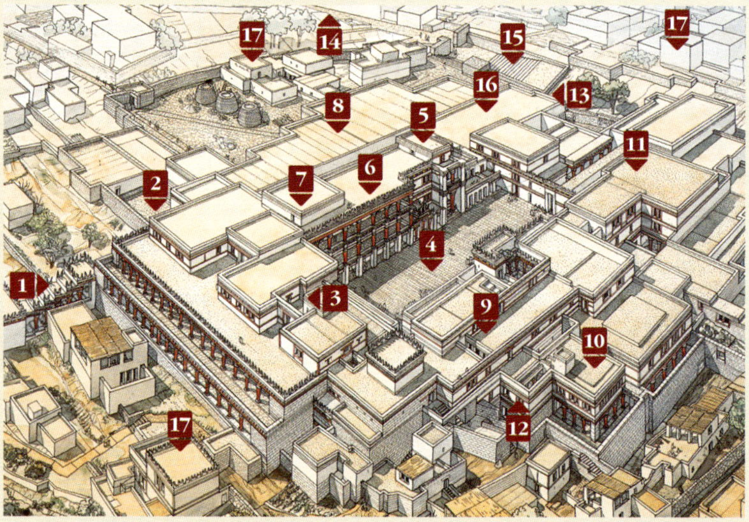

Dès le début de l'époque minoenne, Cnossos est le plus grand des palais crétois ; plus tard, pendant la période classique, c'est aussi la cité la plus puissante de Crète. Le premier palais édifié sur le site date de 2000-1900 av. J.-C. ; il est installé dans une région vallonnée, sur une colline dominée par le mont Ioukhtas. Détruit par un tremblement de terre trois cents ans plus tard, il est reconstruit au même emplacement vers 1600 av. J.-C. Seuls changements majeurs : son ampleur et sa beauté. Détruit peut-être par l'éruption volcanique de l'île de Santorin en 1450 av. J.-C., ce palais est celui que l'on visite aujourd'hui ; il a toutefois fait l'objet de très nombreuses restaurations, parfois jugées intempestives. Un "palais" minoen tel que celui de Cnossos est, en réalité, un complexe monumental associant diverses activités : centre d'administration, ateliers et entrepôts, sanctuaires et lieu de résidence royal. Cette pluralité de fonctions explique sans doute le caractère complexe de l'ensemble. Le palais, qui comprend deux étages et trois entrées, s'organise autour d'une grande cour centrale. Au-delà, les différents volumes architecturaux se juxtaposent de façon dissymétrique, mais l'unité d'ensemble reste assurée par quelques principes immuables : couvertures en terrasses ; utilisation d'éléments d'architecture spécifiques à Cnossos, en particulier emploi de colonnes en bois au fût en forme de cône renversé ; pièces les plus nobles ouvertes sur l'extérieur par de larges baies et des colonnades ; disposition judicieuse des puits de lumière et des cages d'escalier à ciel ouvert…

DÉLOS (CYCLADES)

Avec ses 5 km de long pour une largeur maximale de 1,3 km, Délos est la plus petite île des Cyclades; sa superficie n'excède pas 360 ha. Du mont Cynthe, qui culmine à 360 m d'altitude, on aperçoit les îles l'encerclant: Rhénée et Syros à l'ouest; Myconos et Ténos au nord; Naxos et Paros au sud. Si Délos est aussi célèbre, c'est tout simplement parce que, dans les textes mythologiques, l'île passe pour être le lieu où Léto a mis au monde Apollon et Artémis; d'où l'importance donnée, depuis la colonisation ionienne au Xe siècle av. J.-C., au sanctuaire d'Apollon autour duquel toute la ville s'organise. Dès cette époque, Délos joue un rôle commercial primordial, intimement lié aux affaires qui s'y traitent pendant les *Délia*, nom donné aux grandes fêtes d'Apollon. Libérée du joug athénien en 315 av. J.-C., l'île acquiert son indépendance, profitant de l'expansion de l'Asie pour accroître son influence; elle devient même le marché du blé le plus important de la région. Aussi, la cité profite-t-elle de ses nouvelles richesses pour construire d'imposants monuments. En 166 av. J.-C., le Sénat romain décide de mettre Délos sous le contrôle d'Athènes et d'en faire un port franc, sans doute pour nuire aux activités commerciales de Rhodes. Le résultat est immédiat: l'île d'Apollon connaît un véritable regain de prospérité, mais perd son indépendance politique pour devenir un territoire athénien d'outre-mer.

À son apogée, la ville compte environ 25 000 habitants, regroupés sur une superficie de 95 ha. Le cœur est occupé par une aire sacrée, installée près du port et dominée par le sanctuaire d'Apollon. Au-delà, lorsque l'on s'éloigne de la côte, se trouvent différents secteurs bien délimités: immédiatement autour du temple et le long de la côte ouest, les quartiers commerciaux; au fur et à mesure que l'on avance vers l'est et que l'on s'approche des pentes du mont Cynthe, les bâtiments publics (*agoras* notamment), les zones d'habitat, puis les installations liées au sport et à l'éducation (le théâtre, le gymnase, l'hippodrome, le stade...).

DÉLOS, À L'ORIGINE DU CULTE D'APOLLON (vers 90 av. J.-C.)

Dans une île minuscule, l'un des plus grands sanctuaires du monde grec

1 • Île de Mykonos
2 • Île de Rhénée
3 • Île de Délos
4 • Baie de Ghourna
5 • Baie de Skardhana
6 • Cap Glaropounda
7 • Baie de Fourni
8 • Mont Cynthe, dominant l'île de Délos du haut de ses 360 m d'altitude
9 • Stade, construit aux IIIe-IIe siècles av. J.-C. et installé sur une terrasse soutenue par un mur à contreforts (il se compose d'une piste en terre battue bordée de gradins mesurant 18 m de large et 186 m de long; non loin, se trouvent un gymnase et une palestre s'organisant autour d'une grande cour rectangulaire)
10 • Emplacement présumé de l'hippodrome
11 • Sanctuaire d'Apollon, composé de différents temples, portiques et autres bâtiments, aujourd'hui assez ruinés, dont la construction s'échelonne entre les Ve et Ier siècles av. J.-C.
12 • *Agora* des Italiens, édifiée au Ier siècle av. J.-C. (empiétant sur le domaine sacré, elle est installée à l'emplacement du sanctuaire de Léto dont le culte était alors tombé en désuétude)
13 • *Agora* de Théophrastos (au nord) et *agora* des Compétaliastes (au sud), places-carrefours aménagées au Ier siècle av. J.-C. le long de la côte, en avant du sanctuaire d'Apollon (elles sont installées sur une nouvelle surface constructible gagnée sur la mer par des remblais où l'on bâtit, outre ces deux *agoras*, des magasins, des entrepôts et les nouveaux quais du port)
14 • Port bordé, du nord au sud, par l'*agora* de Théophrastos, le portique de Philippe V de Macédoine et l'*agora* des Compétaliastes (malgré une remontée du niveau marin, il a été possible de reconnaître le passage des quais et les limites du bassin bordant l'île)
15 • Théâtre, construit en bois à la fin du IVe siècle av. J.-C., puis remplacé par un bâtiment en pierre au milieu du IIIe siècle av. J.-C.
16 • Serapeion C et sanctuaire des dieux syriens, bordant les nouveaux quartiers urbains et montrant que, dès le Ier siècle av. J.-C., les dieux étrangers sont totalement admis à Délos

RHODES

Avec ses 1 400 km², Rhodes est la plus grande des îles du Dodécanèse. Fondée en 408 av. J.-C. sur les plans d'Hippodamos de Milet, l'urbaniste le plus célèbre de toute l'Antiquité, la ville se caractérise par un quadrillage régulier répondant à un module précis, avec des rues se croisant à angles droits et une organisation de l'espace très stricte. En effet, la ville est divisée en secteurs spécialisés qui ne débordent pas les uns sur les autres : édifices publics, commerces, quartiers résidentiels… Aux IIIᵉ et IIᵉ siècles av. J.-C., lorsque Rhodes connaît sa période la plus faste et devient une grande puissance maritime comme un centre de la civilisation grecque, la ville compte entre 60 000 et 100 000 habitants.

Essentiellement tournée vers la mer, l'île possède deux ports, un grand et un petit, qui conservent encore aujourd'hui les vestiges de leurs anciennes structures, notamment des môles. Toutefois, la ville a subi de nombreuses transformations et, des monuments se trouvant dans le voisinage du port de commerce – ou grand port –, seuls les fondations et quelques éléments architecturaux d'un temple dédié à Aphrodite ont pu être localisés. Par les textes, on sait que, non loin, se trouvaient l'*agora*, le *deigma*, ensemble de constructions où étaient exposées les marchandises, et le *Dionysion*, édifice consacré à Dionysos. Sur la colline dominant la cité – appelée colline de Saint-Étienne ou de Mont-Smith –, subsistent les restes de l'acropole avec, à l'extrémité nord, les fondations d'un sanctuaire d'Athéna et de Zeus orienté est-ouest, vraisemblablement le plus grand lieu de culte de la ville. En contrebas, on trouve un nymphée, en partie creusé dans le roc et communiquant avec les aqueducs souterrains, tandis qu'au sud, on aperçoit les maigres ruines du grand temple d'Apollon Pythien. À l'est, encore visibles, apparaissent le stade et un petit théâtre d'à peine huit cents places, monuments du IIᵉ siècle av. J.-C. fortement restaurés. Reste le gymnase, installé encore plus à l'est, dont on ne distingue que de très rares traces.

Installée en bord de mer, la ville de Rhodes possède deux ports principaux : à droite, le grand port ou port de commerce ; à gauche, le petit port. Derrière, s'étend la ville construite suivant un plan urbanistique très structuré, généralement qualifié d'hippodamien. En avant, se dresse le fameux Colosse de Rhodes, la Sixième Merveille du monde antique. Cette statue, installée en 287 av. J.-C., est l'œuvre de Charès de Lindos ; selon Pline, elle mesurait 70 coudées (soit 31 m) et fut renversée soixante-six ans plus tard par un tremblement de terre.

La Turquie

Le Mausolée d'Halicarnasse, construit pour le roi Mausole à l'initiative de sa sœur et épouse Artémise II en 350 av. J.-C., est l'une des Sept Merveilles du monde antique. Vitruve, qui semble l'avoir visité au Ier siècle av. J.-C., explique que ce monument est l'œuvre de Pythéos, l'architecte du temple d'Athéna à Priène. Pour les reliefs qui ornent l'ensemble de l'édifice, on a fait appel aux plus grands sculpteurs de l'époque : Léocharès, Bryaxis, Scopas et Timothéos. Pour ceux qui souhaitent se faire une idée précise de cette superbe sépulture, il suffit de se rendre dans la nécropole de la ville carienne de Mylasa, au nord d'Halicarnasse. Ici, se dresse un mausolée de l'époque romaine, appelé le *Gümüskesen*, qui passe pour être une copie conforme en taille réduite de la tombe de Mausole. En outre, grâce à la description très détaillée que Pline propose de ce bâtiment dans son *Histoire Naturelle* (XXXVI, 4, 30-31), il existe trente-quatre restitutions sérieuses du bâtiment inspiré, pense-t-on, du monument des Néréïdes à Xanthos.

Troie (Truva)

Ilion, ou Troie, dont l'évolution peut être suivie de 3000 av. J.-C. à 500 apr. J.-C. grâce aux recherches archéologiques, reste un site d'une extrême complexité. Si son identification ne fait plus aucun doute depuis la fin du XIXe siècle, il est encore difficile d'affirmer, parmi les neuf couches d'occupation qui se sont superposées sur la colline d'Hissarlik, laquelle correspond à la Troie légendaire de l'Iliade (vers 1200 av. J.-C.), ville évoquée par Homère au milieu du VIIIe siècle av. J.-C. S'agit-il de Troie VI ou de Troie VII ? À en juger par les travaux des archéologues, si cette cité a effectivement existé, elle doit se trouver au niveau de Troie VII, élevée sur les ruines de Troie VI et détruite par un incendie vers 1250-1200 av. J.-C. Les recherches récentes ont le mérite d'attirer l'attention sur l'existence d'une ville imposante installée au pied de l'acropole proprement dite – considérée jusqu'alors comme la cité elle-même – et d'une vaste enceinte cernant l'ensemble des structures ; visiblement, à cette époque, Troie n'était pas seulement une forteresse, mais une cité prospère de marchands et d'artisans, sans doute parce qu'elle occupe une position stratégique de premier plan à l'entrée du détroit des Dardanelles, point de passage obligé entre l'Orient et l'Occident. L'image, restituée d'après les travaux du Professeur Manfred Korfmann, tente de donner la vision la plus juste possible du site tel qu'il devait se présenter vers 1200 av. J.-C. Elle montre l'acropole, ses hauts murs, ses temples et le palais où l'on peut imaginer le roi Priam, Hector et Paris. Elle présente une ville suffisamment puissante pour aligner une armée de 50000 hommes. C'est par l'extrême gauche que les Grecs vont bientôt débarquer avec une flotte de mille navires ; voilà que quelque 100000 hommes vont arriver, la "guerre de Troie" va avoir lieu…

Troie (1200 av. J.-C.)

Montrer que le site de Troie n'est pas seulement son acropole, mais qu'il existait une grande ville basse que l'archéologie vient de révéler

1 • Colline d'Hissarlik et site visible actuellement, correspondant à l'emplacement du palais de Priam et des temples
2 • Ville d'Ilion
3 • Rempart découvert par des prospections
4 • Baie qui existait à cette époque et comblée aujourd'hui par les alluvions du fleuve Scamandre
5 • Sur la droite, entrée du détroit des Dardanelles

Didymes

Redonner sa hauteur et son ampleur à un des plus grands temples dont les colonnes sont encore visibles

À Didymes, le temple d'Apollon encore visible sur le site est une œuvre du IVe au IIe siècle av. J.-C. Il figure parmi les plus grands chefs-d'œuvre de l'architecture grecque, aussi bien par sa taille que par la qualité de ses décors. Cet édifice, qui est venu remplacer un sanctuaire plus ancien détruit par les Perses en 493 av. J.-C., est de type décastyle – c'est-à-dire qu'il comporte dix colonnes en façade. Il se dresse sur une plate-forme à sept degrés complétée, devant l'entrée principale du sanctuaire, par un escalier de quatorze marches permettant d'accéder au *pronaos*. Au pied de cet escalier, on aperçoit une structure circulaire : il s'agit de l'autel des sacrifices, partiellement détruit aujourd'hui.

Situé sur la côte d'Asie Mineure, au nord de Milet, le temple d'Apollon à Didymes reste l'une des constructions hellénistiques les plus impressionnantes et, bien qu'elle soit partiellement écroulée, on parvient toutefois à bien comprendre comment cette structure cultuelle s'organise. Le sanctuaire a connu deux principaux états, le premier remontant à l'époque archaïque (milieu du VIe siècle av. J.-C.) et le second à l'époque classique (fin du IVe siècle av. J.-C.). Dans son premier état, le temple mesure déjà 85,15 m de long sur 38,39 m de large. Il comporte un *pronaos*, une cour sacrée à ciel ouvert où se trouvent les accessoires divins (un puits et un laurier, symbole d'Apollon) et un *naïskos* de 10 m sur 24 m, pièce en forme de tabernacle dans laquelle on conserve précieusement la statue du dieu. D'après les textes, il s'agit d'une œuvre du bronzier Canachos de Sicyone, attesté à l'extrême fin du Ve siècle av. J.-C. ; elle représente Apollon saisissant un daim.

En 493 av. J.-C., au lendemain de la révolte des cités ioniennes, les Perses détruisent le temple de Didymes et emportent la statue d'Apollon à Ecbatane, l'une des capitales de l'Empire perse. Il faut donc attendre la conquête de l'Asie Mineure par Alexandre le Grand pour que le temple reprenne ses activités : après avoir rendu l'indépendance aux Ioniens, le grand conquérant entreprend de reconstruire le *Didymeion* ; les travaux débutent en 332-331 av. J.-C. Plus tard, en 295 av. J.-C., Séleucos Ier, ancien général d'Alexandre, puis roi de la Syrie, fait revenir la statue cultuelle d'Apollon d'Ecbatane et continue la construction du nouveau temple, prenant comme architectes Daphnis et Paionios, l'un des maîtres-d'œuvre de l'*Artémision* d'Éphèse. Les travaux se prolongent jusqu'au IIe siècle av. J.-C., voire jusqu'à l'époque romaine si l'on tient compte du fait que Trajan (98-117 apr. J.-C.) et Hadrien (117-138 apr. J.-C.) ont également apporté leur contribution au temple de Didymes qui, en définitive, n'a jamais été achevé. Le temple hellénistique, conçu sur le même plan que le premier *Didymeion*, mais de taille plus imposante, est un édifice diptère – soit, entouré d'un portique à double colonnade. Ses dimensions sont gigantesques : 109,34 m de long sur 51,13 m de large, si bien que seuls le temple d'Artémis à Éphèse et le temple d'Héra à Samos sont plus grands. Il se dresse sur une *krépis* – ou estrade – de 3,5 m de haut, à laquelle on accède par sept marches entourant l'ensemble du monument ; de plus, au centre de la face orientale, marquant l'entrée principale du sanctuaire, se trouve un second escalier de quatorze marches. La double colonnade bordant l'édifice, également appelée double *péristasis*, comporte vingt et une colonnes sur chacun des longs côtés et dix sur les petits, soit cent huit colonnes en tout. Si l'on rajoute les douze colonnes du *pronaos*, on parvient à un total de cent vingt colonnes ioniques mesurant 20 m de haut pour 2 m de diamètre. La colonnade extérieure soutient une architrave, supportant elle-même une frise du Ier siècle av. J.-C. ornée de feuilles d'acanthe et de masques de méduse.

L'accès au sanctuaire s'effectue par un *pronaos* donnant sur le *chresmographeion*, c'est-à-dire la salle dans laquelle étaient rédigés les oracles interprétés par les prêtres. Il s'agit d'une petite chambre hypostyle à deux colonnes de 14,04 m de long sur 8,74 m de large, couverte d'un toit en marbre dominant à 20 m de haut. La pièce, surélevée de 1,46 m par rapport au sol du *pronaos*, n'est pas accessible aux pèlerins ; lorsqu'ils viennent écouter le résultat des consultations, ils sont tenus de rester dans le *pronaos*. Sur les murs nord et sud de cette salle oraculaire, on aperçoit deux portes donnant chacune sur une sorte de petit réduit. De là, des volées de marches se dirigent vers la terrasse ; dans les inscriptions, ces escaliers sont généralement qualifiés de "labyrinthes", non pas en raison de leur agencement compliqué, mais à cause du motif de grecques décorant les plafonds. La paroi ouest du *chresmographeion* est percée d'un escalier monumental de 15,20 m de large et de vingt-quatre marches, permettant d'accéder directement à l'*adyton* – ou saint des saints –, vaste cour sacrée de 53,63 m de long sur 21,71 m de large, non couverte mais ceinte d'un mur de 25 m de haut orné de colonnes à demi engagées. Au fond de la cour, à l'ouest donc, on note la présence d'un bâtiment, aujourd'hui réduit à ses fondations : il s'agit du *naïskos*, petite construction de style ionique édifiée au début du IIIe siècle av. J.-C. pour abriter la statue d'Apollon récemment revenue d'Ecbatane. L'édifice, qui n'est autre qu'une construction prostyle de quatre colonnes ioniques devant les antes, type architectural très répandu à l'époque hellénistique, mesure 14,23 m de long sur 8,24 m de large ; il se caractérise par la très belle facture de son ornementation.

Hiérapolis (Pamukkale)

Des vestiges hellénistiques de Hiérapolis, ville sans doute fondée par le roi de Pergame Eumène II, il ne reste rien car les principales structures ont été complètement détruites sous le règne de Néron, lors du violent tremblement de terre de 60 apr. J.-C. Au fil du temps, la cité se reconstruit et atteint son apogée aux IIe-IIIe siècles apr. J.-C. Elle occupe une terrasse formée de riches dépôts calcaires constituant un rempart naturel pour sa protection et, dans ses plus grandes dimensions, elle couvre une superficie de 1 000 m de long sur 800 m de large. Construite suivant un carroyage orthogonal, la ville s'organise de part et d'autre d'un axe nord-sud : le *decumanus maximus* s'ouvrant, à l'entrée et à la sortie, par une triple arche monumentale flanquée de tours rondes. Seule la porte nord, édifiée en 84-85 apr. J.-C. et dédiée à Domitien par le proconsul d'Asie Julius Sextus Frontinus, est correctement conservée. Outre l'édification de bâtiments publics ou cultuels d'envergure, comme le temple d'Apollon, le théâtre ou les thermes, le projet de reconstruction prévoit l'agrandissement des quartiers résidentiels, aussi bien au nord qu'au sud ; selon toute probabilité, ces aménagements ont pu être financés grâce aux activités économiques et commerciales de la ville, devenue de plus en plus prospère.

La cité romaine étant très endommagée, la véritable curiosité d'Hiérapolis reste la nécropole, l'une des mieux conservées d'Asie Mineure. Elle compte environ un millier de tombeaux, répartis en deux secteurs, allant de la période hellénistique tardive à l'époque paléochrétienne. Jusqu'au Ier siècle apr. J.-C., les sépultures adoptent la forme d'un *tumulus* contenant une ou plusieurs chambres funéraires voûtées, structure très souvent observée en Thrace et en Anatolie. Plus tard, aux IIe et IIIe siècles apr. J.-C., la tombe évolue vers un monument en forme de maison ou vers un simple sarcophage. Le site est très célèbre en raison du phénomène naturel spectaculaire que représentent ses eaux pétrifiantes se déversant dans des vasques naturelles d'une blancheur éclatante.

HIÉRAPOLIS (IVe siècle apr. J.-C.)

Permanence d'un paysage spectaculaire de sources pétrifiantes avec la découverte récente d'un *forum* aux dimensions colossales

Située dans un cadre naturel exceptionnel, Hiérapolis est une ville installée au sommet d'une falaise d'environ 100 m de haut réputée pour ses sources chaudes où, depuis l'Antiquité, se pressent les amateurs de thermalisme. Aujourd'hui, il subsiste d'importants vestiges de la cité antique, notamment un superbe théâtre adossé à la colline, un immense *forum* et des thermes monumentaux. La nécropole nord de la ville passe pour être l'une des plus belles et des mieux conservées d'Asie Mineure.

1 • Nécropole comprenant des *tumuli*, des tombes en forme de maison et des sarcophages, allant de la période hellénistique tardive à l'époque paléochrétienne

2 • Théâtre hellénistique remplacé, après le tremblement de terre de 60 apr. J.-C., par le théâtre situé dans la ville et définitivement détruit lors de l'édification de l'enceinte

3 • Thermes

4 • *Forum*, faisant l'objet de fouilles importantes

5 • Porte nord, à l'extrémité nord du *decumanus maximus*, signalée par un arc monumental, dit arc de Domitien (cette triple arche entourée de deux tours rondes a été érigée en 84-85 apr. J.-C. par Julius Sextus Frontinus, personnage nommé proconsul d'Asie par l'empereur Domitien en 82 apr. J.-C.)

6 • Nymphée monumental du IVe siècle apr. J.-C., construit à l'entrée de la ville, le long du *decumanus maximus* (à Hiérapolis, l'abondance des sources d'eau a motivé la construction de plusieurs nymphées, celui-ci étant le plus imposant de toute la ville ; conçue sur le même modèle que le nymphée du temple d'Apollon, cette grande fontaine avec bassin servait à approvisionner en eau les voyageurs et les caravanes)

7 • Théâtre commencé dès l'an 62 apr. J.-C. et achevé en 206 apr. J.-C., sous le règne de Septime Sévère (la *cavea*, de près de 100 m de large, se compose de cinquante rangées de gradins très bien préservés, d'un *diazoma*, d'une tribune impériale semi-circulaire et d'un *vomitorium* à chaque extrémité ; l'*orchestra*, de 20 m de diamètre, est entourée d'un mur de 1,83 m de haut ; le mur de scène, qui s'élève sur trois étages, est orné de colonnes, de statues et de très beaux reliefs du début du IIIe siècle apr. J.-C. évoquant les mythes de Dionysos, d'Artémis et d'Apollon)

8 • Temple d'Apollon, divinité principale de la ville (le temple, dont il ne reste presque rien, a été fondé vers la fin de la période hellénistique et reconstruit au IIIe siècle apr. J.-C. ; les fouilles indiquent qu'il était sans doute installé sur un *podium* de 2 m de haut et qu'il était composé d'un *pronaos* et d'une *cella* ; de façon plus sûre, on a noté la présence d'un nymphée devant le sanctuaire, constitué d'un corps de bâtiment et de deux ailes en retour encadrant un bassin rectangulaire avec marches d'accès)

9 • Grands thermes municipaux du IIe siècle apr. J.-C. structurés comme la plupart des thermes romains d'Asie Mineure : une vaste cour à ciel ouvert, suivie d'un espace rectangulaire bordé de grandes salles (sur la partie orientale, on distingue une palestre de 36,13 m sur 52,25 m bordée, au nord et au sud, de deux grandes pièces réservées à l'Empereur et aux cérémonies importantes ; sur le côté ouest de la palestre, apparaît une salle servant pour les exercices athlétiques et gymniques)

10 • *Decumanus maximus*, traversant la ville du nord au sud et bordé de maisons ou d'édifices à portiques luxueux

11 • Porte sud, à l'extrémité sud du *decumanus maximus*, structure disparue, mais construite sur le modèle de l'arc de Domitien signalant la porte nord de la ville

12 • Fleuve Crysoroas

13 • Fontaines pétrifiantes d'eau chaude appréciées jusqu'à aujourd'hui

LES THERMES

Ce sont des établissements de bains publics ou privés. Les baigneurs, qui s'y rendent surtout l'après-midi, se déshabillent dans le vestiaire *(apodyterium)*. Ils gagnent ensuite la salle tiède *(tepidarium)*, avant de pénétrer dans la salle chaude *(caldarium)*. Là, on se fait masser et nettoyer la peau à l'aide de racloirs, les strigiles, puis on se plonge dans de vastes baignoires. Le principe des bains romains étant basé sur le contraste entre le chaud et le froid, le baigneur refait le parcours en sens inverse, puis rejoint la salle froide *(frigidarium)* où il plonge dans la piscine *(natatio)*. Les grands thermes publics sont également dotés d'espaces pour les exercices physiques (palestres), de bibliothèques, de salles de conférences et de jardins. Aussi ne doit-on pas réduire les thermes à de simples édifices voués à l'hygiène ; il s'agit d'un lieu de convivialité où l'on aime se donner rendez-vous pour se délasser, meubler son esprit et traiter ses affaires.

Bodrum (Halicarnasse)

Au début du IVᵉ siècle av. J.-C., la Carie est gouvernée par Hékatomnos, héritier d'une vieille dynastie barbare, réputée pour son agressivité guerrière. À sa mort, son fils aîné Mausole lui succède et choisit Halicarnasse comme nouvelle capitale de son royaume. Particulièrement énergique et habile, l'homme parvient à faire de cette cité l'une des principales puissances maritimes du bassin égéen. Dès son arrivée à Halicarnasse, il épouse sa sœur Artémise II avec laquelle il règne jusqu'à sa mort, en 353 av. J.-C. Celle-ci lui fait construire un superbe tombeau : le Mausolée d'Halicarnasse, la Cinquième Merveille du monde antique. Le monument du roi Mausole a tant impressionné les Anciens qu'il a fini par désigner de façon générique tout tombeau à caractère monumental. Sur place, il ne reste que quelques rares fondations de l'édifice, mais de nombreux textes, notamment ceux de Pline, évoquent son apparence extérieure et ses aménagements. Le monument se dresse près de l'angle nord-ouest d'une vaste esplanade de 242 m de long sur 105 m de large, à laquelle on accède par un élégant portique d'entrée. Il se compose, en superstructure, de trois niveaux superposés : un podium, un *ptéron* de trente-six colonnes d'ordre ionique et un toit pyramidal de vingt-quatre marches couronné d'un quadrige en marbre. Selon les indications fournies par Pline et les évaluations des archéologues, le bâtiment devait atteindre une hauteur totale de 42 m. En infrastructure, on trouve une chambre funéraire de 8 m sur 9 m accessible par un escalier et un couloir d'accès.

Halicarnasse avec, au premier plan, le tombeau du roi Mausole (le fameux Mausolée d'Halicarnasse), construit dans un espace délimité par un mur de clôture en marbre blanc ; à l'arrière-plan, on aperçoit le port et la ville, installée le long de la côte d'Asie Mineure et ceinte par un rempart.

ÉPHÈSE (SELÇUK)

Lorsque Lysimaque hérite de l'Asie Mineure à la mort d'Alexandre, Éphèse est déjà très célèbre ; non seulement la ville est une grande puissance commerciale, mais elle abrite le nouvel *Artémision*, hériter du temple d'Artémis considéré comme l'une des Merveilles du monde. Le diadoque décide de faire quelques aménagements dans la ville : il la déplace de 2,5 km au sud-ouest de son ancien site, aménage un nouveau port et fait construire une enceinte de 8 km de long englobant à la fois la ville basse et les nouvelles structures portuaires. La cité devient de plus en plus prospère et apparaît comme le premier centre commercial de toute l'Asie. Gouvernée par les Séleucides à l'époque hellénistique, elle passe dans le camp romain en 190 av. J.-C. Or, les vainqueurs décident de confier l'administration du territoire aux rois de Pergame, et ce, jusqu'en 129 av. J.-C., date à laquelle Éphèse passe sous la domination romaine. Elle devient la capitale de la province romaine d'Asie et un très important centre bancaire ; elle compte environ 200 000 habitants. La cité, qui se couvre de superbes bâtiments publics, est très prospère sous le règne d'Auguste. Mais, en 17 apr. J.-C., un tremblement de terre vient détruire la cité que les empereurs des premiers siècles de notre ère s'efforcent de restaurer.

ÉPHÈSE (IIIe et début du IVe siècle apr. J.-C.)

Vue d'un grand port de l'Antiquité, site aujourd'hui à plusieurs kilomètres de la mer

1 • *Agora* supérieure bordée d'une majestueuse colonnade au sud, d'une énorme basilique civile au nord (bâtiment divisé en trois nefs mesurant 76,40 m de long) et, dans l'angle nord ouest, de la fontaine de Pollion (elle est installée à l'arrivée d'un aqueduc qui amenait en ville les eaux de la source Marnas)

2 • Temple impérial de Domitien (81-96 apr. J.-C.)

3 • Rue des Courètes, voie allant de l'*agora* supérieure à la rue de Marbre, bordée de très beaux édifices : en descendant vers le port, on trouve une fontaine de Trajan, un temple d'Hadrien, les thermes grands...

4 • Rue de Marbre, l'une des artères les plus importantes de la ville puisque c'est la voie sacrée reliant l'*Artémision* à la rue des Courètes (elle est bordée de portiques et pavée de marbre)

5 • Bibliothèque de Celsus, érigée entre 110 et 135 apr. J.-C. par Julius Aquila en l'honneur de Celsus Polemaenus, son père défunt (cet édifice, qui présente une façade à deux étages, est composé d'une grande salle, la bibliothèque proprement dite, de 10,92 m sur 16,72 m, accessible par un escalier monumental ; les livres étaient entreposés dans des armoires ou sur des étagères installées dans les niches creusées dans les parois)

6 • *Agora* inférieure, construction hellénistique, remaniée sous Auguste et Néron, puis restaurée sous Caracalla, au début du IIIe siècle apr. J.-C. (elle forme un vaste quadrilatère de 110 m de côté, entouré de portiques abritant des boutiques)

7 • Temple de Sérapis, édifice du IIe siècle apr. J.-C. (il s'agit d'un temple prostyle à huit colonnes de façade qui frappe encore par l'ampleur de ses proportions)

8 • Rue de l'Ouest

9 • Port

10 • Arcadiané, voie dallée en marbre de 600 m de long sur 11 m de large reliant la place du théâtre au port (son nom lui vient de l'empereur Arcadius, qui la fit restaurer à l'extrême fin du IVe siècle apr. J.-C. ; bordée de portiques abritant des boutiques, la voie comprend, sous les colonnades, deux allées piétonnes de 5 m de large pavées de mosaïques)

11 • Entrepôts du port

12 • Gymnase et thermes du port, bordant l'Arcadiané au nord, ensemble de bâtiments érigé sous Domitien (81-96 apr. J.-C.), et embelli par le grand prêtre d'Asie Claudius Verulanus au début du IIe siècle apr. J.-C. (c'est le plus grand ensemble architectural d'Éphèse, composé de deux palestres et de bains)

13 • *Agora* romaine

14 • Théâtre, édifice le plus remarquable d'Éphèse grâce à son excellent état de conservation, construit aux Ier et IIe siècles apr. J.-C. sur les fondations d'un bâtiment hellénistique (il mesure 145 m de large avec un *auditorium* de trois séries de vingt-deux rangées de gradins, s'élevant à 30 m de haut et pouvant accueillir environ 25 000 spectateurs)

15 • Stade, de 230 m de long sur 30 m de large, probablement construit sous le règne de Néron, au Ier siècle apr. J.-C.

16 • Vers l'emplacement du nouveau temple d'Artémis, appelé l'*Artémision*, la Troisième Merveille du monde antique

17 • Prytanée, siège du gouvernement de la ville, sans doute fondé au IIIe siècle av. J.-C., puis reconstruit sous Auguste et remanié au IIIe siècle apr. J.-C. (outre ses bâtiments civils où se déroulent les réunions du gouvernement, il comprend un lieu de culte consacré à Artémis Boulaia, la gardienne du foyer)

18 • Odéon, également appelé le "petit théâtre", construit vers 150 apr. J.-C. par Vedius Antonius, un homme riche d'Éphèse (les gradins sont disposés sur trois rangées et peuvent contenir environ 1 400 personnes ; aujourd'hui, on pense que cet édifice était plutôt un *bouleutêrion*, où siégeait le Sénat de la cité)

19 • Enceinte de Lysimaque, du début du IIIe siècle av. J.-C.

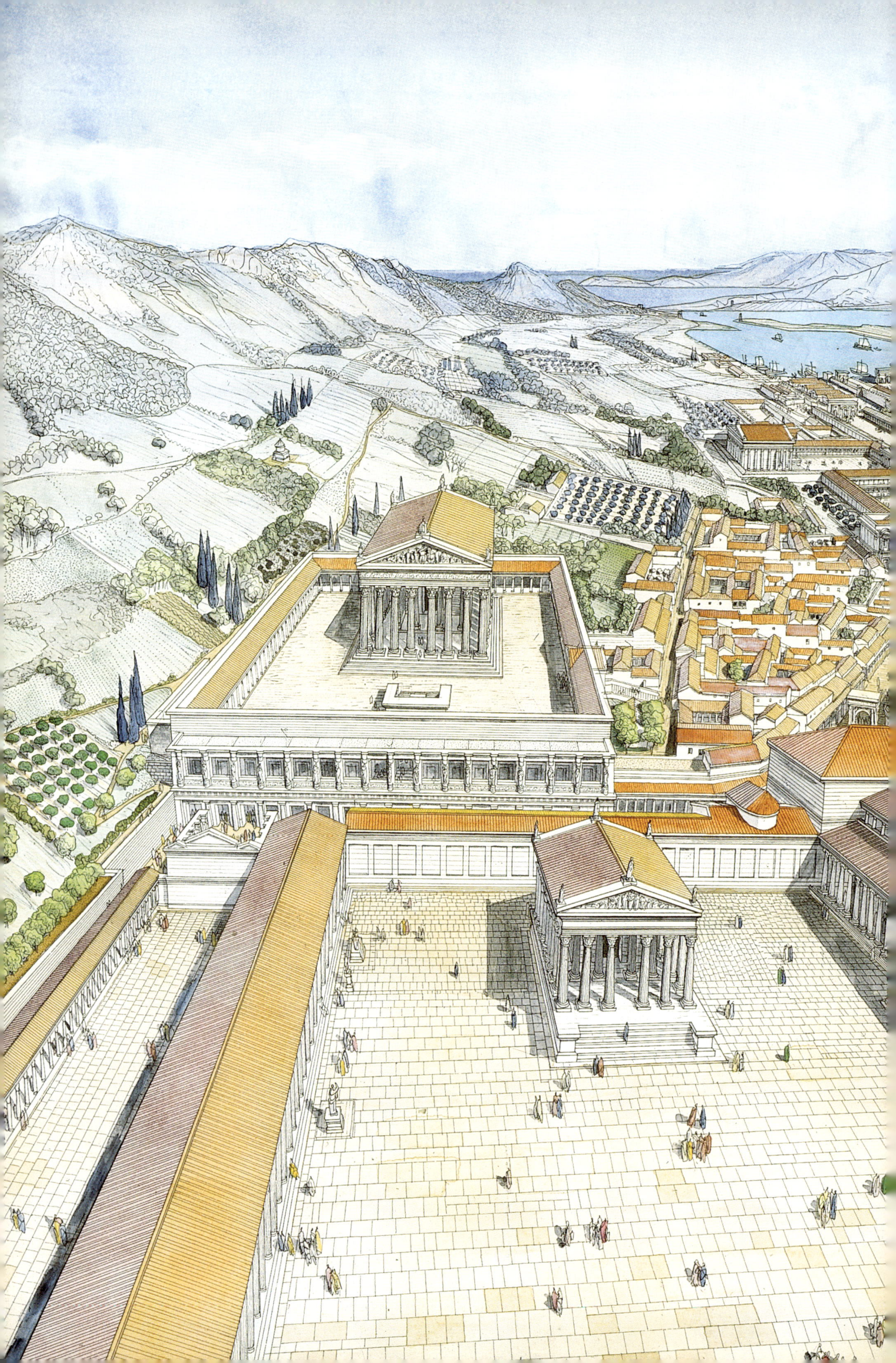

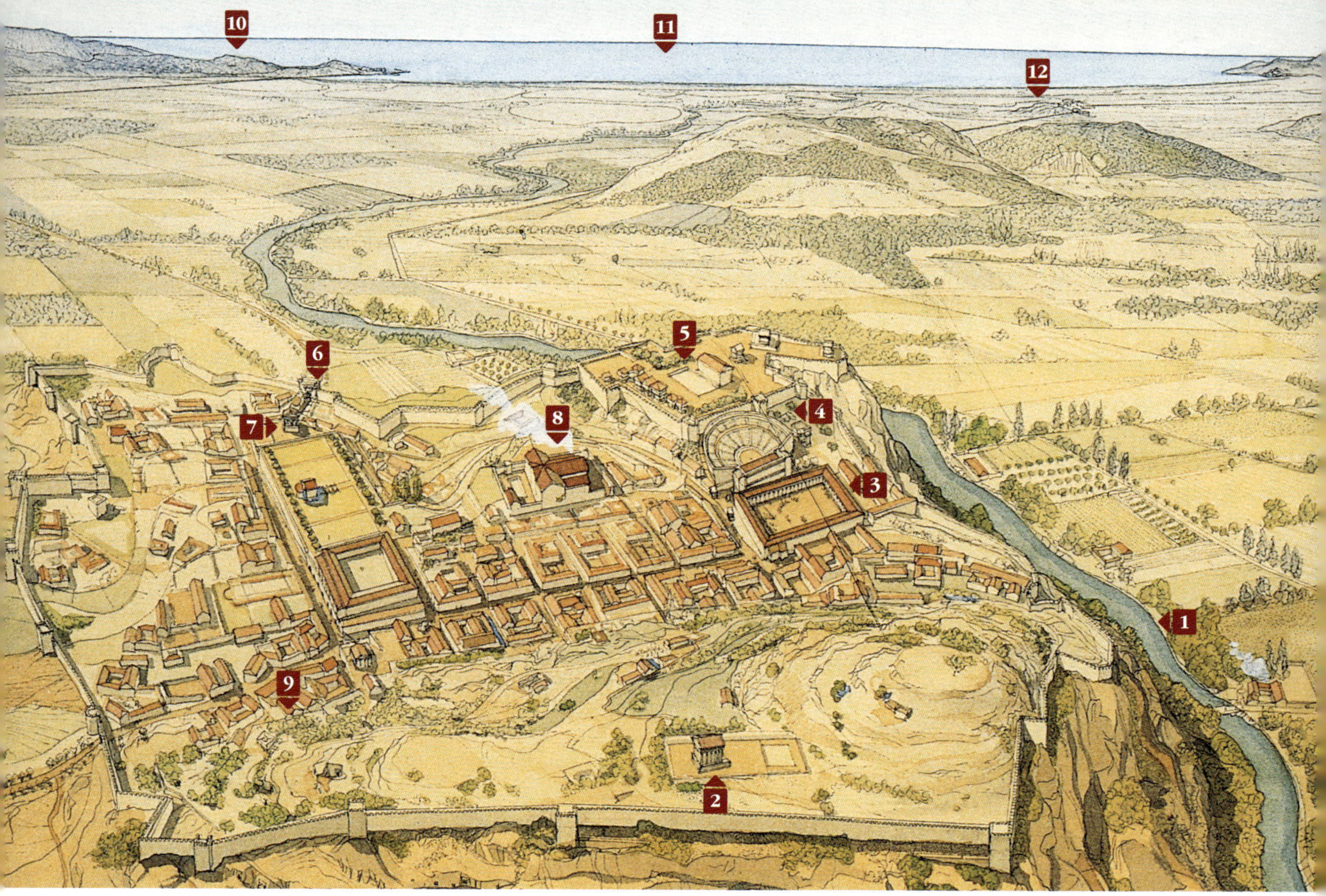

XANTHOS

Installée dans la vallée du Xanthe au cœur d'une région très fertile, Xanthos est, dès sa fondation au VIe siècle av. J.-C., l'une des principales villes lyciennes; aujourd'hui, elle possède des vestiges de différentes époques qui comptent parmi les témoignages antiques les plus intéressants de Turquie.

Outre les bâtiments traditionnels que l'on peut apercevoir dans toute cité hellénisée, puis romanisée (*forum*, théâtre, thermes ou arcs de triomphe), on constate que Xanthos renferme de nombreux monuments funéraires, isolés ou regroupés en petites nécropoles, constituant la plus grande curiosité du site. D'emblée, on est surpris par la grande diversité typologique des monuments : le pilier funéraire, le genre le plus ancien attesté en Lycie, sorte de très haut pilier monolithe couronné d'une chambre funéraire au sommet; le tombeau-maison, nom donné à toute sépulture reprenant, en pierre, l'architecture d'une maison en bois; la tombe rupestre, avec double porte et élévation sur un ou deux étages, où l'on a sculpté le jeu des poutres d'une habitation en bois sur la paroi rocheuse; le sarcophage simple ou monté sur pilier; la tombe monumentale, dont le meilleur exemple reste le monument des Néréides.

XANTHOS (IIe siècle apr. J.-C.)

1 • Fleuve Xanthe
2 • Acropole romaine
3 • *Agora* romaine consacrée aux douze principaux dieux lyciens (elle a été reconstruite au IIe ou IIIe siècle apr. J.-C. avec une cour carrée centrale entourée de portiques)
4 • Théâtre aménagé au milieu du IIe siècle apr. J.-C. sur les ruines d'un édifice grec (aujourd'hui, sont conservés le mur de scène à deux étages de niches et d'exèdres et la partie inférieure des gradins qui, au total, pouvaient recevoir environ 2200 spectateurs)
5 • Acropole lycienne très mal conservée, avec des vestiges de bâtiments enserrés dans une enceinte du Ve siècle av. J.-C.
6 • Porte de ville, dressée entre 197 et 190 av. J.-C. par Antiochos III à la fin d'une voie dallée venant du Letoôn et de Patara, et arc dédié à Vespasien (69-79 apr. J.-C.)
7 • Monument des Néréides édifié vers 400 av. J.-C. (il s'agit d'un mausolée royal dont on ne voit que le soubassement sur le site; il supportait un bâtiment funéraire en forme de temple grec ionique)
8 • Thermes
9 • Nécropole constituant l'une des richesses archéologiques du site
10 • Ville de Patara abritant, avant la conquête d'Alexandre et l'hellénisation de Xanthos, le principal port de Lycie
11 • Mer Égée
12 • Site du Letoôn situé sur la rive occidentale du Xanthe, à environ 4 km de Xanthos (il s'agit du sanctuaire fédéral des Lyciens comprenant notamment trois temples, un très beau théâtre hellénistique et des quartiers résidentiels attestant d'une occupation continue entre le VIe siècle av. J.-C. et la période chrétienne)

L'Afrique du Nord

Cette carte de l'Afrique du Nord présente, en détail, la Numidie, l'Afrique proconsulaire et la Tripolitaine, régions recoupant l'Algérie, la Tunisie et la Libye actuelles. À l'ouest de la baie de Collo, apparaît Cuicul avec son arc de Caracalla ; puis, en allant vers l'est, le mausolée rond d'el-Medracen et le mausolée à plan carré d'el-Khroub ; enfin, sur la côte, la ville chrétienne d'Hippo Regius. En Numidie, au nord du Chott Melhrir, on aperçoit le camp de Lambaesis, la cité de Thamugadi et la forteresse de Theveste. En Afrique proconsulaire, entre la baie de Collo et le golfe de Hammamet, figurent Simitthus, la résidence de Bulla Regia, la cité de Thugga dominée par son imposant théâtre, la forteresse de Limisa et Thuburbo Majus avec son splendide Capitole. Sur la côte, trois édifices se succèdent du nord au sud : Carthage avec ses deux avancées sur la mer constituant le port commercial de la ville, Uthina dont on reconnaît l'amphithéâtre et Kerkouane sur la pointe du golfe de Hammamet. Plus bas, au nord du golfe de Gabès, apparaît l'énorme amphithéâtre de Thysdrus, puis, le long de la côte de la Tripolitaine, Gigthis, Sabratha et Leptis Magna.

Cyrène (Shahat, Libye)

Fondée en 631 av. J.-C. par le roi Battos, Cyrène culmine à 622 m d'altitude, sur le deuxième gradin du Gebel Ahkdar. Pour le choix du site, ont été pris en compte deux facteurs : l'altitude, qui constituait une défense idéale, et la source, baptisée d'Apollon, qui fournissait un approvisionnement en eau régulier. Aussi, au départ, la ville s'est-elle implantée autour de cette source sacrée ; toutefois, le développement spectaculaire de Cyrène oblige rapidement la cité à s'étendre vers le sud-est, au-delà de la Voie sacrée, réservant l'espace situé dans les environs immédiats de la source d'Apollon à l'extension de son sanctuaire. Au Ve siècle av. J.-C., à l'apogée de son rayonnement et de sa prospérité, Cyrène compte déjà plusieurs milliers de colons grecs qui s'enrichissent grâce aux fruits de l'agriculture et de l'élevage : outre le sanctuaire d'Apollon, la ville comprend principalement un temple dédié à Zeus au nord-est et une *agora* au sud. En réalité, jusqu'en 332-331 av. J.-C., date de la fondation de l'Alexandrie égyptienne par Alexandre le Grand et ses successeurs immédiats, Cyrène, grâce au port voisin d'Apollonia, reste le principal comptoir commercial d'Afrique du Nord après Carthage et la ville ne cesse de s'agrandir : on restaure les temples anciens, on orne les monuments de marbre et de placages, on construit de nouveaux édifices de culte, des fontaines, des édifices votifs, des portiques… Et la ville atteint son extension maximum entre les IIIe et IIe siècles av. J.-C. Aujourd'hui, sur le site, bien peu de traces subsistent de cette Cyrène grecque car les constructions de l'époque romaine sont venues se substituer aux aménagements primitifs.

La Cyrène grecque (IVe-IIIe siècles av. J.-C.)

1 • Propylées érigés par le prêtre d'Apollon Praxiades au IVe siècle av. J.-C. (il s'agit de l'entrée monumentale du sanctuaire d'Apollon, constituée de quatre colonnes doriques avec entablement ; cet édifice n'est plus visible car il a été remplacé par de nouveaux propylées sous le règne de Trajan ou d'Hadrien, au IIe siècle apr. J.-C.)
2 • Escalier permettant d'accéder au sanctuaire d'Apollon, lorsque l'on vient de la Voie sacrée ou de la fontaine d'Apollon
3 • *Strategeion*, édifice construit vers 345 av. J.-C. (le bâtiment fait office de "trésor", monument votif destiné à recevoir des offrandes précieuses, principalement constituées par le butin ramené des guerres contre les Nasamons)
4 • Temple des Dioscures, Castor et Pollux, enfants nés de l'union entre Zeus et Léda
5 • Temple d'Hadès construit à l'époque hellénistique, mais restauré au IIe siècle apr. J.-C. (c'est le premier monument que les pèlerins aperçoivent lorsqu'ils arrivent par la route au sanctuaire d'Apollon)
6 • Autel d'Apollon du IVe siècle av. J.-C., sorte de table en maçonnerie plaquée de marbre (entre l'autel et le temple du dieu, on voit la pierre sacrificielle avec la trace de l'anneau où l'on passait la longe du bœuf destiné au sacrifice)
7 • Temple dit de Jason Magnus (on ignore à qui cet édifice de l'époque grecque est dédié, mais une dédicace sur l'architrave du fronton explique qu'il a été rebâti par Jason Magnus sous le règne de Commode, au IIe siècle apr. J.-C.)
8 • Temple d'Artémis (ses fondations remontent au VIe siècle av. J.-C., mais le temple actuel date du IVe siècle av. J.-C., époque à laquelle il a été agrandi, en particulier pour pouvoir célébrer la fête des *Artamitia* célébrée en son honneur)
9 • Temple d'Apollon du VIe siècle av. J.-C. (c'est le monument le plus ancien de Cyrène, réaménagé à deux reprises et partiellement détruit en 365 apr. J.-C. par un tremblement de terre)
10 • Mur de Nikodamos destiné à protéger le sanctuaire des bruits venant du théâtre
11 • Théâtre (de l'édifice grec, il ne reste que les fondations de la scène et les gradins proches de l'orchestre car, pour pouvoir y accueillir des combats, il a été transformé en amphithéâtre au IIe siècle apr. J.-C.)
12 • Fontaine d'Apollon (source sacrée autour de laquelle la ville de Cyrène a été construite au départ ; de là, les hommes ont tiré l'eau nécessaire à leurs besoins quotidiens et au bétail, jusqu'à la création d'une nouvelle fontaine à l'époque romaine, l'*Aqua Augusta*)
13 • Grotte des prêtres d'Apollon servant de lieu de banquets pour les prêtres
14 • Voie sacrée conduisant du sanctuaire d'Apollon à l'*agora*, centre de la vie publique de Cyrène

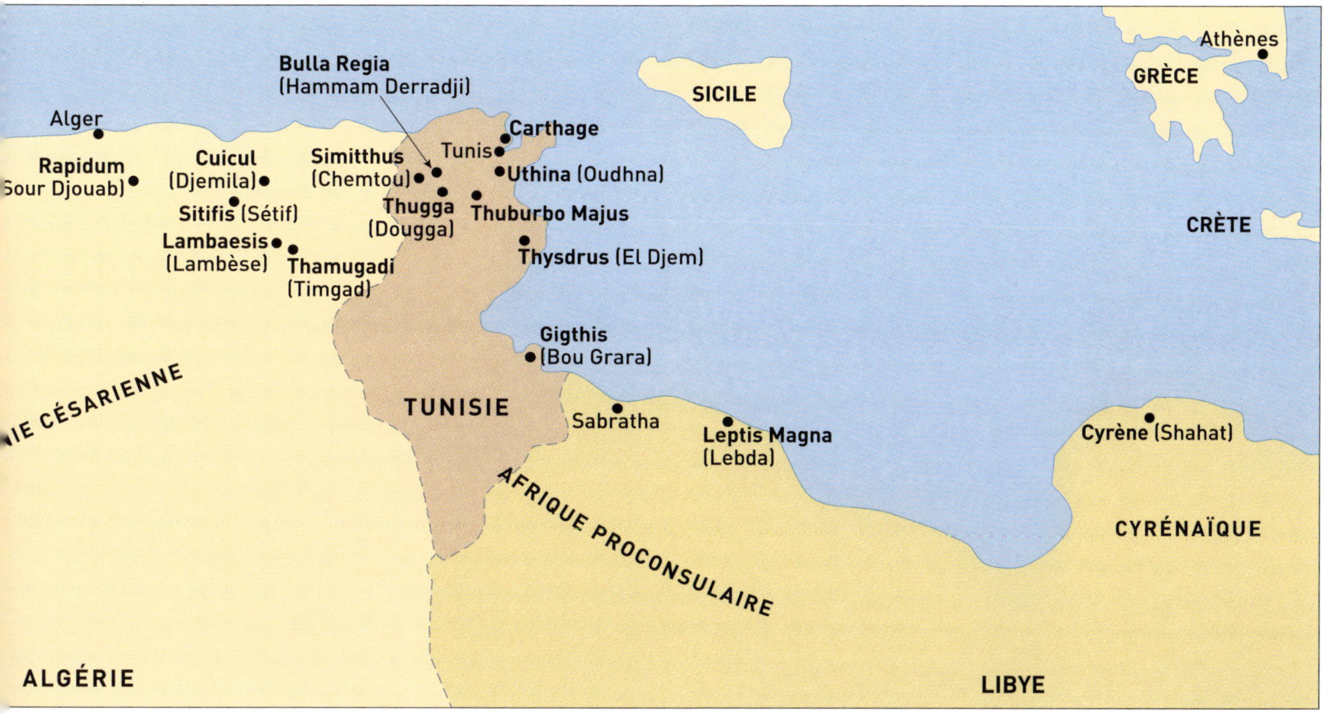
Bulla Regia
(Hammam Derradji)
Alger
Rapidum
Sour Djouab)
Cuicul
(Djemila)
Sitifis (Sétif)
Lambaesis
(Lambèse)
Thamugadi
(Timgad)
Simitthus
(Chemtou)
Thugga
(Dougga)
Tunis
Carthage
Uthina (Oudhna)
Thuburbo Majus
Thysdrus (El Djem)
Gigthis
(Bou Grara)
Sabratha
Leptis Magna
(Lebda)
Cyrène (Shahat)
SICILE
Athènes
GRÈCE
CRÈTE
TUNISIE
IE CÉSARIENNE
AFRIQUE PROCONSULAIRE
CYRÉNAÏQUE
ALGÉRIE
LIBYE

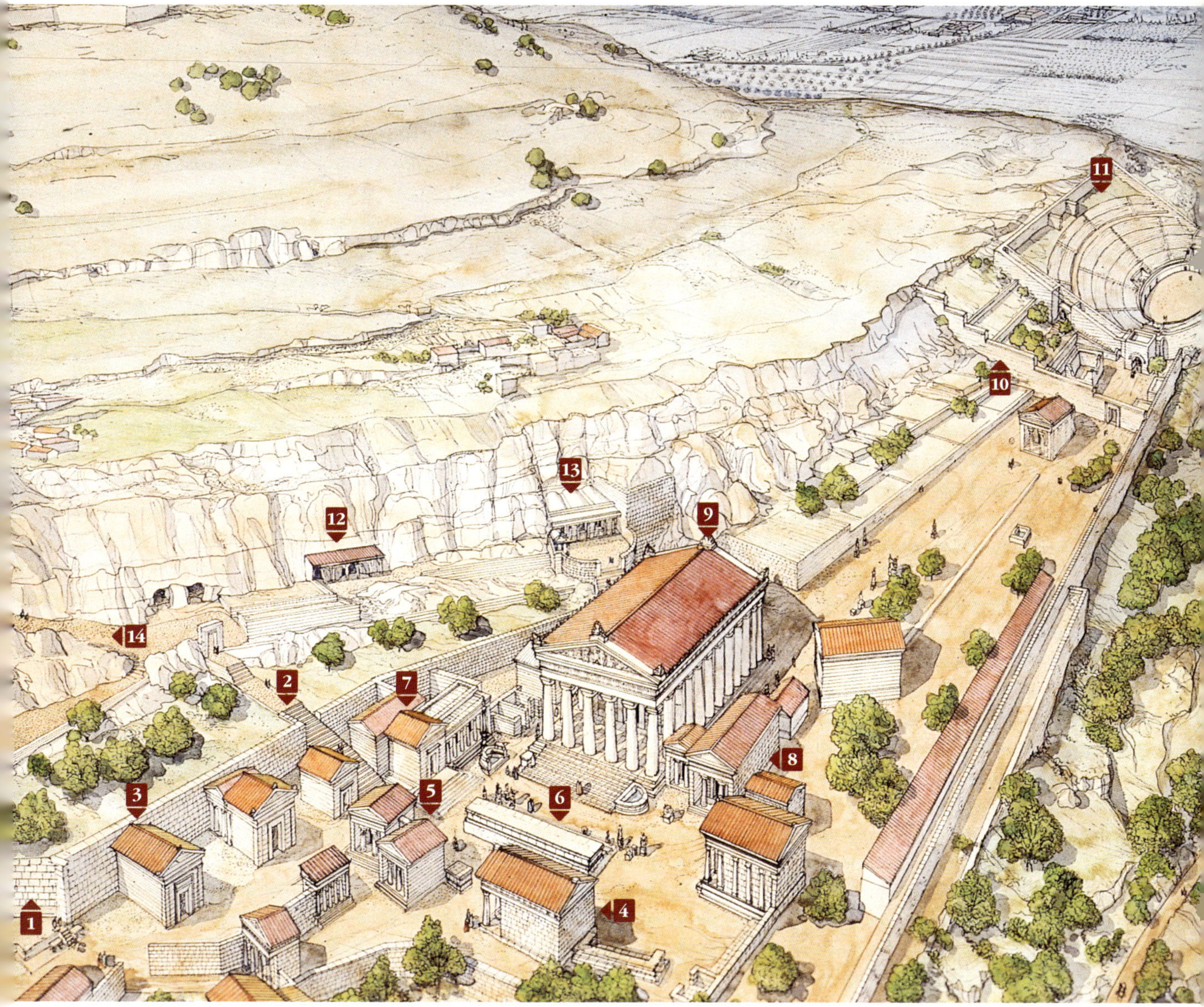
11
10
13
12
9
14
2
7
8
3
5
6
1
4

Leptis Magna (Lebda, Libye)

Située à l'embouchure du ouadi Lebda, Leptis Magna est une cité fondée vers 500 av. J.-C. par les Carthaginois, désireux de contrôler les ressources locales et le commerce caravanier des régions sahariennes. Toutefois, fortement taxée par Carthage, la ville ne parvient pas à se développer au maximum de ses possibilités; aussi, faut-il attendre l'époque augustéenne pour que Leptis Magna parvienne à s'épanouir et, la prospérité aidant, à s'agrandir. L'esplanade d'origine est alors transformée en *forum* entouré de temples et d'une basilique. Puis, la ville s'étend vers le sud-ouest autour d'un nouveau quartier composé d'un marché et d'un théâtre. Sous le règne de Trajan, en 110 apr. J.-C., Leptis Magna devient une colonie romaine, drainant de nombreuses richesses, en particulier du marbre utilisé soit pour restaurer les bâtiments existants, soit pour édifier de nouveaux monuments: des thermes pour Hadrien, un arc pour Antonin le Pieux… Avec Septime Sévère, natif de Leptis Magna, la cité atteint son apogée. L'agrandissement de la ville est confié à un ami d'enfance de l'Empereur et les aménagements s'effectuent en deux temps. D'abord, après avoir programmé l'extension du quartier sud, on élève un *forum* luxueux et une basilique, puis on érige une superbe avenue à portiques, un nymphée et un arc de triomphe. Ensuite, on se lance dans des travaux de terrassement. On dévie le ouadi Lebda en créant un barrage de 200 m de long d'où l'eau s'écoule dans un canal de dérivation qui contourne la ville, et ce, pour construire un port artificiel, aussi vaste et important que celui de Carthage; aujourd'hui, il s'agit du port le mieux conservé du monde romain. Parallèlement, les quartiers résidentiels se multiplient, notamment les riches demeures qui s'échelonnent le long de la côte. On dénombre alors environ 100 000 habitants qui se répartissent sur 435 ha. La cité ne montre des signes de faiblesse qu'à partir de la seconde moitié du IVe siècle apr. J.-C., détérioration qui va de pair avec la dégradation de l'Empire romain.

Agora et forum

• ***Agora*** est un terme grec qui désigne d'abord l'ensemble des citoyens; puis, par extension, les places publiques. À l'époque classique l'*agora* est, à la fois, le centre administratif, religieux et commercial de la cité. À Athènes, elle regroupe divers monuments à frontons et à portiques: temples, autel des douze dieux, *bouleutêrion* – lieu de réunion de la *boulê* (conseil chargé de préparer les lois) –, *tholos* – où siègent les prytanes (commission permanente de la *boulê*) et qui abrite le foyer sacré de la ville. S'y ajoutent un tribunal, des portiques, des fontaines publiques et de nombreuses statues. L'*agora* est le lieu de rendez-vous favori des Athéniens, qui aiment s'y entretenir des affaires de la cité.

• Dans l'Empire romain, le ***forum*** est la place principale de la ville. De forme rectangulaire, souvent implanté au croisement des deux rues principales (le *cardo maximus* et le *decumanus maximus*), cet espace comporte plusieurs monuments publics: une basilique (vaste bâtiment rectangulaire où l'on rend la justice, où se tiennent les marchés et où l'on traite les affaires), un temple (dédié au culte impérial) et, parfois, une curie (lieu de réunion du Sénat de la ville). Des statues et des inscriptions en l'honneur des notables de la cité en font un lieu de mémoire pour les habitants. C'est aussi un lieu de rencontres, de discussions et de discours. C'est là que bat véritablement le cœur de la ville.

Le cirque de Leptis Magna, l'un des plus grands du monde romain (450 m de long sur 100 m de large), a été édifié en 112 apr. J.-C. sous le règne de Trajan. Il peut accueillir 23 000 spectateurs. Pendant les courses de chars, les concurrents effectuent sept tours dans le sens inverse des aiguilles d'une montre autour de la *spina*, construction basse qui divise la piste en deux dans le sens de la longueur. Derrière se dresse l'amphithéâtre construit en 56 apr. J.-C. et contenant 15 000 personnes (100 m de long sur 80 m de large); ici, se déroulent les combats de gladiateurs ou de fauves et les grandes parades.

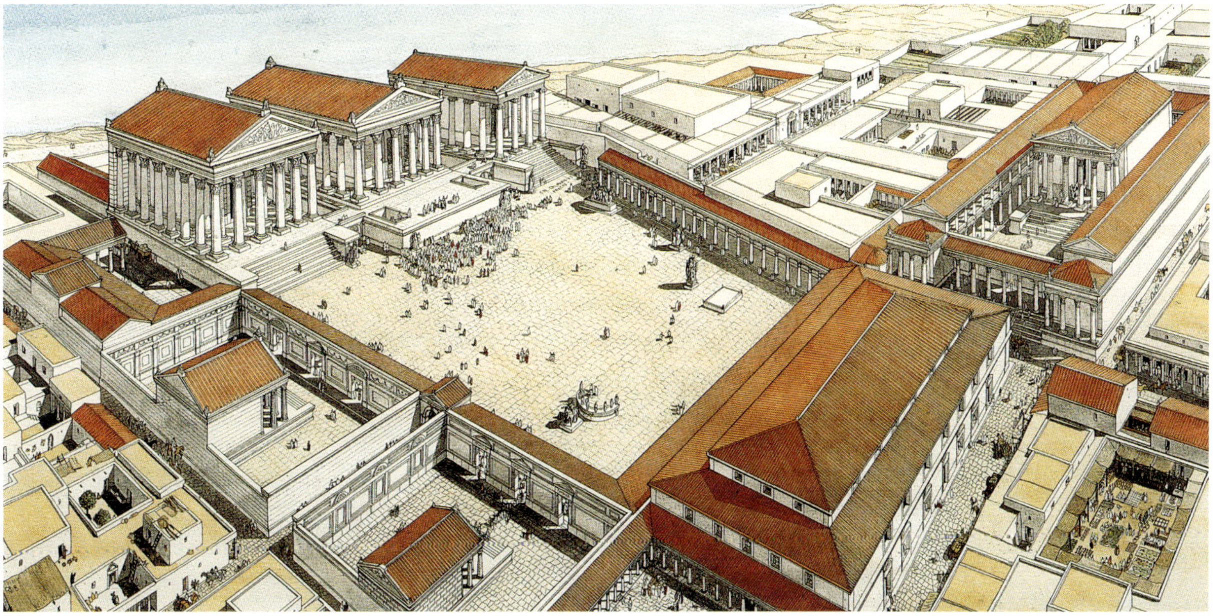

Le vieux *forum* de Leptis Magna date du début de la période impériale (première moitié du Ier siècle apr. J.-C.). Il forme un quadrilatère fermé, côté mer, par trois édifices : de droite à gauche, le temple d'Hercule, le temple d'Auguste et de Rome et le temple de Liber Pater. En face, se dressent la basilique civile, utilisée comme halle commerciale ou cour de justice, et la curie, lieu de réunion des magistrats de la ville. Sur la gauche, apparaissent divers temples ou bâtiments publics.

LEPTIS MAGNA (IIIe siècle apr. J.-C.)

Le port le mieux conservé du monde romain avec ses quais, son phare et ses entrepôts

1 • Arc de Septime Sévère, érigé en 203 apr. J.-C., commémorant l'Empereur dans sa ville natale (il s'agit d'un arc à quatre piles reliées entre elles par quatre baies, dressé initialement au carrefour du *cardo* et du *decumanus maximus* de la ville et conservé aujourd'hui au musée de Tripoli)

2 • Théâtre, inauguré en l'an 1 ou 2 apr. J.-C. : l'un des plus vieux édifices de ce type en Afrique

3 • *Chalcidicum* érigé sous le règne d'Auguste, en 11-12 apr. J.-C. (ce portique servait sans doute de marché)

4 • Marché commandité par un citoyen de Leptis Magna en 9-8 av. J.-C. (édifice rectangulaire entouré de portiques sur ses quatre côtés avec, au milieu de l'esplanade, deux kiosques ronds ; parmi les aménagements encore visibles subsistent les comptoirs du marché au poisson avec des supports ornés de dauphins et de poulpes, des bancs de vérification des capacités et une table comparative des longueurs)

5 • Grands thermes d'Hadrien construits en 126-127 apr. J.-C. dans la plus pure tradition romaine

6 • Palestre contemporaine des thermes et fonctionnant avec eux (édifice réservé aux exercices physiques, notamment lutte et gymnastique)

7 • Nymphée (ou fontaine monumentale consacrée aux Nymphes) et place polygonale, structures du début du IIIe siècle apr. J.-C.

8 • Voie à colonnes constituant l'artère principale de la ville sévérienne reliant les thermes d'Hadrien au port (elle mesure 420 m de long et 50 m de large et se compose d'un double portique de cent vingt-cinq colonnes)

9 • *Forum* sévérien formant une vaste place de 100 m de long sur 60 m de large (au sud-ouest de ce monument se dresse un temple dédié à la famille des Sévères ; l'ensemble rivalise, en grandeur et en beauté, avec le *forum* de Trajan à Rome)

10 • Basilique sévérienne de 92 m de long sur 40 m de large, qui, outre sa taille, se caractérise par la présence de deux absides, une à chaque extrémité (c'est ici qui se réunissait la Cour de justice ; les spectateurs qui n'avaient pas trouvé de place dans la nef pouvaient se rendre à l'étage servant de tribune lors des grands procès)

11 • Vieux *forum (voir ci-dessus)*

12 • Curie, bâtiment du début du IIe siècle apr. J.-C. construit comme un temple, avec porche et *podium*

13 • Temple de Jupiter Dolichenus du Ier siècle apr. J.-C.

14 • Port aménagé lors des grands travaux de l'époque de Septime Sévère (le bassin couvrant une surface de 102 000 m^2 est protégé par deux puissants môles qui supportent chacun des portiques à colonnes ; à l'extrémité de la jetée ouest se dresse un phare en forme de tour carrée à plusieurs étages de tailles dégressives et, à l'opposé, un sémaphore)

15 • Vers le cirque et l'amphithéâtre *(voir p. 92)*

Carthage (Tunisie)

Rasée, brûlée et anéantie en 146 av. J.-C. par les légions romaines de Scipion, la cité punique de Carthage ne subsiste plus que dans le souvenir des auteurs anciens qui ont souvent vanté les avantages de cette cité, située entre les mondes méditerranéen et africain. Profitant de cette situation géographique exceptionnelle, les Romains n'hésitent pas à reconstruire une ville à l'emplacement exact de l'ancienne Carthage. Le projet, deux fois avorté, n'aboutit réellement que sous le règne d'Auguste, en 27 av. J.-C., où l'on fait venir trois mille familles supplémentaires ; rapidement, la ville se développe, si bien qu'au IIe siècle apr. J.-C., Carthage devient la capitale de l'Afrique proconsulaire et l'une des plus grandes villes de l'Empire romain, peuplée de quelque 200000 habitants.

Le plan cadastral, d'une très grande régularité, s'organise autour de l'acropole de Byrsa ; c'est là que, juste à la croisée entre le *decumanus maximus* et le *cardo maximus*, on décide d'installer le *forum*, centre de la vie publique dans les cités romaines. On crée une immense terrasse reposant sur des murs et voûtes de soutènement, qui, à elle seule, couvre 13000 m^2 de superficie. Le plan d'urbanisme du reste de la cité obéit à une cadastration orthonormée délimitant quatre grands secteurs d'égale importance, contenant cent vingt *insulae* ; ceci, sans compter les zones périphériques rajoutées par la suite en raison de l'accroissement de la population. En bord de mer, on réhabilite le port, l'un des plus actifs du bassin méditerranéen et de la côte africaine.

La Carthage romaine (IIIe siècle apr. J.-C.)

Révèle la différence de la ville romaine par rapport à la ville punique ; par sa régularité, elle impose l'image de l'ordre romain

1 • Aqueduc construit entre 122 et 162 apr. J.-C. (il alimente Carthage en eau puisée dans le massif de Zaghouan, à 90 km de la ville)

2 • Citernes de La Malga (elles recueillent les eaux amenées par l'aqueduc, puis les répartissent en fonction des besoins dans les différents quartiers de la ville)

3 • Amphithéâtre, l'un des plus imposants d'Afrique, permettant d'accueillir 36000 spectateurs

4 • Cirque, édifice construit au IIe siècle apr. J.-C. (selon les estimations, il devait mesurer 570 m de long et contenir entre 60000 et 70000 spectateurs, faisant de lui le second hippodrome de l'Empire après le *Circus Maximus* de Rome ; comme dans la plupart des cas, la piste est séparée en deux dans le sens de la longueur par la *spina*, ensemble de bassins ornés de statues, de colonnes et de temples)

5 • *Cardo maximus*

6 • *Decumanus maximus* (le *cardo* et le *decumanus* divisent la ville en quatre zones d'importance identique ; ils se croisent au sommet de la Byrsa où se dresse le *forum*)

7 • *Forum*, centre de la vie publique (il occupe une place dominante et centrale, au sommet de la colline de Byrsa et à la croisée du *cardo maximus* et du *decumanus maximus* ; il se compose d'une vaste place bordée de portiques, sur laquelle se dressent une basilique judiciaire et, sans doute, un ou plusieurs temples)

8 • Théâtre, sans doute édifié sous le règne d'Antonin le Pieux, au milieu du IIe siècle apr. J.-C. (il mesure 105 m de diamètre et semble avoir été victime de plusieurs dégradations ayant entraîné des restaurations ; quelque 5000 personnes peuvent s'installer sur les trois rangées de gradins en hémicycle s'appuyant partiellement sur une colline ; le beau front de scène, avec ses colonnes en marbre vert et rose et ses statues, constitue le décor permanent du théâtre)

9 • Odéon construit près du théâtre sous le règne de Septime Sévère, entre 205 et 210 apr. J.-C. (c'est le centre intellectuel de la cité, où l'on vient écouter des concerts ou des conférences)

10 • Thermes d'Antonin édifiés en bord de mer entre 145 et 162 apr. J.-C., avec gymnase, palestre, salles d'eau, vestiaires et piscine (il s'agit d'un des ensembles les plus somptueux parmi les thermes impériaux, aussi bien par la taille qui dépasse 300 m de long que par la richesse du décor constitué de mosaïques, de colonnes de porphyre ou de magnifiques placages en marbre)

11 • Port intérieur, autrefois utilisé comme port de guerre (au centre, se trouve l'îlot de l'Amirauté, place ouverte entourée d'une colonnade et ornée d'un petit temple et d'un bâtiment légèrement plus grand de forme octogonale ou circulaire)

12 • Port commercial sans doute bordé d'entrepôts (à cette époque, Carthage est le port africain le plus proche de Rome)

13 • Emplacement possible d'un phare

Uthina (Oudhna, Tunisie)

Les collines sur lesquelles se trouve la ville antique d'Uthina s'étendent entre le gebel Ressas et l'oued Miliane. Généreusement irriguée, la plaine environnante doit sa prospérité à la remarquable fertilité de son sol ; en outre, de nombreuses carrières entourent le site, fournissant les pierres nécessaires à l'édification des bâtiments publics et des quartiers résidentiels de la ville. Ces avantages jumelés expliquent le choix du site effectué par Auguste (27 av. J.-C.-14 apr. J.-C.) lorsqu'il décida d'installer dans cette région une colonie pour les vétérans de la XIIIe légion.

Aujourd'hui, on commence à se faire une idée plus précise d'Uthina car, depuis une dizaine d'années, des fouilles et des prospections systématiques ont été entreprises sur le site ; bien que de nombreux secteurs de la ville antique soient encore enfouis sous plusieurs mètres de déblais, les principaux bâtiments publics ont été mis au jour, de même que certaines riches maisons. Au nord de la cité, s'étend une vaste zone comprenant une vingtaine de maisons. Fouillées, ou du moins explorées, elles ont livré de très belles sculptures et, surtout, un lot de mosaïques exceptionnel. La maison la plus spacieuse compte plus de trente pièces : on l'appelle la maison d'Ikarios (ou des Laberii). Autour du péristyle principal s'organisent les pièces de réception et les appartements répartis en plusieurs ensembles. Les pièces étaient toutes pavées de riches mosaïques ornées soit de motifs géométriques, soit de sujets tirés de la mythologie gréco-romaine (Europe enlevée par Jupiter métamorphosé en taureau, le triomphe de Neptune, Dionysos offrant du vin à Icare...), soit de scènes de la vie quotidienne (notamment, un beau tableau représentant une exploitation rurale) ; les plus beaux exemplaires sont conservés au musée du Bardo à Tunis. Au sud-est, à une petite centaine de mètres, se trouvent les thermes des Laberii, grand édifice rectangulaire partiellement réoccupé par un atelier de potier dès l'abandon de la maison, au VIe siècle apr. J.-C. Plus intéressants sont les thermes publics, installés au centre de la ville. Conçu sur deux niveaux, suivant un plan symétrique, ce bâtiment de plus de 80 m de longueur comprenait de vastes salles magnifiquement décorées. Seul le niveau inférieur, avec ses salles voûtées, est bien dégagé. Le théâtre, bien identifié, est encore inexploré, tandis que l'amphithéâtre et le Capitole ont fait l'objet d'importants travaux de fouille et de mise en valeur. Viennent enfin les aménagements hydrauliques de la ville, particulièrement importants ici en raison des nombreuses sources d'eau : un aqueduc comprenant plusieurs branches, aux piliers en pierre de taille, conduisait les eaux vers d'immenses citernes.

Uthina (IIe-IIIe siècles apr. J.-C.)

Un site très peu étudié, de reconstitution hypothétique, réalisée d'après des reconnaissances de terrain et des photographies aériennes

1 • Amphithéâtre (il est construit en deux parties : la première creusée dans la colline, comportant les sous-sols, l'arène et la moitié inférieure de la *cavea* ; la seconde construite en superstructure, constituant l'autre moitié de la *cavea* avec les gradins et les structures de support)

2 • Maison d'Ikarios, dite des Laberii, construite au IIe siècle apr. J.-C. (avec ses annexes, elle compte plus de trente pièces : appartements privés, pièces de réception, chambres, citernes... ; pour la plupart, ces salles sont pavées de superbes mosaïques conservées au musée du Bardo de Tunis)

3 • Les thermes des Laberii, contemporains de la maison

4 • Théâtre

5 • Grands thermes publics

6 • Capitole construit au sommet d'une colline, sur le point le plus élevé du site

7 • Citernes (elles constituent l'un des points d'attraction du site et se présentent sous la forme d'immenses pièces rectangulaires, voûtées et aux parois étanches)

8 • Aqueduc venant des collines situées au sud du site

THYSDRUS (EL DJEM, TUNISIE)

Implantée au coeur du Sahel tunisien, Thysdrus est l'une des cités romaines les plus florissantes d'Afrique. Elle entre pour la première fois dans l'histoire à l'occasion de la guerre d'Afrique de Jules César, où elle semble n'être encore qu'une ville d'importance toute relative. Avec les Flaviens (deuxième moitié du Ier siècle apr. J.-C.), elle commence à se développer et se dote d'équipements urbains de plus en plus élaborés : système d'adduction d'eau, bâtiments publics... Cette nouvelle prospérité atteint son apogée sous les Sévères, au tout début du IIIe siècle apr. J.-C. Forte de cette puissance, Thysdrus devient rapidement municipe et compte parmi les cinq principales villes de la province avec Carthage, Hadrumetum, Leptis Magna et Utique ; peu de temps après, au milieu du IIIe siècle apr.

Aujourd'hui, relativement peu de vestiges subsistent de la Thysdrus antique, dont l'apogée se situe au IIIe siècle apr. J.-C. Cette situation est due au fait que de la ville moderne est venue s'installer sur les structures antiques. Toutefois, outre l'amphithéâtre, qui reste le joyau de Thysdrus, on distingue différents édifices : un cirque, nettement visible sur les photos aériennes, pouvant accueillir 30 000 spectateurs ; des thermes couvrant une superficie de 2 400 m² et ayant révélé de très belles mosaïques ; un petit amphithéâtre ; des quartiers résidentiels où les maisons sont le plus souvent pavées de mosaïques qui passent pour être de véritables chefs-d'œuvre, conservés dans les musées d'El-Jem (Thysdrus), de Sousse ou de Tunis (musée du Bardo).

J.-C., elle se hisse au rang de colonie, sans doute sous le règne de Valérien ou de Gallien, et les habitants de Thysdrus deviennent citoyens romains à part entière. Cette ascension est d'autant plus étonnante que la ville n'offre pas de conditions naturelles favorables : aucune possibilité d'irrigation importante ; carrières de pierre éloignées du site ; pas de carrières d'argile ni de gisements de minerais. En réalité, c'est du commerce (de l'huile et du blé) que Thysdrus tire tous ses revenus, grâce à sa position privilégiée au carrefour des grandes routes du pays ; pratiquant de l'import-export à travers la Méditerranée et en Orient, elle commande un réseau routier qui la relie directement aux ports importants de la côte orientale et aux villes majeures de l'intérieur des terres. Parallèlement, à partir de la fin du IIe siècle apr. J.-C., les Thysdritains se lancent dans la plantation de gigantesques oliveraies, leur terre n'étant pas assez riche pour y semer des céréales, et tirent de confortables revenus de la vente d'huile d'olive.

L'amphithéâtre de Thysdrus en cours de construction. Une fois les souterrains aménagés et les premières assises posées *(ci-contre)*, on procède à l'élévation de la structure sur laquelle vont venir s'appuyer les gradins *(ci-dessous)*. Les pierres sont hissées au moyen de grues munies de palans ; au sol s'activent de nombreux tailleurs de pierre et maçons. Le va-et-vient des chariots arrivant des carrières situées à 30 km est incessant.

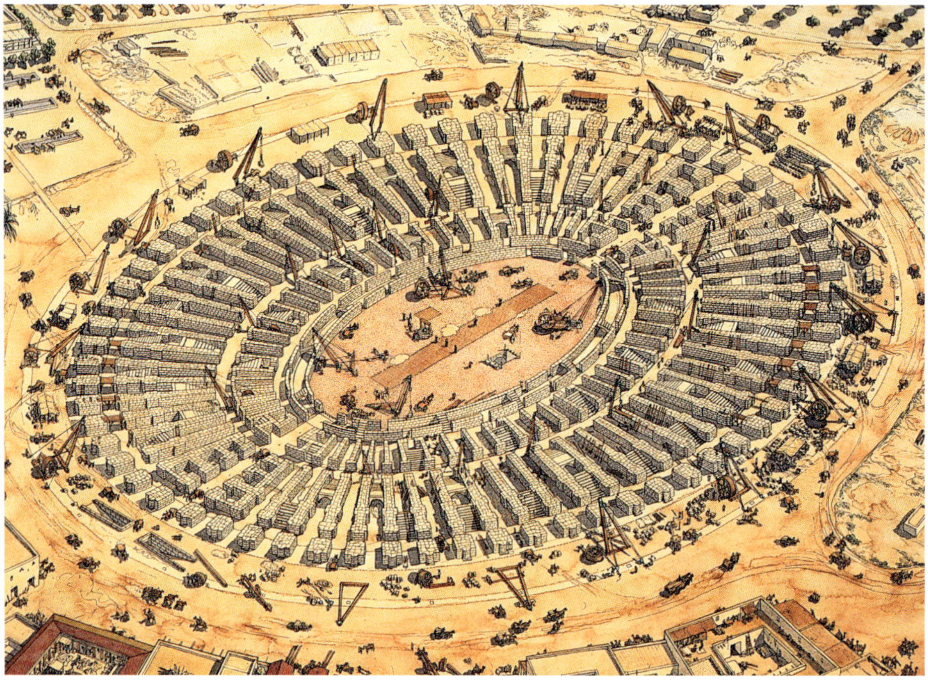

L'amphithéâtre de Thysdrus est le plus célèbre et le mieux conservé de tous les bâtiments de ce type édifiés en Afrique. Après Capoue et Rome, c'est l'un des plus vastes amphithéâtres de l'Antiquité : il mesure 148 m de long sur 122 m de large ; les dimensions de l'arène sont de 65 m sur 39 m ; les gradins s'élèvent à 36 m de hauteur et peuvent accueillir quelque 45 000 spectateurs. Construit sensiblement sur le modèle du Colisée, il comporte toute une série d'aménagements efficaces, en particulier des galeries aménagées sous l'arène. De plus, on constate que les couloirs de circulation permettant d'accéder aux gradins sont prévus pour assurer une distribution régulière et fluide du public. La façade extérieure, très bien conservée, présente trois étages d'arcades : le rez-de-chaussée et le dernier étage sont d'ordre corinthien ; l'étage intermédiaire est composite.

La date de construction de l'édifice n'est pas connue avec exactitude car aucune inscription dédicatoire n'a été mise au jour. Toutefois, si l'on en juge par le contexte historique, la conjoncture la plus favorable pouvant correspondre à la réalisation d'un édifice de cette ampleur reste celle du règne de Gordien Ier, personnage originaire de Thysdrus, nommé proconsul d'Afrique avant d'être proclamé empereur au début du IIIe siècle apr. J.-C.

Vue "en éclaté" de l'amphithéâtre de Thysdrus. On distingue très bien les couloirs de circulation aménagés au rez-de-chaussée du bâtiment pour permettre aux spectateurs de rejoindre les gradins ; on aperçoit également le couloir séparant les souterrains et l'arène par lequel arrivent les bêtes enfermées dans les sous-sol avant le combat.

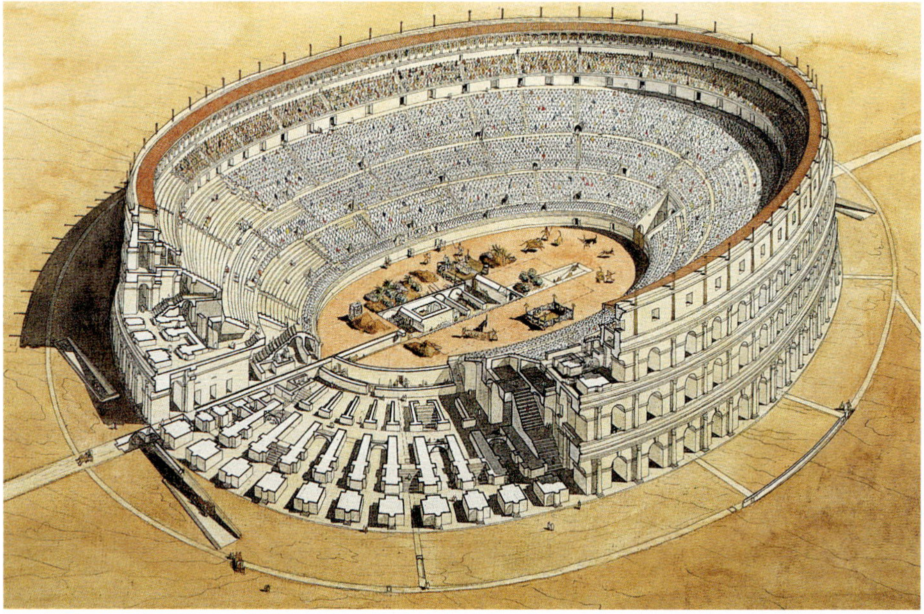

THAMUGADI (TIMGAD, ALGÉRIE)

Fin du Ier siècle apr. J.-C. : le légat Munatius Gallus reçoit de l'empereur Trajan la charge de construire une ville près du grand camp de Lambaesis (*voir p. 108*), nouvellement installé sur le plateau qui borde au nord le massif des Aurès. Ainsi, en 100 apr. J.-C., il choisit le site de Thamugadi, à 1 000 m d'altitude, au pied des montagnes. S'y installent deux à trois cents vétérans qui deviennent de petits propriétaires terriens, chargés à la fois de faire fructifier leur bien et de protéger les voies de communication.

Pour assurer une meilleure défense de la ville, on prévoit de la concevoir comme un camp et de l'entourer d'une enceinte. Au départ, son plan s'inscrit dans un carré rigide de 355 m de côté, subdivisé en cent six *insulae* d'une superficie de 400 m² chacune. Dans cette première phase d'organisation de l'espace, on réalise la bibliothèque, le *forum*, les thermes et le théâtre. Or, avec le temps, Thamugadi se développe. À son apogée, elle compte 15 000 habitants : de nouveaux quartiers investissent les abords de la ville, principalement au sud et à l'ouest du noyau initial, de sorte qu'au IVe siècle apr. J.-C., la ville couvre plus de 50 ha. De nombreux monuments publics se trouvent relégués hors de l'enceinte primitive : les grands thermes du Nord et les thermes du Sud, le Capitole et l'immense temple du Génie de la colonie, édifice construit en 180 apr. J.-C. Sous les Sévères (193-235 apr. J.-C.), on entreprend d'importants aménagements : on abat la muraille devenue inutile, pour construire des maisons nouvelles ; on remplace la porte de l'Ouest par un arc monumental dédié à Trajan ; on édifie un nouveau marché somptueux, celui de Sertius.

L'ÉVERGÉTISME

Le mot vient du grec *"evergetês"*, bienfaisant. C'est une pratique sociale courante dans l'Antiquité, selon laquelle les riches particuliers participent, avec leurs propres deniers, à la construction ou à l'embellissement des monuments de leur ville. L'évergète peut également offrir des jeux et des spectacles à ses concitoyens ou leur distribuer de l'argent ou des denrées alimentaires. C'est l'un des moyens les plus efficaces pour rassembler autour de lui une clientèle susceptible de favoriser sa carrière politique.

THAMUGADI (IIIe siècle apr. J.-C.)

L'extension d'une ville que sa croissance oblige à sortir de son plan initial

1 • Capitole, installé hors enceinte à la suite de l'extension de la ville, au fond d'une cour de 105 m sur 68 m (ce monument gigantesque a été restauré au IVe siècle apr. J.-C.)

2 • Grands thermes du Nord installés à l'extérieur de la ville, édifice de 80 m de long sur 65 m de large, construit en briques (monument symétrique avec, originellement, placages de marbre, voûtes ornées de caissons, colonnes adossées aux parois, statues dans les niches et sols couverts de mosaïques)

3 • Porte Nord, la seule restée en usage après la période d'extension de la ville et non modifiée depuis le temps de son édification, en 100 apr. J.-C. (elle est construite dans l'axe du *cardo* et donne directement sur le *forum*)

4 • Bibliothèque publique offerte à la ville par M. Julius Quintianus Flavius Rogatianus et édifiée au IVe siècle apr. J.-C. sur les ruines d'une ancienne maison bourgeoise pavée de mosaïques (de plan semi-circulaire, elle comprend principalement une salle aux murs décorés de colonnes. Dans chaque entre-colonnement s'ouvrait un placard où l'on rangeait les *volumen* sur des rayonnages)

5 • *Forum*, espace ouvrant sur le *decumanus maximus* et comprenant différents édifices qui s'organisent autour de la grande place centrale dallée de 50 m sur 43 m : à l'ouest, un temple de petite taille (8 m de côté), dédié soit à la Victoire, soit à l'empereur Trajan lui-même ; au sud, une curie, correspondant au Sénat de la colonie, constitué d'une salle rectangulaire (14,40 m sur 9,80 m) ornée de statues et d'une simple tribune à laquelle on accède par trois marches ; à l'est, une basilique judiciaire, pièce de 28,50 m de long sur 15 m de large et haute d'environ 14 m (comme semblent le suggérer les deux ordres superposés), avec abside et bureaux latéraux ; des boutiques et des latrines...

6 • Théâtre pouvant contenir jusqu'à 5 000 spectateurs

7 • Thermes de l'Est, édifiés à l'intérieur de l'enceinte sur quatre îlots d'habitation, soit sur environ 1 600 m²

8 • Marché de l'Est, édifice le plus original de Thamugadi (il comporte deux cours semi-circulaires pavées de briques et entourées de portiques donnant sur les boutiques ; à l'intérieur, on compte dix-huit échoppes de petite taille avec, au centre, une dalle horizontale de pierre servant de table au marchand)

9 • Arc dit de Trajan, mais datant sans doute du règne de Septime Sévère (193-211 apr. J.-C.) et installé à la sortie ouest du *decumanus maximus* (c'est un arc monumental à triple baie, de 12 m de haut, bien visible lorsque l'on arrive de Lambaesis)

10 • Marché offert par M. Plotius Faustus Sertius au début du IIIe siècle apr. J.-C. : belle construction avec cour à portiques, bassins, boutiques et salles ornées de décors somptueux

11 • Temple du Génie de la Colonie construit en 169 apr. J.-C., sous le règne de Marc Aurèle, voué à un culte en étroite relation avec la protection de la ville

12 • Thermes du Sud, installés hors enceinte (ils sont très détruits, mais il subsiste des restes intéressants de la galerie de chauffe souterraine faisant le tour des salles chaudes)

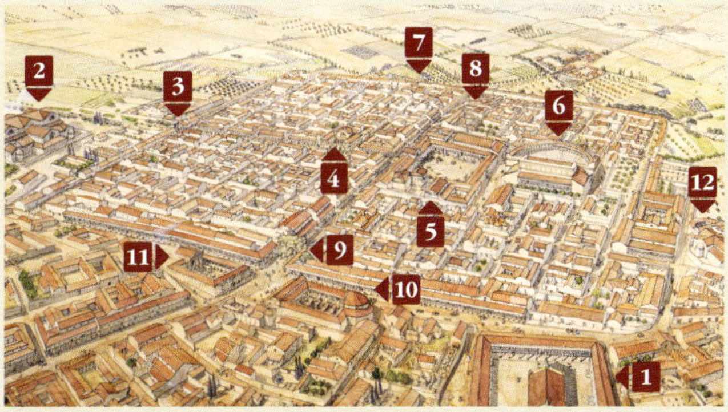

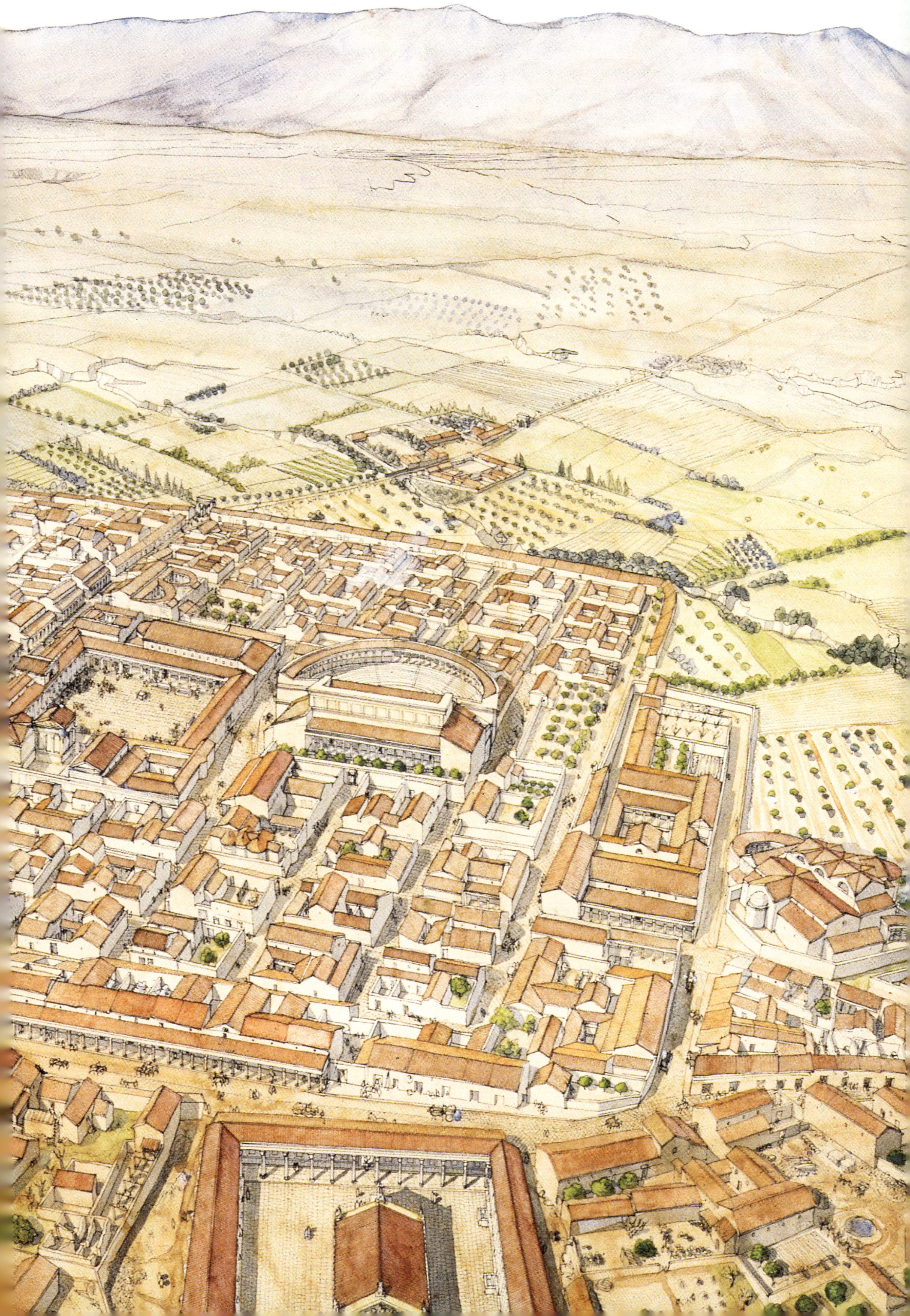

LAMBAESIS (LAMBÈSE, ALGÉRIE)

Situé à 140 km de Cirta (Constantine), le grand camp de Lambaesis était celui du Légat de la IIIe légion Auguste, la *Legio Tertia Augusta* ; il a été installé à 622 m d'altitude, sur la plaine du gebel Askar, pour accueillir les troupes chargées d'assurer la sécurité de l'Afrique romaine et pour protéger les régions environnantes d'éventuelles incursions de tribus nomades. Une ville importante se développa à proximité du camp. Il faut dire que sa situation géographique etait idéale car, de là, on accédait à toutes les grandes cités environnantes : Thamugadi, Theveste et Mascula à l'est ; Sitifis et Cirta au nord ; les régions sahariennes à l'ouest et au sud. Les travaux archéologiques ont permis de déceler deux principales étapes de construction : lors de la fondation, en 81 apr. J.-C., le camp ne mesure que 148 m sur 120 m ; puis, au milieu du IIe siècle apr. J.-C., il atteint 500 m sur 420 m.

Deux rues, l'une est-ouest (la *via principalis*), l'autre nord-sud (la *via decumana*), divisent le camp en quatre secteurs d'importance inégale. À leur intersection se dresse un édifice rectangulaire de 36,60 m sur 23 m, le *praetorium* : il s'agit d'un quadruple arc de triomphe orné, à l'extérieur, de colonnes corinthiennes s'élevant sur deux niveaux. Immédiatement au sud s'étend une vaste cour de 65 m sur 37 m, entourée de portiques sur trois côtés et donnant sur des salles ouvertes. En face, on aperçoit un bâtiment de 52 m sur 32 m, divisé en trois nefs par deux portiques de douze colonnes chacun ; le mur sud est fermé par des absides utilisées à des fins cultuelles. Le long des rues, parfaitement quadrillées, sont situées les casernes et les résidences. Côté est, à l'extérieur de l'enceinte, se trouve un amphithéâtre, construit en 169 apr. J.-C. sous le règne de Marc Aurèle. L'édifice mesure 104 m sur 95 m et, malgré son état de destruction, on parvient à distinguer les vestiges de la machinerie utilisée pour hisser les cages des fauves dans l'arène. Cet amphithéâtre dut servir d'arène d'entraînement pour les militaires et de lieu de spectacle pour les habitants de la ville importante qui s'était développée à proximité.

LAMBAESIS
(IIIe siècle apr. J.-C.)

1 • Amphithéâtre situé hors enceinte, à l'est du camp, et édifié en 169 apr. J.-C. sous le règne de Marc Aurèle
2 • Mur d'enceinte cernant le camp (il comporte, sur ses quatre côtés, des portes monumentales constituées d'une arche simple entourée de deux contreforts)
3 • *Via principalis*, grande rue transversale est-ouest, correspondant au *cardo*
4 • *Via decumana*, grande transversale nord-sud
5 • *Praetorium*, nom donné à ce quadruple arc triomphal construit à l'intersection des deux principaux axes du camp
6 • *Principia* et temple aux enseignes
7 • Thermes, conservés à l'état d'arasements

VOLUBILIS (MAROC)

Volubilis se situe sur un éperon rocheux, au pied du gebel Zerhoun, dans une région très fertile en raison de la présence de très nombreuses sources. Élevée au rang de municipe par l'empereur Claude, en 44 apr. J.-C., la cité se développe rapidement et atteint, sans compter les faubourgs et les nécropoles, une superficie de 40 ha pour une population de 12 000 personnes. Plus tard, en 168-169 apr. J.-C., la ville est ceinte d'un rempart de 2,35 km de long, percé de huit portes et doté de tours semi-circulaires tous les 60 m. Celui-ci s'intègre à tout un système défensif de postes militaires installés sur les crêtes du gebel Zerhoun, supposé protéger la région contre les incursions des peuplades maures hostiles à l'occupation romaine.

Entre la fin du IIe siècle et le tout début du IIIe siècle apr. J.-C., sous les règnes de Septime Sévère et de Caracalla, la cité se dote de ses plus belles constructions : le *forum*, le Capitole, la basilique et l'arc de triomphe, qui se trouvent tous dans les quartiers nord-est de la ville. C'est également à cette époque que l'on voit apparaître de riches maisons, construites dans des quartiers résidentiels installés de part et d'autre du *decumanus maximus*. En revanche, au nord-ouest du *forum*, on aperçoit les vestiges d'un quartier populaire où, visiblement, les habitants s'entassent dans de petites maisons rudimentaires. Outre les structures urbaines, on trouve des boulangeries, des huileries et des pressoirs qui se succèdent le long de ruelles étroites.

VOLUBILIS (IIIe siècle apr. J.-C.)

La réussite et la prospérité d'une ville provoquant la création d'un quartier neuf avec les grandes maisons des riches

1 • Rempart
Bâti en 168-169 apr. J.-C., percé de huit portes (composées d'une arche flanquée de deux tourelles) et muni de tours de garde tous les 60 m

2 • *Decumanus maximus*, le long duquel apparaissent les plus belles demeures de la ville : maison aux travaux d'Hercule, palais de Gordien, maison à la Monnaie d'or…

3 • Arc de triomphe attribué, grâce à sa dédicace, à Caracalla et sans doute construit en 217 apr. J.-C. (il se compose d'une grande arche centrale, flanquée de niches ornées de frontons triangulaires et de colonnes corinthiennes en saillie)

4 • *Forum*, centre de la vie publique et administrative regroupant des édifices répartis sur 1 300 m² (réaménagé sous les Sévères, au IIIe siècle apr. J.-C., il adopte la forme d'une équerre et est bordé de bâtiments sur ses quatre côtés : à l'est, la basilique ; au sud, les vestiges d'un petit monument consacré aux Sévères et une tribune aux harangues ; à l'ouest plusieurs temples ; au nord, un portique, aujourd'hui disparu)

5 • Basilique, édifice imposant couvrant une superficie de 1 000 m² environ, sans doute édifié au début du IIIe siècle apr. J.-C. et restauré sous les Sévères (le bâtiment, qui se présente sous la forme d'un grand rectangle à trois nefs de 42,20 m de long sur 22,30 m de large, possède une abside, où siégeait le tribunal, à chaque extrémité de la nef centrale)

6 • Capitole, bâtiment dédié à l'empereur Macrin en 217 apr. J.-C. (probablement hexastyle et pseudo-périptère à l'origine, il ne comporte pas de salle souterraine, mais un *podium* massif et relativement peu élevé ; en avant, dans la cour, se dressait un autel)

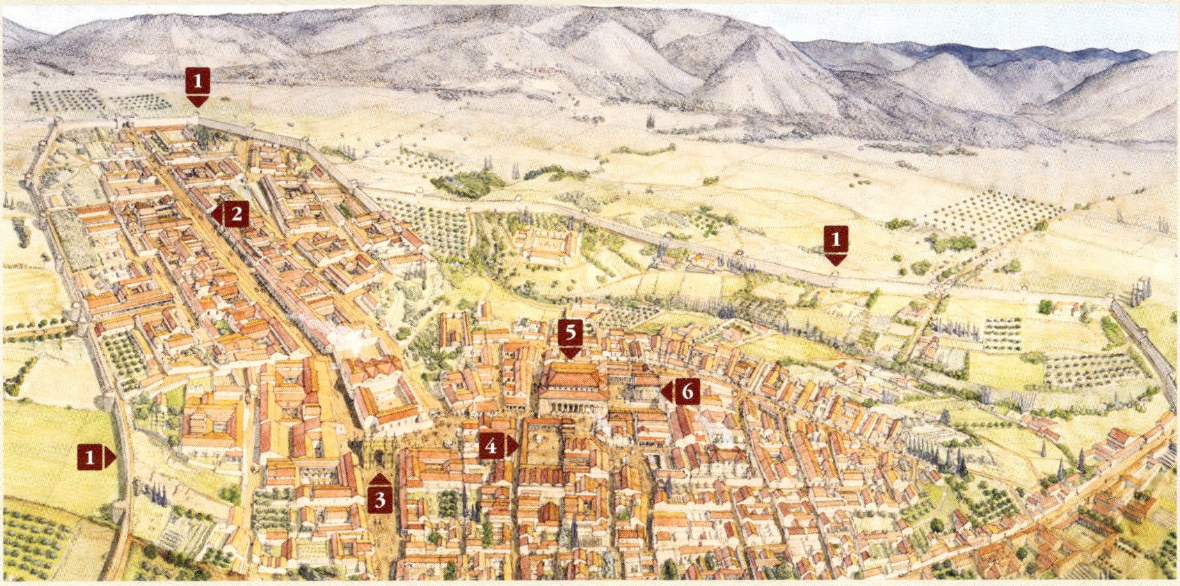

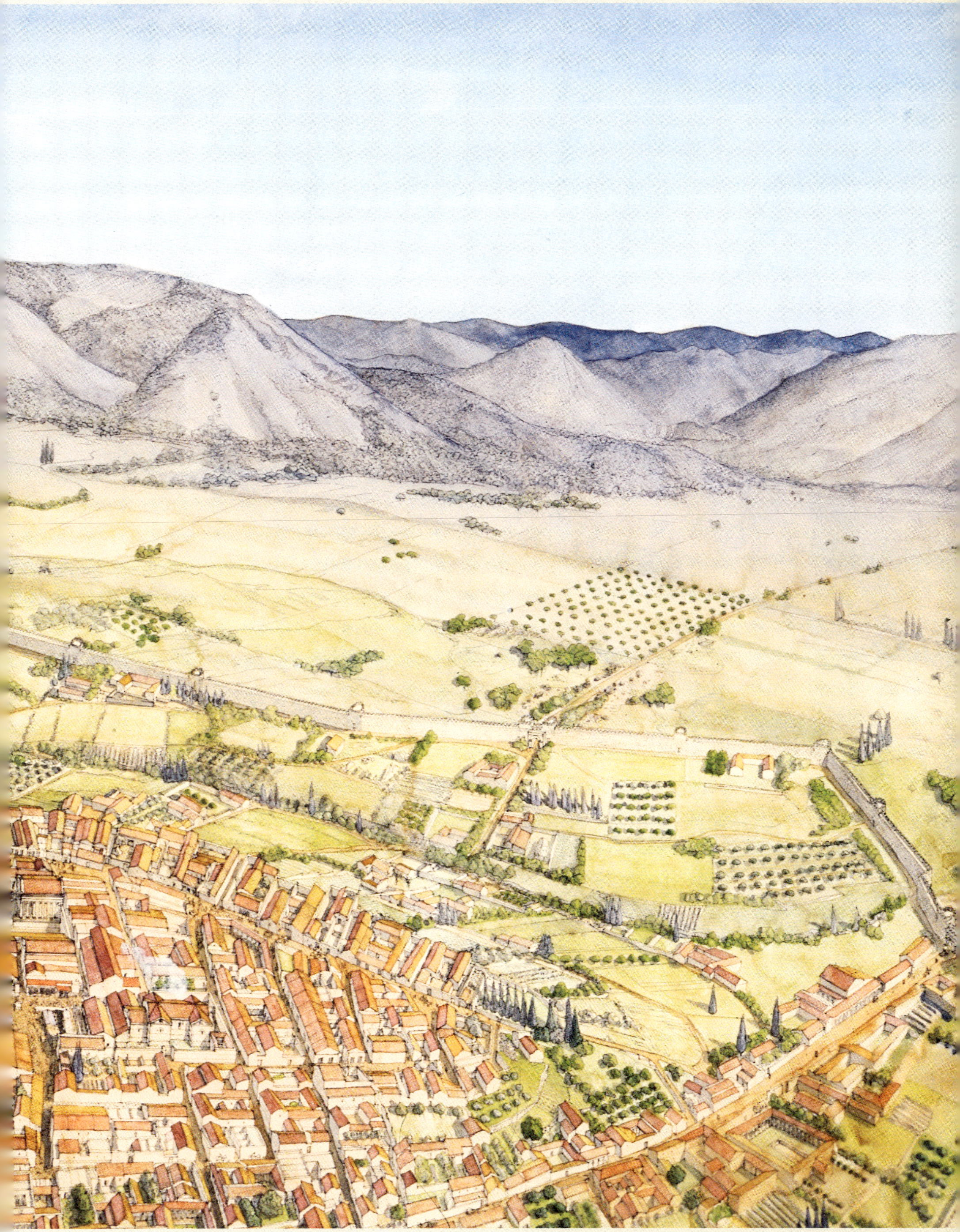

THAMUSIDA
(SIDI ALI BOU AHMED, MAROC)

Implantée au cœur de la Maurétanie Tingitane, sur la route reliant Tingi à Sala et sur la rive gauche du ouadi Sebou, Thamusida est une cité vivant essentiellement des produits de l'élevage et de la pêche, grâce à ses plaines fertiles et à son fleuve particulièrement poissonneux. Si cette simple bourgade commence à se développer lorsque Rome annexe la Maurétanie, c'est surtout parce que le ouadi Sebou est navigable.

Sous les Flaviens, à la fin du Ier siècle apr. J.-C., Thamusida se transforme en garnison ; c'est alors que le bourg initial prend l'aspect d'une ville. Au début du IIe siècle apr. J.-C., la cité s'élargit selon un tracé régulier. La plupart des monuments découverts sur le site datent de cette période, notamment un temple dédié à Vénus et des thermes continuellement réaménagés qui finissent par atteindre environ 3 000 m^2.

Sous le règne de Marc Aurèle, en 166 apr. J.-C., Thamusida construit un camp destiné à abriter une cohorte d'environ mille hommes. Bâti le long des marges sud-est de la ville, il mesure 165,85 m sur 138,78 m et couvre près de 3 ha ; seuls quelques baraquements, les vestiges du *praetorium* et les fondations d'un bâtiment de plan basilical ont pu être mis au jour. Outre l'enceinte du camp, totalement indépendante et percée de quatre portes, les fouilles ont révélé la présence d'un second rempart, construit autour de l'ensemble de la ville en 190 apr. J.-C. et muni de tours semi-circulaires. Le site est bien conservé mais la plus grande partie des quartiers de la ville reste à fouiller.

1 • Camp de 180 x 150 m possédant quatre portes défendues par des tours (une sur chaque côté)
2 • *Praetorium*, centre de commandement du camp
3 • Casernements, logements de la garnison
4 • Rempart de la ville muni de tours semi-circulaires tous les 50 m
5 • Oued Sebou
6 • Thermes du fleuve
7 • Temple à trois *cellae* et cour, de type "africain"
8 • Fabrique de salaisons ; activités économiques de la ville liée au fleuve et à l'océan Atlantique
9 • Maison du dallage : la plus grande demeure à péristyle fouillée à Thamusida
10 • Temple dit "à bossages"
11 • Temple dit "carré"
12 • *Insula* (îlot) de la ville et maison de Nisidius Albanus
13 • Grand bâtiment à abside
14 • *Insula* aux *dolia* (ou grandes jarres permettant de conserver les produits tels que l'huile)
15 • À proximité du camp et à l'intérieur de la ville a été retrouvé un petit amphithéâtre (arène d'entraînement pour les militaires et lieu de spectacle pour les habitants de la ville)

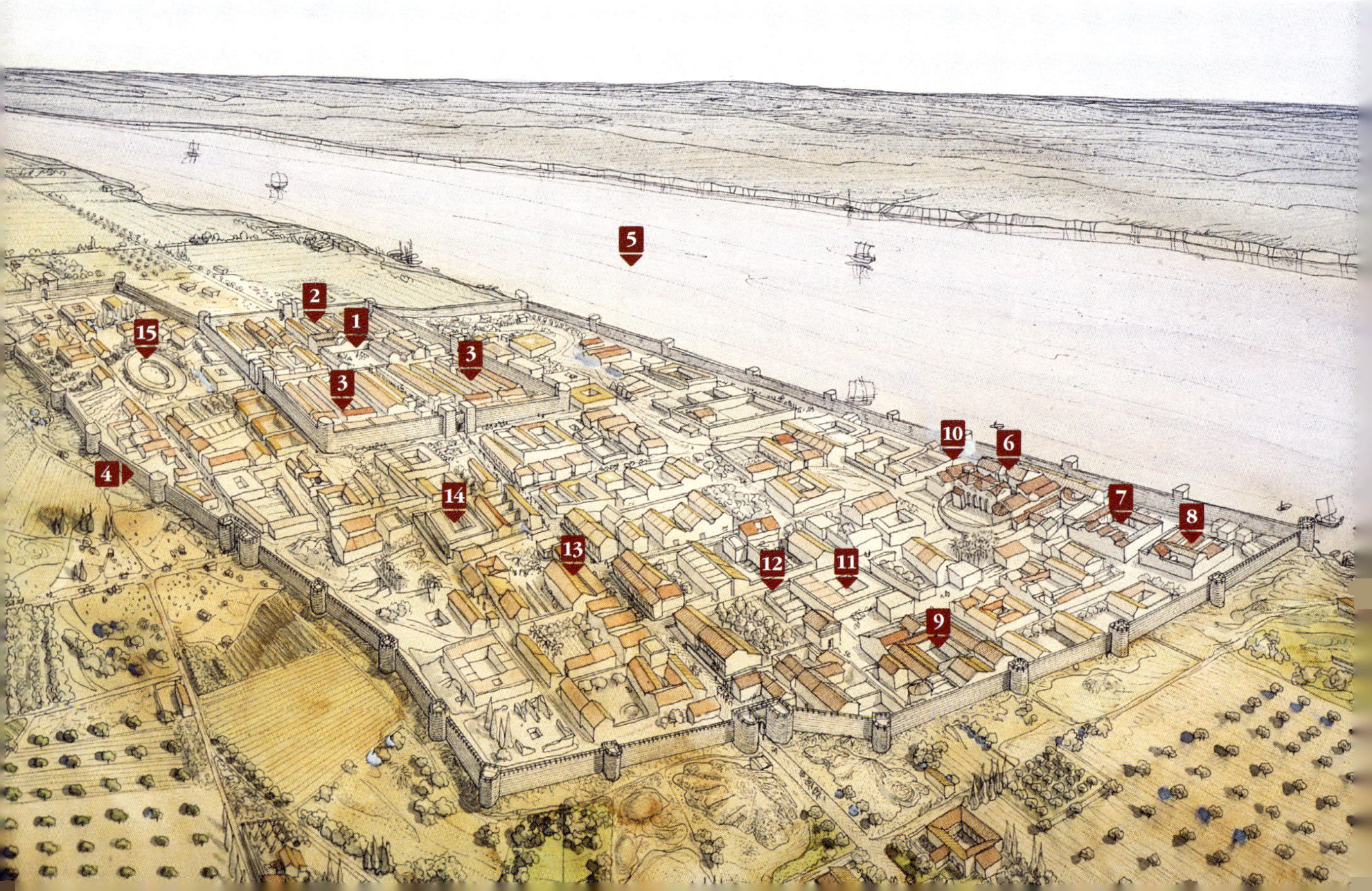

L'Italie et la côte illyrienne

Au sommet de la pointe occidentale de la colline du Capitole (lieu le plus anciennement occupé de Rome, dès les XIVe et XIIIe siècles av. J.-C.) se dresse le majestueux temple de Jupiter Optimus Maximus (63 x 53 m). Le vénérable temple contenant les sanctuaires de Jupiter, Junon et Minerve, plusieurs fois détruit par des incendies, comprenait six colonnes d'ordre toscan (ou dorique romain) sur chacun de ses côtés. Un quadrige surmontait son fronton. Son parvis correspondait au point d'arrivée du cortège triomphal des généraux victorieux. Il était encombré de nombreuses statues. Sur la gauche se dresse le temple de Fides, déesse garante des traités. Sur la droite, le grand autel carré de la *gens Iulia* (famille impériale).

Ségeste (Sicile)

Perchée sur les hauteurs du mont Barbaro, Ségeste est la plus grande ville du peuple des Élymes. D'après Thucydide, les Élymes seraient des Troyens qui auraient échappé à la destruction de leur ville. Dès le VIIe siècle av. J.-C., elle se développe de façon remarquable. Elle entre en conflit avec la grecque Sélinonte en 580 et 454 av. J.-C. et échappe à l'expédition menée contre elle par Athènes en 415-413 av. J.-C. Conquise par les Grecs dès la fin du IVe siècle av. J.-C., elle retrouve vite son indépendance, puis fait alliance avec les Carthaginois – qui occupent alors l'ouest de la Sicile –, avant d'être annexée par Rome. Si peu de maisons ont été fouillées, on connaît bien leur principe d'implantation sur des terrasses artificielles en raison de la forte déclivité du terrain. Le cœur de la ville comprend une *agora*, entourée de portiques, et un gymnase a été dégagé, mais les édifices les plus célèbres sont le grand temple dorique (56 x 21 m) daté de 430-420 av. J.-C. qui est resté inachevé (colonnes lisses, *cella* non réalisée au-delà des fondations) et le théâtre d'époque hellénistique (IIIe siècle av. J.-C.). Ce dernier devait pouvoir accueillir 5000 spectateurs et possédait, à l'origine, un bâtiment de scène à deux étages. Il comprenait une vingtaine de gradins répartis en 7 ensembles (ou *cunei*). La ville était entourée d'une très vaste enceinte de 3 km de pourtour renforcée de tours. Elle montait jusqu'au sommet de la montagne et redescendait dans la plaine, protégeant ainsi la cité proprement dite et ses abords immédiats.

Le site est très escarpé de tous les côtés sauf à l'ouest où il descend en pente relativement douce vers le temple. Bien que les quartiers d'habitation aient été peu fouillés, on sait, d'après les photographies aériennes, que le tracé urbain est régulier en dépit du relief très accentué. On peut imaginer l'aspect des quartiers de Ségeste d'après ceux de la ville sicilienne voisine beaucoup mieux explorée de Solonte (Solunto), sur la côte nord de l'île.

Ségeste

1 • Théâtre comprenant un bâtiment de scène de style dorique à deux étages
2 • Pointe ouest du Mont Barbaro, sur laquelle devait se dresser un temple (acropole nord)
3 • Quartier de la ville constitué de maisons construites sur des terrasses
4 • *Agora* partiellement fouillée
5 • Pointe est du Mont Barbaro, au pied duquel s'étendaient les grandes demeures aristocratiques
6 • Grande enceinte qui protégeait une superficie plus grande que celle de la ville proprement dite
7 • Grand temple dorique resté inachevé
8 • Grand temple dorique archaïque et *temenos* (de 83 m x 48 m)
9 • *Bouleutêrion*
10 • Gymnase
11 • Acropole sud
12 • Nécropole
13 • Porte de la vallée

Paestum (Poseidonia, Italie)

C'est vers 600 av. J.-C. que la ville aurait été fondée par les Grecs. D'après Strabon (géographe du Ier siècle av. J.-C.), la fondation aurait été précédée de la création d'un avant-poste situé près d'un temple dédié à Poseidon, qui aurait donné son premier nom à la ville (Poseidonia). Le peuple indigène des Lucaniens, qui prend la ville vers 420 av. J.-C., lui donne le nom de Paestum. Rome en fait en 273 av. J.-C. une colonie de droit latin. Ni les Lucaniens, ni Rome n'ont effacé l'empreinte de la ville grecque. Autant que la topographie et les antécédents historiques le permettent, la ville romaine s'ordonne selon un plan régulateur orthonormé. Les deux axes principaux sont le *cardo* (d'orientation nord-sud) et le *decumanus* (de direction est-ouest). Ils partent des quatre portes principales de la cité et se croisent à angle droit au centre de l'espace urbain délimité par une enceinte. Les rues parallèles à ces deux axes majeurs déterminent des îlots carrés ou rectangulaires, les *insulae*. Au croisement du *cardo* et du *decumanus* s'étend généralement le *forum*, vaste place publique dotée habituellement de plusieurs monuments: une basilique civile, un temple et parfois une curie. D'autres monuments publics s'affirment comme symboliques de la ville et manifestent avec ostentation sa puissance: thermes, amphithéâtre, théâtre et, plus rarement, odéon et cirque. Le voyageur qui quitte la ville longe d'abord des tombeaux car les nécropoles sont toujours situées le long des routes, hors du périmètre urbain. Cette modélisation de la ville romaine aurait pu aboutir à la redondance et à la monotonie. La réalité est tout autre. Pragmatiques, les Romains ont constamment su adapter leur urbanisme aux conditions topographiques locales, de sorte que chaque ville offre un visage original.

La continuité d'une ville, des Grecs aux Lucaniens et aux Romains, trois civilisations en une image

1 • Temple I de Héra. Appelé parfois improprement "basilique", ce temple dorique de 54 x 24,50 m, aux proportions massives, est le plus ancien de la ville. Sa fondation remonte au VIe siècle av. J.-C. Il comporte exceptionnellement un nombre impair de colonnes en façade (9 colonnes et 8 travées). Consacré à Héra, ce temple, qui se dressait sur un stylobate de trois marches, fut restauré à l'époque romaine

2 • Autel du temple de Héra. Il comprenait sur le côté la fosse (*bothros*) où étaient jetés les déchets des sacrifices

3 • Temple II de Héra. On a longtemps supposé que ce temple dorique, le plus important et le mieux conservé du site, était dédié à Neptune (Poseidon) en raison du nom le plus ancien de la ville (*Poseidonia*), mais la découverte de statuettes de terre cuite et d'autres indices ont incité à considérer qu'il s'agissait également d'un sanctuaire de Héra. Sa construction remonte au deuxième quart du Ve siècle av. J.-C.

4 • Emplacement du premier autel (arasé) du temple II de Héra

5 • Nouvel autel du temple II de Héra

6 • Trésor ou petite chapelle votive

7 • Petits temples

8 • Voie processionnelle (*via sacra*) correspondant au *cardo maximus*, longée à l'est par le mur du *temenos* du sanctuaire de Héra

9 • *Forum*, place de 150 x 57 m bordée de portiques sur lesquels ouvraient des boutiques, construit probablement à l'emplacement de l'*agora*

10 • Vestiges du *comitium* (ou *bouleutêrion*), édifice circulaire, lieu primitif de réunion des magistrats de la ville

11 • Temple "italique" commencé dès 273 av. J.-C., achevé au Ier siècle de notre ère, accessible par un escalier frontal incluant un autel

12 • *Gymnasium* et palestre

13 • *Macellum* (marché) datant de l'époque impériale, construit sur les bases d'un temple grec du IIIe siècle av. J.-C.

14 • Curie, salle couverte servant de lieu de réunion des magistrats de la ville à l'époque romaine

15 • Amphithéâtre construit dans la deuxième moitié du Ier siècle apr. J.-C.

16 • Temple d'Athéna. Cet édifice de 33 x 15 m, construit vers la fin du VIe siècle av. J.-C., a été longtemps identifié à tort comme un temple de Cérès

17 • Enceinte urbaine de 4 740 m de pourtour, comprenant une série de tours régulièrement espacées et quatre portes principales. La "porte de la Justice", accessible par un petit pont qui enjambait le fossé, ouvrait sur la voie sacrée

18 • Vaste quartier (entièrement fouillé) de maisons d'époques hellénistique et romaine

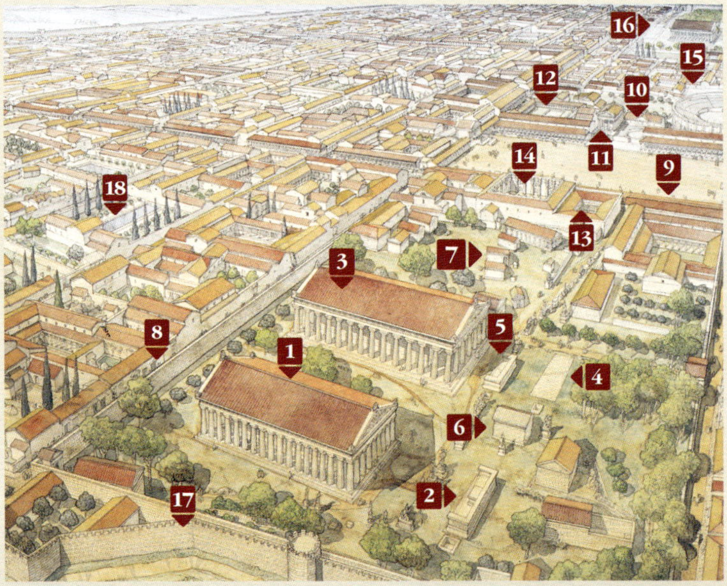

Rome, le Panthéon

Entre 27 et 25 av. J.-C., Agrippa fit construire le premier, sur le Champ de Mars, un temple rectangulaire de 44 m sur 20 m dédié à tous les dieux, et donc appelé Panthéon. Restauré par Domitien après l'incendie de 80 apr. J.-C., il subit une troisième phase de construction sous le règne d'Hadrien, entre 118 et 125 apr. J.-C., réalisée dans un esprit radicalement différent. Le nouvel édifice, beaucoup plus vaste et de forme très originale, est implanté au milieu d'une grande cour rectangulaire à portiques. Le plan de sa *cella* est parfaitement circulaire et se raccorde à un *pronaos* rectiligne comprenant huit grandes colonnes monolithes de granite en façade. L'espace intérieur épouse le contour d'une sphère parfaite de 33 m de diamètre. Il est couvert par la plus grande coupole en maçonnerie jamais réalisée, dont le sommet s'ouvre sur le ciel par un *oculus* de 9 m de diamètre.

Ainsi, par sa conception inédite, la subtilité de ses proportions, la qualité de sa décoration et son excellent état de conservation, le Panthéon de Rome reste l'un des plus grands chefs-d'œuvre architecturaux de l'Antiquité. L'édifice est très représentatif du talent d'Hadrien dans ce domaine : un empereur, à la fois philosophe et artiste, qui a su également être un architecte de génie.

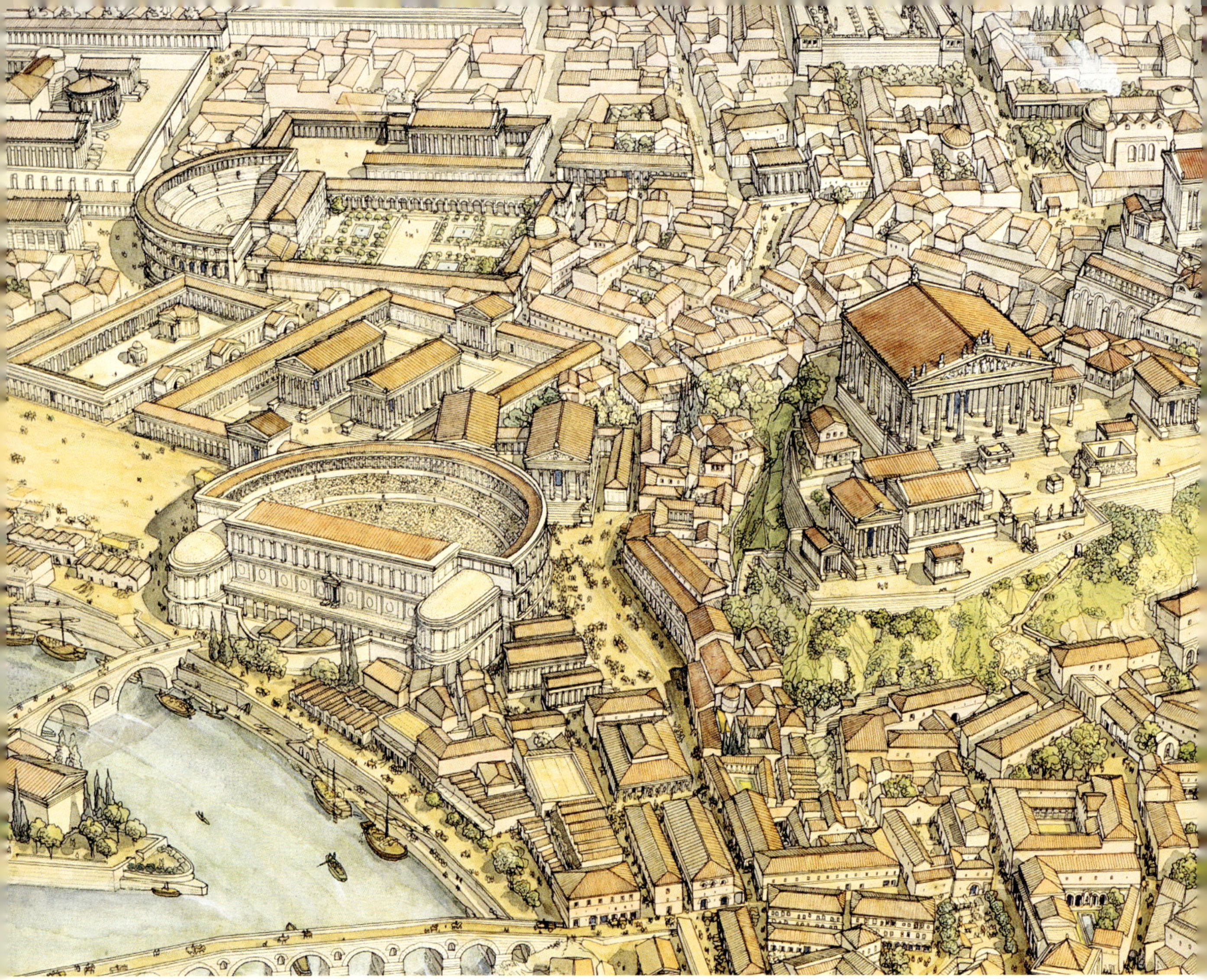

Aspect du centre-ville de Rome au IVe siècle apr. J.-C. Au centre, se dresse la colline du Capitole avec ses temples, tandis qu'à gauche, apparaît le théâtre de Marcellus au bord du Tibre et, à l'arrière-plan, se dessinent les édifices du Champ de Mars : le portique d'Octavie et ses deux temples ; puis, derrière, le théâtre de Balbus. Sur la droite, on distingue l'ensemble des *fora* : le *forum Romanum* au premier plan et, plus loin, le vaste ensemble des *fora* impériaux. Au-delà, sur la gauche, on aperçoit les maisons du quartier populaire de Subure.

Le centre-ville de Rome (IVe siècle apr. J.-C.)

Conçu d'après le chef-d'œuvre qu'est la maquette de Gismondi ; l'image ajoute lumière et ambiance

1 • Temple de Jupiter Optimus Maximus
2 • Sur la seconde colline du Capitole (l'*Arx*) se dressait le temple de Junon Moneta
3 • Le *tabularium* était un vaste édifice public où étaient conservées les archives de l'État romain
4 • *Forum Romanum*
Première place publique de Rome, aménagée dès 600 av. J.-C. et qui restera le cœur de la vie civique de la cité. L'espace oblong délimité au fond de cette vallée, au croisement des principales rues de la ville à l'origine, connut une évolution complexe au cours de sa longue histoire, voyant tour à tour s'édifier, se reconstruire ou se transformer les édifices qui lui permirent d'assumer ses fonctions diverses : politiques, religieuses et commerciales
5 • *Forum* de César
6 • *Forum* d'Auguste
7 • *Forum* de Vespasien

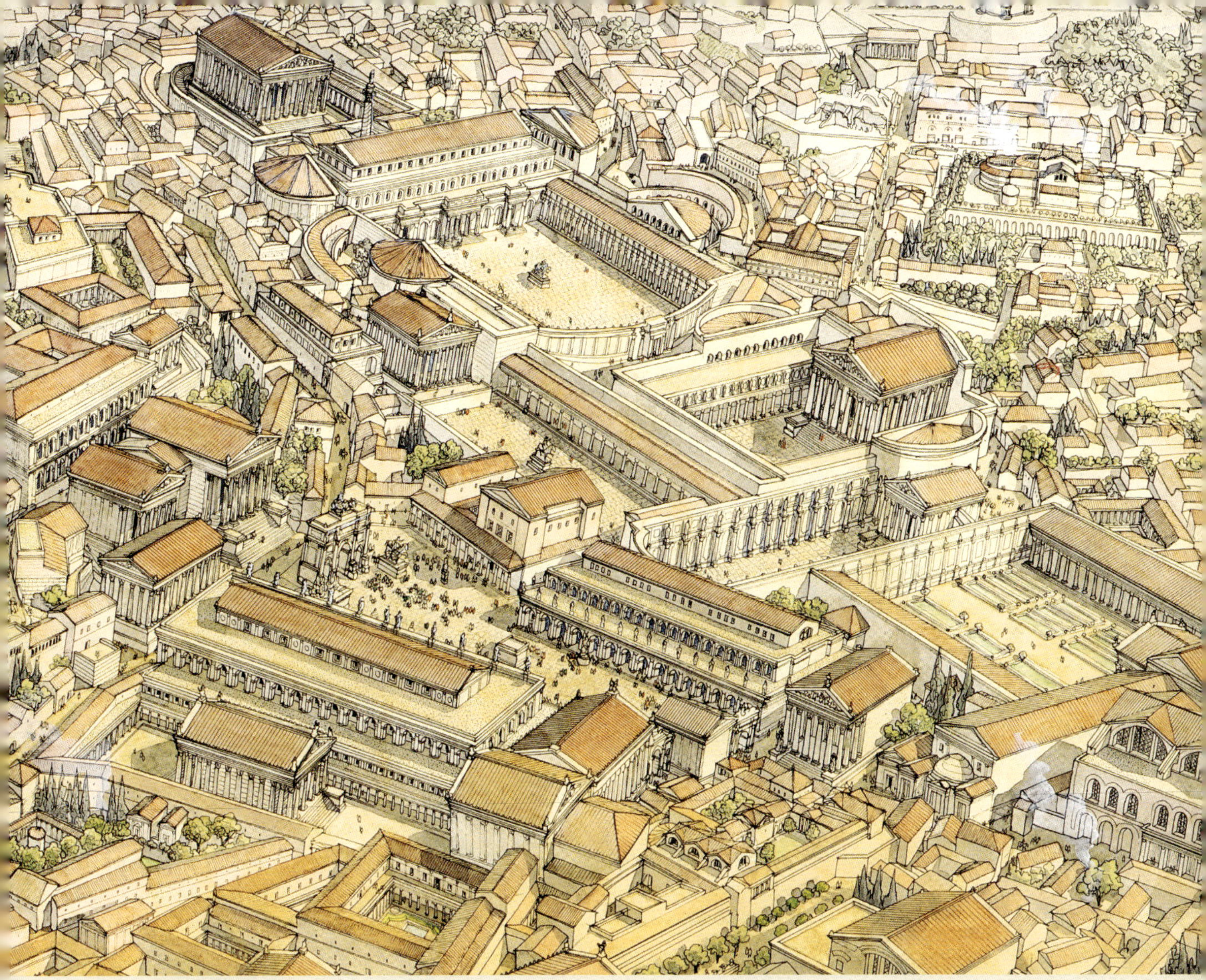

8 • *Forum* de Nerva
9 • *Forum* de Trajan
10 • Marchés de Trajan (l'existence de son temple axial n'a pas été confirmé par l'archéologie)
11 • Temple érigé en 141 apr. J.-C. par Antonin le Pieux en l'honneur de son épouse décédée cette année-là et divinisée
12 • Angle du Palatin, secteur de la *Domus Tiberiana* où fut érigé à l'époque de Tibère le premier palais impérial sur cette colline
13 • Temples du *Forum Olitorium*
14 • Théâtre de Marcellus, commencé par César et achevé par Auguste, inauguré en 13 ou en 11 av. J.-C. et dédié au neveu et héritier désigné d'Auguste, le jeune Marcellus, qui mourut prématurément. D'un diamètre de 130 m, il pouvait contenir 15 000 spectateurs
15 • Temples d'Apollon et de Bellone
16 • Le portique de Metellus précéda au même emplacement le vaste complexe du portique dédié à Octavie (sœur d'Auguste) construit entre 33 et 23 av. J.-C. Au centre de la vaste cour s'élevaient deux temples, celui de Junon à l'ouest et celui de Jupiter à l'est. L'édifice fut restauré après l'incendie de 80 apr. J.-C., puis sous Septime Sévère
17 • Théâtre et quadriportique construit en 32 av. J.-C. par le consul L. Cornelius Balbus
18 • *Porticus Minucia*, où se déroulaient les distributions gratuites de blé à la population de Rome
19 • Zone sacrée du *Largo Argentina*, où s'élèvent quatre temples construits à l'époque républicaine
20 • Pointe de l'île Tibérine, où se dressait le temple d'Esculape et le pont Fabricius

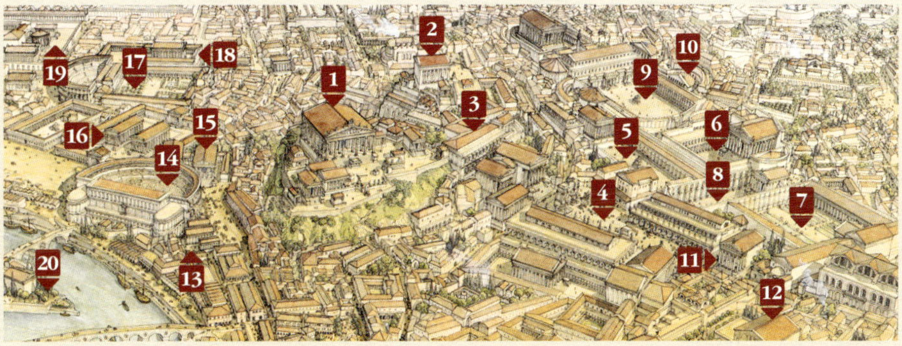

ROME, LES FORA IMPÉRIAUX

Le cœur politique de la ville qui contrôla le monde méditerranéen pendant cinq siècles

1 • *Forum Romanum*, place publique la plus ancienne de Rome à vocation politique, commerciale et religieuse (elle mesure 130 m sur 60 m et est encadrée par la *basilica Iulia* au sud, la *basilica Aemilia* et la curie au nord, le temple du *Divus Iulius* à l'est et les temples de la Concorde, de Vespasien et de Saturne à l'ouest)

2 • *Forum* de César ou *forum Iulium*

3 • *Forum* d'Auguste, le second *forum* impérial, dédié en 2 av. J.-C., achevé quarante ans plus tard et entièrement conçu dans le but de valoriser la fonction militaire et triomphale de l'Empereur (dans l'axe se dresse le temple de *Mars Ultor*, Mars vengeur, dieu de la guerre, et la *cella* contient les statues de Vénus et du *Divus Iulius*; d'autres statues font allusion à Énée et Romulus, tandis que de grandes peintures évoquent le triomphe d'Alexandre le Grand)

4 • *Forum* de Vespasien, appelé par la suite *forum* de la Paix, ensemble monumental réalisé entre 71 et 75 apr. J.-C. pour commémorer la victoire sur les Hébreux, vaste espace de plus de 110 m de côté contenant un jardin (le temple de la Paix est flanqué de bibliothèques; celle qui se trouve au sud est précédée d'une grande salle où était fixée la célèbre reproduction sur plaques de marbre du plan de Rome, la *Forma Urbis Romae*, document de 235 m^2, exceptionnel pour la connaissance de la ville et dont on a retrouvé environ un dixième)

5 • *Forum* de Nerva, également nommé *forum Transitorium* car il a été aménagé entre le *forum* d'Auguste et le *forum* de Vespasien (les travaux commencés par Domitien ont été achevés par Nerva, en 97 apr. J.-C.; il comprend une grande place de 120 m de long sur 45 m de large, dotée d'un temple à chaque extrémité, celui de Minerve au nord et celui de Janus au sud)

6 • *Forum* de Trajan, le plus grand des *fora* impériaux, de 300 m de long sur 185 m de large, construit sous le règne de Trajan, entre 107 et 113 apr. J.-C., par l'architecte Apollodore de Damas (il a nécessité de nombreuses destructions et des travaux de nivellement considérables; on y pénétrait à l'est par une porte monumentale à cinq arches; à l'ouest, il était délimité par l'immense *basilica Ulpia* au-delà de laquelle se dressait la colonne de Trajan commémorant la victoire sur les Daces; de part et d'autre, il existait une bibliothèque, l'une grecque et l'autre latine; les fouilles récentes n'ont pas confirmé, comme on l'a longtemps supposé, la présence d'un grand temple au milieu de la cour située à l'ouest de la colonne trajane)

7 • Marchés de Trajan (réalisé par Trajan au début du IIe siècle apr. J.-C., cet ensemble comporte différents marchés organisés sur plusieurs niveaux et installés autour de l'exèdre nord du *forum*; les boutiques s'organisent le long des rues et des couloirs couverts; l'ensemble comprend aussi une grande halle voûtée longée de boutiques sur deux niveaux)

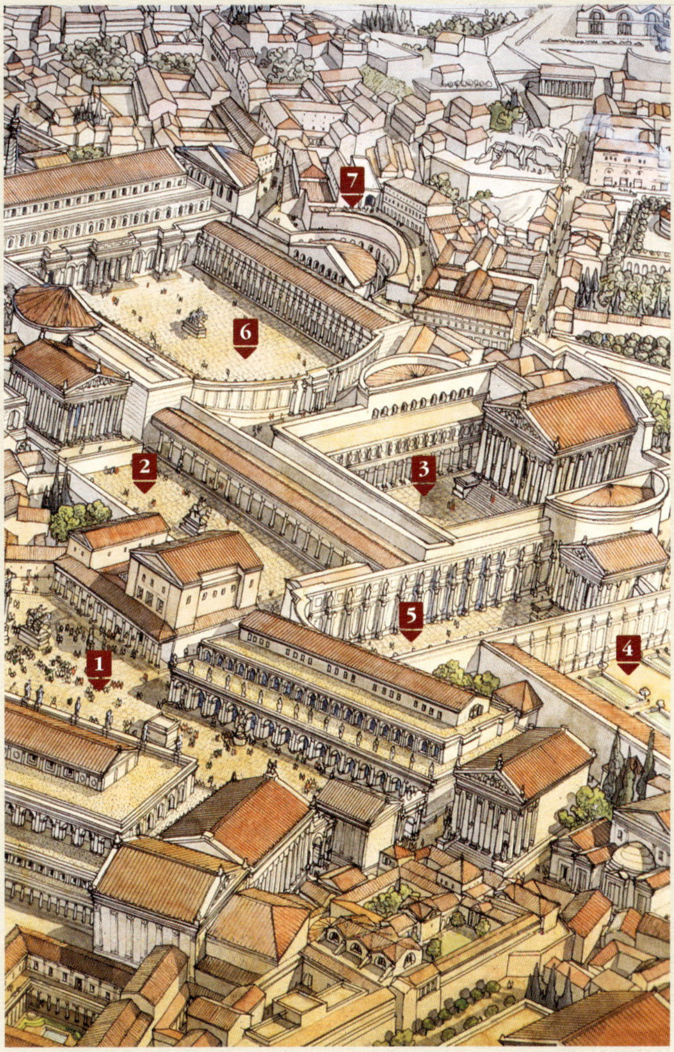

Ostie, ports de Claude et de Trajan

La ville d'Ostie, installée à l'embouchure du Tibre, s'est développée très tôt autour des activités portuaires destinées à l'approvisionnement de Rome. Elle atteint son apogée au IIe siècle apr. J.-C. Si elle offre toutes les caractéristiques d'une ville romaine de cette époque, elle possède en outre de nombreux édifices en relation directe avec sa fonction principale: entrepôts, quais et locaux destinés à la gestion du port comme à l'organisation du commerce. Elle s'étend sur 70 ha et a une population de 50000 habitants. Toutefois, dès le début de l'Empire, l'approvisionnement de Rome, dont la population finit par atteindre près d'un million d'habitants, impose la construction d'un port beaucoup plus vaste et mieux agencé que les anciens quais d'Ostie. Les travaux débutent sous le règne de Claude (41-54 apr. J.-C.) et s'achèvent douze ans plus tard sous celui de son successeur, l'empereur Néron. En partie creusé et en partie cerné par une digue artificielle, il mesure 1100 m de long, possède 2500 m de quais, a de 4 à 5 m de profondeur et peut accueillir quelque 200 navires. Jugé insuffisant, ce port est remplacé, dès le règne de Trajan (98-117 apr. J.-C.), par un nouveau port beaucoup plus perfectionné et plus efficace, adoptant la forme d'un hexagone de 33000 m^2 de superficie, pourvu de très vastes entrepôts et bien relié au Tibre par un canal, appelé le canal de Trajan.

De nombreux documents nous renseignent sur les mouvements du port et sur sa vie quotidienne. Quand un navire arrivait, il se faisait généralement remorquer par une grosse barque à rames. S'il trouvait de la place à quai, il venait accoster à une place numérotée, marquée par une colonne. Sinon, il devait mouiller en rade et transborder sa cargaison avec l'aide de petits navires. À quai, on trouvait des grues, pour le déchargement des marchandises, et des dockers. De plus, le port grouillait de quantité de travailleurs spécialisés dans la construction navale, les réparations, le calfatage; on pouvait même faire appel à des plongeurs spécialisés pour repêcher les marchandises tombées à l'eau!

Aussi, rapidement, son activité induit-elle le développement d'une nouvelle agglomération, baptisée Porto. Le territoire situé entre Porto et Ostie, à savoir entre le canal, le Tibre et la mer, constitue une île allongée – l'*Isola sacra* – sur laquelle se développe la grande nécropole de la ville nouvellement créée. Rome, située à moins de 20 km du littoral, est accessible par le Tibre, tandis que la *via Portuense* mène à Porto et la *via Ostiense* à Ostie.

Ostie (IIIe siècle apr. J.-C.)

1 • *Portus Augusti*, port de Claude (41-54 apr. J.-C.) qui, à partir du IIe siècle apr. J.-C., ne joue plus qu'un rôle d'avant-port, protégeant celui de Trajan des tempêtes

2 • Phare construit au-dessus de l'épave du navire ayant servi à ramener un obélisque d'Égypte sous le règne de Caligula (37-41 apr. J.-C.); édifice sans doute à quatre étages, avec un foyer à ciel ouvert au sommet

3 • Statue colossale (emplacement hypothétique)

4 • Port de Trajan (98-117 apr. J.-C.), nouveau port de la ville, entièrement creusé, bien protégé et parfaitement équipé, auquel on accède par le port de Claude; il s'agit du plus grand port du monde romain et il est relié au Tibre par un chenal

5 • Nécropole implantée sur l'*Isola sacra*, zone non urbanisée séparant Ostie de Porto (il s'agit du lieu de sépulture des habitants de Porto, fonctionnaires et ouvriers embauchés sur le port de Trajan)

6 • Tibre, voie fluviale importante qui, au-delà de Porto et d'Ostie, permet d'atteindre directement Rome

7 • *Fossa Traiana*, ou canal de Trajan, l'actuel Fiumicino, reliant le Tibre à la mer et au port, grâce à un canal transverse

8 • Magasins et entrepôts

9 • Môle de l'Antiquité tardive

10 • Canal reliant les deux ports, également signalé par un phare, voie d'accès obligatoire pour accéder au port de Trajan

La baie de Naples

La baie de Naples (début du Ier siècle apr. J.-C.)

1 • Cap Misène où, après la guerre civile, Auguste crée un grand port militaire ; au Ier siècle av. J.-C., Pline l'Ancien en est l'amiral et en part pour porter aide aux gens de Pompéi lors de l'éruption du Vésuve où il trouve la mort
2 • Baia, le lieu à la mode de l'Empire, où tous les hommes célèbres, entre autres César, Pompée et Cicéron ont fait des séjours ou acquis des villas ; Auguste en fait une résidence impériale et les édifices thermaux ne cessent de s'agrandir et de s'embellir ; Baia est la première ville thermale où soins et plaisirs voisinaient avec solarium et salles de spectacle
3 • Pouzzoles, l'un des plus grands ports marchands de la Méditerranée
4 • Lac Averne, dont les eaux occupent le fond d'un ancien cratère
5 • Cumes, ville fondée au VIIIe siècle av. J.-C. et considérée comme l'avant-poste de l'hellénisme en Italie ; la roche, tendre, est percée de souterrains ; le premier tunnel, creusé sur l'ordre d'Octave, aboutissait au lac Averne et devait permettre aux troupes de rejoindre rapidement l'immense port créé sur ce lac et relié par un canal au lac Lucrin et à la mer.
6 • Naples – Neapolis, la "ville neuve" –, créée par Cumes pour renforcer son contrôle sur le golfe ; Naples reste la ville intellectuelle où fleurit la culture hellénique
7 • Herculanum
8 • Pompéi ; trois villes (avec Stabies et Herculanum) et de nombreuses villas ont été entièrement recouvertes par les cendres et la lave lors de l'éruption volcanique du Vésuve, le 24 août 79 ; cet événement dramatique permit à celles-ci, cités relativement ordinaires, de se transformer en trésors uniques pour l'archéologie et l'histoire
9 • Le sanctuaire des sirènes ; c'est sur la pointe Campanella que la légende place l'épisode d'Ulysse et les Sirènes raconté dans *L'Odyssée* ; fermant le golfe de Naples face à Capri, on y implante un sanctuaire à Athéna dès l'époque archaïque
10 • Capri ; Tibère s'approprie totalement l'île, où il s'isole pendant les dix dernières années de son règne

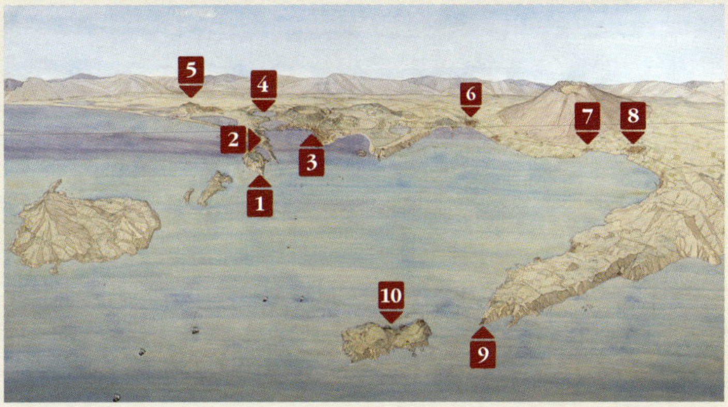

Herculanum et Pompéi ont éclipsé les autres sites de la baie, focalisant l'attention des voyageurs sur deux lieux uniques dans l'histoire de l'archéologie. Bien d'autres, pourtant, sont exceptionnels et ne devraient pas être considérés comme des excursions secondaires. Lieu de villégiature des empereurs, port principal de l'Empire, cité intellectuelle, centre industriel, la baie de Naples rassemble toutes les activités de l'empire, dans ce qu'elles ont de plus grandiose. Mais, dès les temps les plus reculés, ce site privilégié attire de nombreuses populations.

Les bouleversements volcaniques ont rendu les vestiges d'occupation du Paléolithique au Néolithique difficiles à appréhender. C'est, pourtant, le volcan qui a permis la conservation d'un village, dont trois huttes ont été mises au jour à Nola : une véritable Pompéi de l'Âge du Bronze, où la cendre a fossilisé un habitat datant de 1800 av. J.-C.

Fréquentée par les Mycéniens, la baie de Naples entre réellement dans l'histoire vers 770 av. J.-C. Après la guerre dite de Lélante, des Grecs fondent un comptoir sur l'île d'Ischia. La véritable implantation grecque a lieu avec la fondation de Cumes, qui atteint son apogée entre le VIe et le Ve siècle av. J.-C. En contact commercial ou en guerre avec les Étrusques qui occupent la région de Capoue, les cités de la baie de Naples sont les lieux d'un brassage de cultures issues de toute la Méditerranée. En 421 av. J.-C. les Samnites, peuple du centre de l'Italie, prennent la ville de Cumes et s'installent dans tout le territoire. En 338, à la bataille du mont Gaurus, les Samnites sont vaincus par les Romains. Ces derniers inaugurent plusieurs siècles de domination et d'appropriation, interrompues seulement par l'intrusion d'Hannibal, qui a su rallier les habitants de Capoue excédés par le joug romain.

Cet épisode dévoile la faiblesse militaire de la Campanie, menaçant directement Rome. La République y remédie par la création de trois colonies : *Volturnum*, *Liternum* et *Puteoli* (Pouzzoles). La guerre entre Octave et Pompée confirme l'importance stratégique de la baie et la nécessité de construire un port militaire pour abriter la flotte. La Paix d'Auguste et la liberté des échanges instaurée dans la Méditerranée confortent la prospérité des villes de la baie. La beauté du site, les sources thermales en font un lieu de villégiature favori des élites romaines. Les crises sociales des IVe et Ve siècles, auxquelles s'ajoute la reprise des phénomènes volcaniques, entraînent le déclin de la région. Le hasard veut que le dernier empereur romain, Romulus Augustulus, exilé à Misène, y meure.

Pompéi

À l'issue de sa longue évolution, depuis sa fondation étrusque (à la fin du VIe siècle av. J.-C.) et le développement monumental réalisé aux périodes grecque, samnite, puis romaine, Pompéi (conquise par Sylla en 89) est promue au rang de colonie romaine en 80 av. J.-C. Protégée par son rempart percé de portes qui la mettaient en communication avec la mer et les villes voisines, elle abritait de luxueuses maisons. La ville était le lieu de villégiature de riches familles disposant d'importants revenus agricoles et fonciers, exploitant de grands domaines grâce à l'abondance de la main-d'œuvre servile disponible alors en Campanie.

Ses édifices publics et ses temples lui donnaient aussi une riche parure monumentale. La clémence du climat, la richesse des sols, l'importance de la fortune de ses grandes familles semblaient promettre la ville à une longue période de prospérité.

Rien ne laissait présager les malheurs qui allaient brutalement s'abattre sur elle. Le 5 février 62 apr. J.-C., la ville subit un redoutable tremblement de terre qui endommagea très gravement ses monuments. Le capitole, l'amphithéâtre, bref tous les édifices subirent des dommages et l'importance des efforts à entreprendre pour les restaurer était considérable. Les Pompéiens commencèrent à relever leurs ruines et même à construire de nouveaux édifices publics (comme les thermes centraux). Ils réalisèrent partout des travaux de consolidation, réparèrent l'amphithéâtre et seraient rapidement parvenus à effacer les traces de ce premier sinistre s'ils n'avaient été frappés de façon définitive par la plus terrible des catastrophes.

L'après-midi du 24 août 79 apr. J.-C., le Vésuve, dont la masse impressionnante s'élevait au nord de la ville, explosa dans un terrible fracas. Pendant onze heures, il cracha une colonne de fumée, de poussières et de lapilli qui monta jusqu'à 20000 mètres de hauteur, créant la nuée "en forme de pin" dont fut témoin Pline l'Ancien. Le vent soufflait malheureusement en direction du sud-est. Des pierres et des cendres tombèrent sur une ville dont les habitants avaient déjà péri asphyxiés par des gaz toxiques et tout fut enseveli définitivement sous une couche noirâtre d'un à huit mètres de hauteur. La belle image de la cité heureuse et prospère avait disparu.

Pompéi (Ier siècle apr. J.-C.)
Une ville riche qui va mourir affrontée au Vésuve

1 • Place du *Forum* entourée d'un portique à étages, au fond de laquelle se dresse le capitole flanqué de deux arcs de triomphe
2 • Basilique civile à trois nefs, bâtie en 78 av. J.-C. (dont la toiture n'a pas encore été reconstruite)
3 • Temple d'Apollon
4 • Temple de Vénus, patronne de la ville
5 • Temple de Jupiter
6 • *Porta Marina*
7 • Marché (*macellum*) construit à l'époque d'Auguste
8 • Édifice construit à l'époque de Tibère et dédié à la prêtresse Eumachia, patronne des teinturiers, lainiers, cardeurs, foulons (*fullones*), siège de la corporation des marchands d'étoffes
9 • *Forum* triangulaire, place où se dresse un temple dorique datant du milieu du IVe siècle av. J.-C. Dédié tout d'abord à Hercule, fondateur légendaire de la cité, puis à Athéna
10 • Théâtre (construit entre 200 et 150 av. J.-C.) d'une contenance de 5000 spectateurs. Son quadriportique fut utilisé par la suite comme palestre d'entraînement pour les gladiateurs
11 • Odéon couvert édifié en 80 av. J.-C., utilisé pour les spectacles musicaux et pour les mimes, derrière lequel se trouve le temple d'Isis
12 • Thermes de Stabies avec palestre et piscine à ciel ouvert et salles couvertes voûtées
13 • Thermes centraux
14 • L'amphithéâtre de Pompéi, construit dans un angle de l'enceinte, est l'un des plus anciens édifices de ce type. Il a été réalisé aux frais de deux magistrats de la ville et achevé en 80 av. J.-C.
15 • Grande palestre réalisée à l'époque d'Auguste, entourée d'un portique et pourvue d'une piscine destinée aux exercices sportifs
16 • *Villa* des Mystères. Grande demeure extra-urbaine célèbre en raison de ses peintures murales évoquant l'initiation aux mystères orphiques et dionysiaques
17 • *Villa* de Diomède
18 • *Villa* de Cicéron, le grand orateur et homme politique romain (106-43 av. J.-C.)

Puteoli (Pouzzoles)

Pouzzoles (IIe siècle apr. J.-C.)

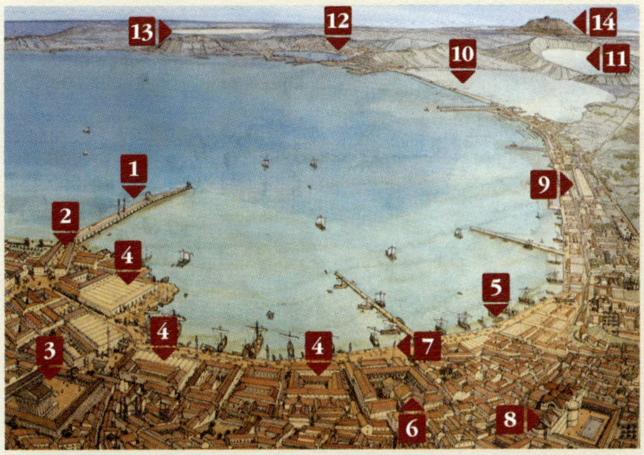

1 • Grande jetée ressemblant à une sorte de pont de plus de 100 m de long et légèrement coudé ; il comprend deux colonnes monumentales et deux arcs de triomphe, tandis que son extrémité rappelle la proue d'un navire
2 • *Porticus Neptuni* ; il s'agit d'un long monument comprenant une voie centrale, bordée de colonnes et dotée d'un arc monumental à chaque extrémité ; il devait donner accès à la grande jetée
3 • Capitole
4 • *Horrea*, ensemble de magasins restitués en s'inspirant de ceux du port d'Ostie, dans lesquels on entrepose les produits importés ; comme à Ostie, ils devaient se succéder le long des quais et certains devaient s'organiser autour d'une cour à portiques
5 • Grand quai où accostent les navires pour décharger leurs marchandises
6 • Marché (*macellum*), l'un des plus grands du monde romain (58 x 78 m) ; l'édifice, à un étage, comprend une cour centrale pavée de marbre et entourée d'un portique de 36 colonnes de granit sur lequel donnent les boutiques où l'on vend des produits alimentaires et des articles variés ; au centre se dresse un pavillon circulaire doté d'une fontaine et décoré de statues honorifiques ; à chacun des angles, de part et d'autre de l'exèdre, se trouvent de grandes latrines publiques
7 • Colonnes monumentales ; les représentations des ports antiques indiquent toujours sur le quai la présence de ce type de colonnes
8 • Grands thermes situés sur une colline qui domine le port ; les salles principales, couvertes, se développent du côté de la mer ; à l'opposé, s'étend une grande palestre dotée d'une piscine froide
9 • Stade de Pouzzoles (encore conservé) destiné aux exercices physiques ; long de 260 m et large de 65 m, il reste l'un des rares monuments de ce type connus dans la partie occidentale de l'Empire ; son existence et son importance témoignent des liens de cette ville avec le monde grec et l'Orient où le stade a connu un développement remarquable
10 • Le secteur de *Portus Iulius* avec le lac Lucrin s'ouvrant sur la mer ; outre sa fonction portuaire, il comprend de vastes étendues occupées par des parcs à huîtres
11 • Lac Averne
12 • Port de Baies entouré de constructions étagées, de thermes et de *villae* ; sur la gauche, il est dominé par une haute colline surmontée par la *villa* de César où est mort Hadrien
13 • Lac de Fusaro, qui sépare la région de Misène à gauche de celle de Cumes à droite
14 • Acropole de Cumes, dominée par le temple de Jupiter ; elle domine la plaine sur laquelle s'étend la ville

Fondée au VIe siècle av. J.-C. – sous le nom de *Dikaearchia* – et rattachée à Rome en 338 av. J.-C. – sous le nom de *Puteoli* –, Pouzzoles devient rapidement, à côté de sa rivale *Neapolis* (Naples), le plus grand port romain. C'est elle qui, après la chute de Délos, contrôle l'essentiel du commerce oriental. Si, sous le règne de Claude, la fondation d'Ostie lui enlève une partie de son activité, elle reste toutefois le plus grand port de Campanie. En 63 apr. J.-C., Néron l'élève au rang de colonie et, par la suite, on ne cesse d'embellir la ville.

Le relief accidenté et la persistance du tracé primitif de cette ville de fondation ancienne confèrent à ses rues un tracé irrégulier, très différent de celui des villes portuaires construites d'un seul jet à leur création comme Alexandrie ou Carthage romaine. Sous les quartiers de la ville, un grand nombre de citernes voûtées emmagasinent l'eau nécessaire au fonctionnement des thermes et des fontaines publiques. Sur la gauche apparaît le quartier élevé (aujourd'hui Rione Terra), où se dresse le Capitole construit sous Auguste.

Pendant toute la période romaine, Pouzzoles, essentiellement tournée vers ses activités portuaires, est considérée comme “la porte de l'Orient”. Des riches corporations de marchands contrôlent ce commerce fructueux. Au bord de la mer, de puissantes jetées délimitent des bassins servant à l'élevage du poisson et des huîtres. Les navires les plus imposants, en provenance d'Égypte ou d'Afrique avec leur chargement de produits exotiques ou de blé, ne viennent pas à quai et un va-et-vient incessant de bateaux plus petits permet de les décharger. L'entrée du port de Pouzzoles est marquée par une grande jetée. Le môle repose sur de grandes piles de plan carré, équipées de blocs de pierre en forme d'anneau pour amarrer les bateaux. La jetée elle-même est surmontée de deux arcs monumentaux ornés de groupes statuaires au sommet : des chevaux marins tirant le char de Neptune. Deux colonnes ornées de statues montraient l'entrée du port ; l'une d'elles représentait sans doute Isis Pharia, la déesse du port d'Alexandrie, à l'autre extrémité de cette route maritime vitale pour Rome.

Split (Croatie)
Le palais de Dioclétien

Cette grande résidence a été construite sur la côte illyrienne à partir de 295 apr. J.-C. pour la "retraite" de Dioclétien après son abdication (en 305). Elle ressemble davantage à un camp permanent qu'à un palais. L'esprit de son architecture reflète l'insécurité de l'époque. Il était situé au bord de la mer et ceint d'un mur de 216 x 180 m. À chaque angle se trouvait un bastion carré. Trois portes, une au centre de chaque mur terrestre, étaient flanquées de tours octogonales. Chaque long côté possédait en outre deux autres tours carrées, alors que la façade maritime continue s'ouvrait sur la mer à sa partie supérieure par une magnifique galerie à colonnade. Les deux grandes voies (*decumanus maximus* et *cardo maximus*) bordées de colonnades à arcades se croisaient à angle droit et divisaient le complexe en quatre secteurs. Les deux secteurs nord correspondaient probablement à des casernes et des locaux administratifs. Les deux secteurs sud constituaient les parties résidentielles du palais. La branche sud du *cardo maximus* ouvrait sur plusieurs espaces :

• le "péristyle", un court tronçon de rue à arcades qui donnait accès à un petit temple à l'ouest et au mausolée impérial octogonal à l'est,

• le grand vestibule à coupole,

• le hall rectangulaire qui ouvrait sur un long corridor courant tout le long de l'ensemble des salles sud.

À l'ouest, une salle basilicale à abside correspondait sans doute à la salle du trône.

Split (IVe siècle apr. J.-C.)

Le rêve d'un empereur qui souhaitait se retirer ; l'époque lui impose un système défensif opposé à ce qu'avait conçu Hadrien peu de temps avant

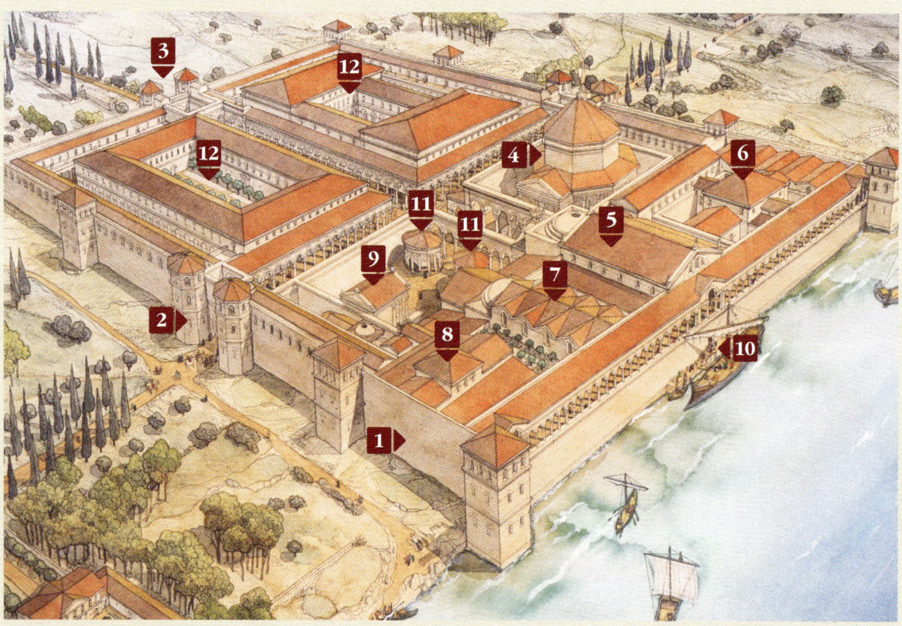

1 • Mur d'enceinte de plus de 2 m d'épaisseur délimitant le quadrilatère du palais

2 • *Porta Ferrea* ouvrant sur le *decumanus maximus* qui traversait le palais jusqu'à la *porta Argentea*

3 • *Porta Aurea* ouvrant sur le *cardo maximus*

4 • Mausolée impérial. Élevé sur un haut *podium* octogonal, il comprenait une coupole intérieure revêtue de mosaïques et le sarcophage de l'empereur

5 • Vestibule à coupole et grand hall d'accès aux appartements du palais impérial

6 • *Triclinium* ou grande salle à manger et salle de réception

7 • Grande pièce à abside correspondant probablement à la salle du trône

8 • Appartements privés avec chambres et petits thermes attenants

9 • Temple de Jupiter

10 • *Porta Aena*, qui ouvrait sur la mer et sur un petit quai

11 • Petits temples circulaires

12 • Casernes et locaux administratifs

L'Espagne et le Portugal

Bilbilis, qui donne une bonne idée d'une ville hispanique d'importance moyenne, occupe une position remarquable au sommet d'une éminence aux pentes escarpées dominant la vallée du Jalon. Élevée au rang de municipe par César, la cité connaît un développement monumental remarquable dans la première moitié du Ier siècle apr. J.-C., à partir des règnes d'Auguste et de Tibère. Elle est entourée d'une enceinte défensive pourvue de tours. Au centre, on reconnaît le vaste quadrilatère du *forum* avec sa place publique entourée de portiques et dominée par un grand temple, probablement le Capitole. Sur le côté ouest se trouve la basilique civile et, à l'opposé, la curie. Dans le creux du vallon apparaît le théâtre, édifice de 80 m de diamètre pouvant contenir 6000 spectateurs. De surcroît, le site comprend d'importantes citernes et tout un réseau de distribution de l'eau destiné à approvisionner les édifices publics et les maisons ; en raison de la forte déclivité, ces dernières sont disposées en terrasses maintenues par des murs de soutènement.

AMPURIAS (ESPAGNE)

Les avantages naturels offerts par le site, une petite île à l'embouchure d'un fleuve (le Rio Fluvia) à l'intérieur du golfe de Rosas, durent justifier le choix de cet emplacement par ses premiers occupants grecs. Ces derniers, après avoir fui Phocée en 540 lorsque l'Ionie fut conquise par le roi de Perse Cyrus, s'installèrent sur l'île et fondèrent le petit établissement désigné sous le nom de *Palaiopolis* (la ville ancienne).

L'arrivée de nouveaux immigrants imposa rapidement la construction d'une autre agglomération qui fut certainement appelée *Emporion* et que les archéologues désignent sous le nom de *Neapolis* pour la distinguer du premier établissement occupé. Entre les deux se développa un port peu profond (aujourd'hui entièrement ensablé). Le nom de la ville (*Emporion*) souligne bien l'activité commerciale de cette cité, ceinte d'un puissant rempart, aux rues irrégulières et aux petites maisons, qui a pu être presque entièrement fouillée. Alliée de Rome à partir du IIIe siècle av. J.-C., la ville voit débarquer tout d'abord Scipion en 218 av. J.-C. lors de la guerre menée contre Hannibal, puis Caton en 195.

À la fin de la période troublée des guerres civiles, César y installe après sa victoire de Munda, remportée sur les partisans de Pompée, une colonie de vétérans. La nouvelle ville est implantée en 45 av. J.-C. et reçoit le nom romain d'*Emporiae*.

Elle fut circonscrite par une enceinte comprenant six assises de fondation en grand appareil et une partie supérieure en béton. Le tracé urbain, celui d'une ville neuve, est constitué par un réseau de rues se coupant régulièrement à angle droit. Au croisement du *decumanus* et du *cardo maximus* fut installé le *forum*. La ville atteignit son apogée au IIe siècle apr. J.-C. Elle ne sera jamais reconstruite, contrairement à Barcelone et à Tarragone.

L'évolution urbaine d'Ampurias, en raison de la non-réoccupation du site et de la juxtaposition de la ville d'origine grecque et de la ville romaine, est particulièrement lisible sur le terrain.

AMPURIAS (IIe siècle apr. J.-C.)

Une ville grecque à laquelle une ville romaine s'ajoute sans se superposer à elle, pour créer deux urbanismes qui cohabitent

1 • Ville grecque (*Neapolis*), qui a coexisté avec la ville romaine. Elle était ceinte d'une puissante muraille défendue par des tours, datées des IIIe et IIe siècles av. J.-C.
2 • Enceinte sacrée, temple d'Asklépios et temple dédié peut-être à Hygia
3 • *Temenos* à portiques du temple de Sérapis
4 • *Agora*
5 • Port protégé par une longue jetée fortifiée
6 • *Palaiopolis*, premier établissement occupé avant la construction de la *Neapolis* où se dressait un temple dédié à Artémis d'Ephèse
7 • Capitole de la ville romaine donnant sur la place du *forum* (68 x 63 m) comprenant sur chacun de ses côtés de petits temples dédiés à des divinités ou à des images d'empereurs divinisés. De part et d'autre de l'entrée monumentale du *forum* située à l'extrémité du *cardo maximus*, s'ouvrait une série de boutiques
8 • Enceinte de la ville romaine délimitant un espace de 700 x 300 m
9 • Grandes maisons romaines à péristyle, entièrement fouillées
10 • Amphithéâtre (long de 93 m) comprenant une arène très allongée entourée par une structure de petits murs étroits, qui devait supporter des gradins de bois
11 • Grande palestre destinée aux exercices gymniques
12 • Marché
13 • Embouchure du fleuve (Rio Fluvia) et zone marécageuse
14 • Nécropole

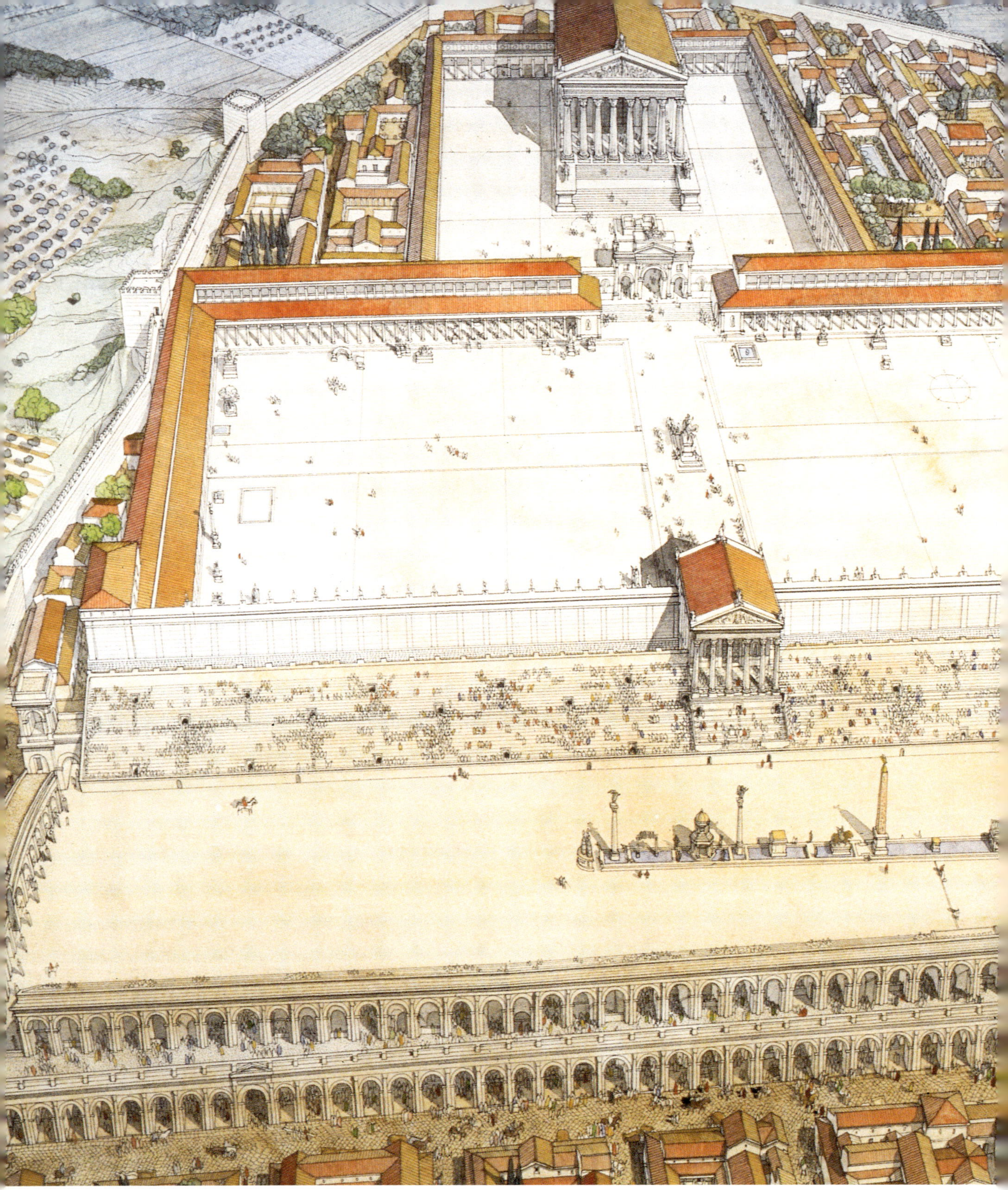

TARRACO (TARRAGONE, ESPAGNE)

Pline l'Ancien a mentionné que la fondation de Tarraco était l'œuvre des Scipions. Effectivement, les recherches archéologiques ont prouvé que les plus anciennes parties de la muraille remontaient à cette époque et que Tarraco fut la première place

forte romaine installée en Hispanie. Les fortifications furent étendues au IIe siècle av. J.-C. et Tarraco servit de port d'une importance stratégique majeure. Elevée au rang de colonie romaine dès l'époque de César, la ville voit son statut de capitale de l'Hispanie Citérieure confirmé dès 27 av. J.-C. lors de la réorganisation provinciale et administrative entreprise par Auguste. C'est alors que commence le développement monumental spectaculaire de la ville avec la construction du grand *forum* provincial et celle du théâtre, qui sera effectivement poursuivie dans la deuxième moitié du Ier siècle apr. J.-C.

TARRAGONE (IIe siècle av. J.-C.) L'association unique d'un *forum* et d'un cirque

1 • La muraille et les tours de Tarragone remontent aux premiers temps de la présence romaine en Hispanie. Certaines parties de cette enceinte en grand appareil "cyclopéen" remontent au IIIe siècle av. J.-C.

2 • Grand temple dédié au culte impérial, dont l'emplacement est occupé aujourd'hui par la cathédrale de Tarragone

3 • *Forum* provincial (230 x 140 m) entouré d'un portique monumental de 15 m de largeur et magnifiquement décoré. De nombreuses statues devaient se dresser sur la place. La monumentalité de cet ensemble laisse supposer qu'outre l'escalier monumental nécessaire au franchissement des différences de niveau, un arc triomphal existait entre le *forum* et la place du temple

4 • Cirque (315 x 115 m) destiné au déroulement des courses de chars, dont l'emplacement inhabituel en plein centre de la ville et le lien organique avec le *forum* devaient faire un espace utile également à tout type de manifestation officielle.
Dans l'axe du bassin devait se dresser la loge impériale en forme de temple.
La volonté d'implanter le cirque dans un espace contraignant explique sans doute la modestie relative de sa longueur et la forme écrasée de son extrémité courbe.
La restitution de la *spina* (ensemble des bassins et édicules placé au milieu de la piste autour duquel les douze chars en course effectuaient sept tours réglementaires), dont aucune partie n'a encore été fouillée, s'inspire de la représentation figurée sur une mosaïque de Barcelone.
Achevé sous Domitien, le monument devait accueillir 23 000 spectateurs

Augusta Emerita (Mérida, Espagne)

C'est l'empereur Auguste qui fonde la ville en 25 av. J.-C. pour y établir la colonie de vétérans des Ve et Xe légions, d'où son nom d'*Emerita*, ville émérite, auquel vient s'ajouter la référence de son illustre fondateur, le qualificatif de l'Empereur lui-même. Elle devient alors la capitale de la province de Lusitanie et constitue le carrefour le plus important des voies reliant la région de Cantabrique, au nord de la péninsule Ibérique, la province de Bétique, au sud, et Olisippo (Lisbonne), à l'ouest. La ville, qui bénéficie d'une situation exceptionnelle, est implantée au confluent du rio Guadiana et de son petit affluent, l'Albarregas.

Augusta Emerita est le plus grand site romain connu de la péninsule Ibérique. Entouré d'une muraille **[1]** partiellement visible et entièrement reconnue, il s'étend sur 1,5 km de longueur et 750 m de largeur. Les entrées principales des deux grandes voies urbaines, le *decumanus maximus* **[2]** et le *cardo maximus* **[3]**, qui se coupent à angle droit, sont défendues par des tours semi-circulaires. L'entrée sud de la ville se fait par un pont **[4]**, long de 750 m, large de 7 m et haut de 8 m, qui reste le plus grand pont romain en pierre répertorié à ce jour et l'un des mieux conservés du monde puisque seules quelques arches ont été restaurées. Il est d'ailleurs toujours en usage aujourd'hui, prouesse technique remarquable car l'ouvrage a résisté à la violence d'un fleuve aux crues redoutables. Les arches (60 environ) prennent appui sur des piles pourvues d'un bec dans le sens du courant, tandis que la partie centrale de l'ouvrage vient se raccorder à une île aux contours régularisés par des murs de soutènement présentant une pointe et servant de déflecteurs du côté du courant.

La structure de l'ensemble de la ville et de ses édifices est bien connue. La cité possède un *forum* municipal composé de deux places : l'une carrée **[5]** de 84 m de côté, édifiée à l'imitation du *forum* d'Auguste à Rome ; l'autre rectangulaire **[6]** de 160 m sur 24 m, qui jouxte la première place au sud et comprend un temple corinthien d'époque augustéenne, souvent désigné sous le nom de "temple de Diane". Derrière le *forum* se trouvent les thermes de la ville. En tant que capitale de Lusitanie, Augusta Emerita possède un second *forum*, le *forum* provincial **[7]**, dont le temple majeur est mal conservé ; on y accède par l'est, côté sur lequel s'ouvre l'arc monumental de Trajan.

La ville a conservé un remarquable ensemble d'édifices de spectacle : un théâtre, un amphithéâtre et un cirque. Le théâtre **[8]**, inauguré en 16 ou 15 av. J.-C., est un bâtiment réalisé par Marcus Agrippa, le gendre d'Auguste, et embelli par la suite sous Domitien (81-96 apr. J.-C.) et Antonin (138-161 apr. J.-C.). Adossée à une pente naturelle du terrain, la *cavea* massive est faite de gros murs de granite local. L'édifice, qui peut accueillir 5 500 spectateurs, mesure 87 m de diamètre et son *orchestra* 17 m. Le mur de scène, décoré de statues à l'effigie des membres de la famille impériale et de certaines divinités, comprend deux étages de colonnes corinthiennes. Derrière lui s'étend un grand quadriportique contenant un jardin dans l'axe duquel se trouve une chapelle du culte impérial. Aux côtés du théâtre, on aperçoit l'amphithéâtre **[9]**, l'un des mieux conservés du monde romain, édifice fondé en 8 av. J.-C. et amélioré à l'époque flavienne, à la fin du Ier siècle apr. J.-C. Sa structure massive est faite de compartiments emplis de remblais et de maçonnerie en blocage contenus par de puissants murs en grand appareil de granite. Il mesure 126 m sur 103 m et peut accueillir environ 15 000 personnes. L'arène, de 64 m

sur 41 m, est percée d'un bassin central permettant le déroulement de spectacles nautiques, luxe inouï dans cette région particulièrement sèche l'été. Cet amphithéâtre possède encore sa loge impériale, située à l'extrémité nord du petit axe, sous laquelle se dresse une chapelle, probablement dédiée à Némésis, l'une des divinités majeures de la gladiature. Quant au cirque **[10]**, situé légèrement plus au nord, il peut recevoir 30 000 spectateurs venus participer aux courses de chars. Il date du début du Iᵉʳ siècle apr. J.-C. et mesure, au total, 433 m de long sur 114 m de large, avec une piste de 403 m sur 96 m.

La ville est bien alimentée en eau, grâce à deux aqueducs dont les vestiges sont encore bien préservés. Chacun récupère les eaux provenant d'un lac artificiel réalisé grâce à un barrage. Ces barrages, restaurés et entretenus par la suite, sont toujours en fonction. L'aqueduc de *Los Milagros* **[11]**, long de 5 km, aboutit à l'extrémité occidentale de la ville après avoir franchi l'Albarregas; l'aqueduc de *San Lazaro* **[12]**, d'une longueur comparable, arrive à l'est, non loin de l'amphithéâtre. Chacun de ces ouvrages hydrauliques comprend trois étages d'arcades. Reste l'habitat. La ville se caractérise par un tracé urbain régulier et comprend quelques maisons particulièrement remarquables: la *Casa d'el Anfiteatro* et, surtout, la *Casa del Mitreo*, datant du IIᵉ siècle apr. J.-C., célèbre pour la splendeur de ses mosaïques.

L'importance des vestiges conservés à Augusta Emerita et l'ampleur des recherches archéologiques consacrées à la ville permettent d'aboutir à une image de restitution particulièrement complète de la cité.

CONIMBRIGA
(CONDEIXA VELHA, PORTUGAL)

Conimbriga est le plus grand site du Portugal. Il a la forme d'un éperon rocheux aux pentes très abruptes, et était déjà occupé à l'Âge du Fer. La ville romaine qui y est installée connaît un premier développement important à l'époque augustéenne et des transformations conséquentes à l'époque flavienne, puis sous Trajan. Elle a été restituée telle qu'elle devait se présenter au IIe siècle apr. J.-C.

La ville est circonscrite par une enceinte. Celle-ci longe les rebords du plateau de l'éperon rocheux sur les côtés de deux vallons. A l'orient, elle recoupe l'éperon du seul côté accessible, où se trouvait la porte principale qui donnait accès au *decumanus maximus*. Celui-ci traverse tout d'abord le quartier ouest de la ville, celui des grandes demeures (dont la Maison aux jets d'eau), qui ont conservé aujourd'hui de remarquables pavements de mosaïques.

A l'emplacement de l'ancien *forum* républicain a été construit, à l'époque flavienne, un nouvel ensemble monumental dont l'emprise occupe un quadrilatère régulier de 95 x 45 m. Il comprenait une place publique de 45 x 35 m entièrement dallée et entourée sur trois côtés par un portique de 8 m de largeur. Au fond de la place et sur un haut *podium* se dressait le grand temple d'ordre corinthien construit à l'époque flavio-trajanienne. Il occupait le centre d'un espace carré de 30 m de côté, bordé sur trois côtés par un cryptoportique qui supportait au niveau du premier étage une colonnade. La composition, symétrique et monumentale, rappelle celle des grands temples impériaux de Rome et celle du *forum* municipal de Mérida.

Un peu plus loin, le *decumanus* conduisait aux grands thermes édifiés par Trajan à l'emplacement d'un premier établissement thermal d'époque augustéenne. L'ensemble occupe un quadrilatère de 85 x 45 m, au milieu duquel se dressent des salles couvertes. Du côté de l'entrée se trouvait une vaste cour au milieu de laquelle avait été aménagée une grande piscine à ciel ouvert de 17 m x 10 m.

La ville possédait un amphithéâtre qui s'adossait sur les deux côtés d'un étroit vallon et dont la contenance ne dépassait pas 5 000 places.

Les très fortes contraintes topographiques ont imprimé à la ville un tracé particulier. Bien que conçu de façon aussi régulier que possible, surtout dans la moitié ouest de celle-ci, le tracé n'a pas pu éviter certaines distorsions. On a été contraint de faire dévier le *decumanus maximus*.

CONIMBRIGA (IIe siècle apr. J.-C.)
Une ville romaine à l'extrémité occidentale de l'Empire

1 • Enceinte comprenant un simple mur dépourvu de tours délimitant l'ensemble de la partie occupable de l'éperon rocheux

2 • Entrée principale de la ville du seul côté accessible compte tenu des contraintes topographiques du site

3 • Fin de l'aqueduc sur une série d'arcades, extrémité d'un conduit souterrain captant l'eau d'une source située à moins de dix kilomètres du site

4 • Les luxueuses maisons de Conimbriga comprenaient des péristyles et des pièces entièrement décorées de mosaïques. Les parterres très réguliers des jardins se répartissaient selon une composition géométrique rigoureuse

5 • Comme la plupart des villes romaines, Conimbriga possédait un amphithéâtre destiné au déroulement de combats de gladiateurs mais aucun indice susceptible de révéler l'existence d'un théâtre n'a encore été découvert

6 • Les thermes, qui furent réalisés à l'époque de Trajan, étaient beaucoup plus vastes et luxueux que les thermes construits à cet emplacement à l'époque augustéenne

7 • Le grand temple flavien au péribole rectangulaire régulier s'est substitué à un ensemble monumental qui comprenait à l'époque augustéenne la place du *forum*, un temple et une basilique

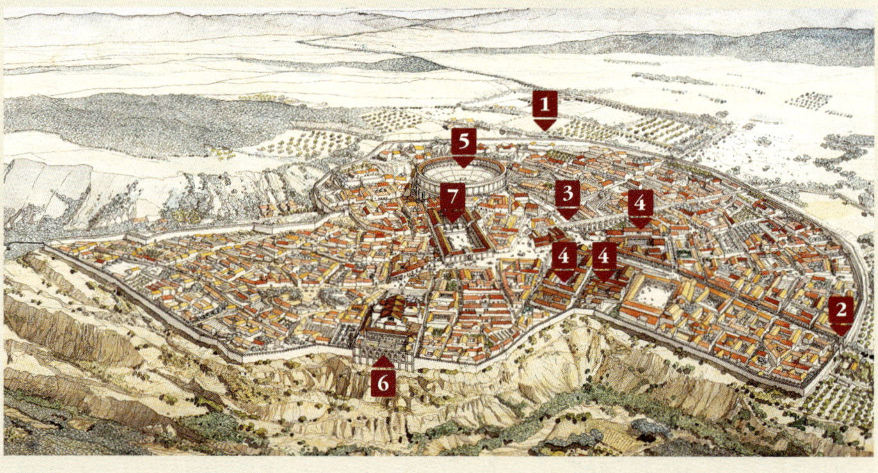

L'Allemagne

AUGUSTA TREVERORUM (TRÈVES)

C'est dans l'Antiquité tardive que la ville romaine de Trèves parvient à son apogée. Elle a été fondée, environ trois décennies après la conquête de la Gaule par César, comme *Augusta Treverorum*, « cité impériale des Trévires ». Trèves est située à un carrefour de grandes routes vers la Gaule et l'axe rhénan. De la première époque, on connaît peu de grands monuments. Par la suite, l'urbanisme se développe très rapidement: vers 100 apr. J.-C., des constructions en pierre supplantent les maisons à colombage. Au IIe siècle, on édifie les thermes de Barbara, un nouveau pont sur la Moselle et l'enceinte de la ville, dans laquelle est incorporé l'amphithéâtre. Trèves est le siège d'un procurateur pour la province de Germanie supérieure et inférieure, ainsi que la *Belgica*. Au IIIe siècle, de nombreux bâtiments sont laissés à l'abandon. Sous Postumus (259-269) et ses successeurs, Trèves devient résidence impériale et le reste jusqu'en 274.

À partir de 286, Maximien s'y installe. Sous Constance Chlore et Constantin Ier, les édifices en ruine sont rebâtis et on achève la construction de la résidence: on érige la Basilique, qui sert de siège administratif au préfet du prétoire des Gaules et d'*Aula palatina* pour la cour impériale, ainsi que les thermes impériaux. Constantin fait sans doute aussi élever la première église, dans le périmètre de la cathédrale. Presque aucun des grands projets ne sera mené à terme suivant les objectifs fixés. Dans la seconde moitié du IVe siècle, la transformation de Trèves en évêché attire toute une population chrétienne. Avec Ausone, la ville reçoit un éminent représentant du monde intellectuel romain du Bas-Empire.

TRÈVES (IVe siècle apr. J.-C.)

1 • Pont sur la Moselle (la chaussée de l'actuel "pont des Romains" repose encore sur des piles en basalte datant de 150 apr. J.-C.)

2 • *Forum* (disparu)

3 • Thermes du *Viehmarkt* (ce vaste bâtiment, construit au début du IIe siècle apr. J.-C. et dont la fonction est inconnue, a été transformé en thermes vers le début du IVe siècle)

4 • Temple au bord de la Moselle, construit vers 100 apr. J.-C. (on ignore à quelle divinité il est dédié)

5 • Thermes de Barbara (il reste aujourd'hui un tiers de ce vaste complexe, édifié au IIe siècle apr. J.-C. et comptant parmi les plus grands thermes de l'Empire romain)

6 • *Porta Nigra* (Porte Noire), l'une des cinq portes de défense que comportait au minimum l'enceinte de la ville, érigée vers 150 apr. J.-C. (longue de 6,5 km, celle-ci enserre une surface de 2,85 km^2)

7 • Amphithéâtre, bâti dans la seconde moitié du IIe siècle apr. J.-C., pouvant accueillir environ 20000 spectateurs (comme l'arène, les gradins sont en partie taillés à flanc de colline)

8 • Temple *am Herrenbrünnchen*, érigé au IIe siècle apr. J.-C. (de ce temple à podium présentant six colonnes en façade, il ne reste que les fondations)

9 • Sanctuaires de l'*Altbachtal*, concentration de 75 temples de petite taille et de tradition indigène existant depuis la fondation de la ville (on constate que le culte de Mithra trouve sa place à côté des divinités romaines et celtiques)

10 • Cirque, probablement construit à la fin du IIIe siècle apr. J.-C, (connu par de rares vestiges, superficiels et qui ont disparu)

11 • Thermes impériaux, bâtis à la fin du IIIe siècle apr. J.-C. et englobés dans la résidence impériale (interrompue par Constantin Ier, la construction ne reprend que dans la seconde moitié du IVe siècle, où l'on détourne la fonction thermale originelle de l'édifice pour en faire un monument de représentation)

12 • Basilique, achevée sous Gratien (367-383), dont les décors intérieurs ont quasiment tous disparu ; le système de chauffage par le sol et les murs est particulièrement remarquable (du bâtiment originel ne subsistent que le mur Ouest et l'abside Nord, le reste ayant été reconstruit au XIXe siècle)

13 • Eglise et cathédrale, lieu sans doute occupé à l'origine par un bâtiment romain de la seconde moitié du IIIe siècle ; après l'Édit de Milan (313), on édifie une basilique chrétienne, agrandie en 1030 par des bâtiments en forme de H ; devant le portail Sud-Ouest se trouve la "Domstein" ("pierre de la cathédrale"), colonne d'époque romaine en granite, brisée, provenant de la croisée du transept, qui rappelle la destruction de l'église au Ve siècle

14 • *Horrea*, entrepôts pour les besoins de l'alimentation publique (l'édifice, entouré d'une muraille percée d'une porte, est constitué de deux *horrea* rectangulaires à deux étages et d'un bâtiment à un étage)

15 • Temple de Lenus Mars (sur un sanctuaire de source du début du Ier siècle apr. J.-C., on érige au IIe siècle un temple pour le dieu trévire Lenus Mars ; des bancs de pierre et des autels portent des dédicaces au dieu et aux divinités qui lui sont associées ; la reconstitution d'un théâtre est incertaine et seul le reste du podium du temple est conservé)

Saalburg

Saalburg (IVe siècle apr. J.-C.)

1 • Quartier général *(voir légende p. 155)*
2 • *Praetorium*, bâtiment dans lequel vivent et travaillent le commandant des troupes et ses officiers d'état-major (comme les *principia*, il est constitué de quatre ailes entourant une cour centrale)
3 • *Horreum* (le grenier à céréales)
4 • Casernes des troupes ; toute une centurie (80 hommes) est logée dans un long baraquement, constitué d'une succession de doubles pièces, chaque *contubernium* permettant de coucher huit soldats
5 • Angle sud-ouest du camp, occupé par un grand baraquement double qui abrite deux centuries
6 • Écuries
7 • Dans l'angle nord-est de la forteresse, les thermes du premier petit fort ont été récupérés pour être transformés en ateliers *(fabricae)*
8 • *Porta praetoria* (porte principale), la double porte monumentale du fort qui s'ouvre vers le *vicus* (la *porta decumana* et les deux portes latérales du camp ne comportent, elles, qu'un passage)
9 • Rempart, construit en pierre à partir 160 apr. J.-C. environ (derrière, apparaît un talus en terre damée, cette défense étant complétée par un double fossé creusé en « V », encerclant la forteresse)
10 • Grand complexe thermal (utilisé à la fois par les militaires et les civils)
11 • Auberge (*mansio*), située près des thermes
12 • *Vicus* (les constructions, caractéristiques d'une agglomération secondaire, sont rectangulaires, pour la plupart en bois, les façades ouvrant sur la rue ; les maisons, qui possèdent un étage et une cave sur le devant, ont un jardin à l'arrière, et de nombreuses parcelles possèdent leur propre puits)
13 • Voie vers Francfort-Heddernheim *(Nida)*, chef-lieu de cité antique (en direction du sud, des tombes se succèdent de chaque côté de la route)
14 • "Magasin" (grand bâtiment disposé autour d'une cour, dont le rôle n'a pas été élucidé ; compte tenu de son emplacement près d'un "poste-frontière" du *limes* et de ses nombreuses pièces, ce "magasin" pourrait être une halle ou un marché couvert)
15 • Route vers le "poste-frontière" surveillé du *limes*, voie d'échanges commerciaux entre l'Empire et la Germanie

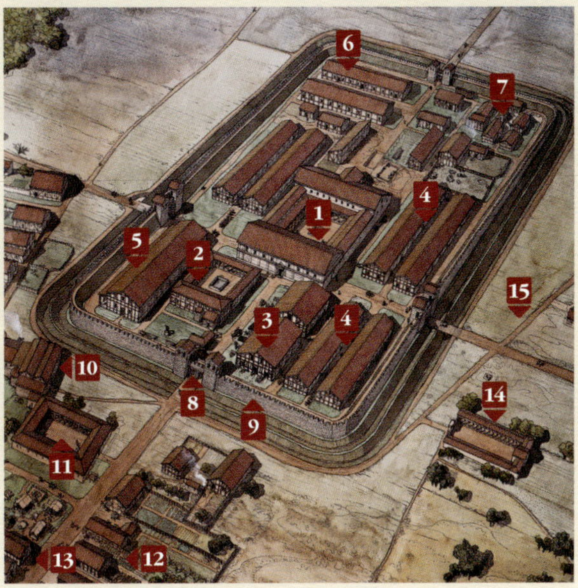

Le fort de la Saalburg est situé sur le *limes*, à l'emplacement d'une passe franchissant le Taunus-Kamm qui a constitué durant presque 160 ans la frontière de l'Empire romain. À l'époque préromaine, ce lieu représente déjà un important nœud routier, de la plaine du Rhin et du Main jusqu'au bassin d'Usingen. Après les guerres contre les Chattes menées par Domitien (83-85 apr. J.-C.), on construit d'abord deux petits fortins sur la passe pouvant accueillir une centurie (80 hommes) ; ils barrent l'axe de communication et contrôlent ainsi le passage de la frontière. Vers 90 apr. J.-C., non loin des fortins, on établit un petit fort en bois (0,7 ha), qui abrite une garnison de 150 à 200 hommes.

C'est vers 135 apr. J.-C., que la Saalburg connaît sa dernière phase de construction, lorsqu'on y érige un fort de 3,2 ha capable de loger toute une cohorte ; l'unité est en partie formée de cavaliers et constituée de 500 à 600 hommes. Au départ, le fort est bâti en bois ; puis, dans la seconde moitié du IIe siècle, certains bâtiments – et parmi eux, prioritairement, le rempart – sont construits en pierre. Au cours du IIe siècle, un gros *vicus* pouvant compter jusqu'à 2000 habitants se développe dans les environs de la Saalburg. Non loin de la porte du camp se trouvent des installations thermales, utilisées conjointement par les populations militaire et civile, ainsi qu'une auberge et divers lieux de culte. Au sud, à la sortie du *vicus*, la voie allant à Francfort-Heddernheim est bordée de part et d'autre par des cimetières. Dans l'agglomération, à côté des familles des soldats, habitent de nombreux commerçants et artisans, qui ne vivent pas seulement de l'économie liée à la présence de l'armée romaine, mais profitent d'une active circulation de marchandises à travers la Germanie indépendante.

Au IIIe siècle, des incursions germaniques viennent perturber la vie paisible dans la forteresse et le *vicus*. Vers 260 apr. J.-C., l'ancien tracé du *limes* est abandonné et la frontière ramenée sur le Rhin et le Danube. Le fort et le *vicus* sur la Saalburg tombent en ruine, et la population se replie sur les terres de la rive gauche du Rhin.

Le fort de la Saalburg
Les bâtiments du quartier général occupent le centre de la forteresse. Quatre ailes disposées en carré autour d'une cour intérieure abritent des locaux aux fonctions diverses : trois d'entre elles abritent la chapelle sacrée abritant les enseignes des légions, la trésorerie, des bureaux administratifs, des cabinets de travail et des magasins d'armes ; la quatrième forme une basilique de 400 m^2, place d'armes ou salle d'appel, qui sert de lieu de rassemblement pour les troupes.

Reinheim

Le territoire rural autour de Bliesbruck, fortement marqué par le cours de la Blies et sa vallée, est quadrillé par un réseau de sites ruraux, en particulier des *villae*, petites ou moyennes. À la périphérie immédiate de l'agglomération, établie sur la vaste plate-forme, existe une *villa* qui se caractérise par sa vaste superficie (7 ha), par son plan axial et par une séparation entre la partie résidentielle (*pars urbana*), la maison du maître, et la partie économique (*pars rustica*).

Elle s'inscrit dans un système d'enclos rectangulaires et s'étend sur 400 m de long sur environ 250 m de large.

La résidence occupe un rectangle de 80 m sur 70 m et est installée au sud sur une légère éminence, le Heidenhübel (monticule des païens). Elle atteignit son extension maximale dans la première moitié du IIIe siècle apr. J.-C. qui correspond aux vestiges visibles sur le site. Elle se compose alors d'un corps de bâtiment central rectangulaire orienté perpendiculairement à l'axe de l'ensemble et de deux ailes perpendiculaires en forte saillie donnant à la résidence la forme générale d'un H. Ses deux façades présentent au IIIe siècle des galeries à portique bordées de colonnades, organisation qui permet un accès facile aux différentes parties, en particulier les bains établis au nord-ouest. Leur alimentation en eau était assurée, si l'on se fie au plan des fouilles du XIXe siècle conservé au Musée de Spire, par un aqueduc qui amenait l'eau depuis un bassin situé de l'autre côté de la Blies. Du côté nord, la résidence ouvre par sa galerie directement sur la rivière, seulement distante de 100 m du portique. Entre les deux ailes débordantes, sur l'axe de la *villa* a été mis en évidence un massif de maçonnerie imposant, sans doute la fondation d'un tombeau monumental.

Dans de nombreuses *villae* de ce type, résidence et partie économique sont établies dans deux cours différentes séparées par un mur qui comprend un porche installé de façon axiale. À Reinheim, cette situation n'est pas attestée en raison de la destruction partielle du site par les anciennes sablières, mais elle est probable vu la stricte organisation de l'établissement.

La cour, longue de 300 m et large de 135 m est délimitée par un mur, sur lequel s'appuient les bâtiments annexes, rectangulaires, au nombre de six sur chacun des longs côtés. Leur disposition respecte une stricte symétrie et une répartition régulière le long du mur de clôture, à des intervalles réguliers de 42 m.

Les fouilles ont mis au jour deux entrées permettant d'accéder à la cour. La première est constituée d'un bâtiment-porche desservi directement par la voie qui longe la *villa*. Une seconde entrée est matérialisée du côté occidental par un chemin empierré qui arrive perpendiculairement sur le mur de clôture.

Cette *villa* ne correspond pas seulement à un centre de production, mais constituait aussi un lieu de résidence pour l'aristocratie et, à ce titre, son aménagement comportait les éléments caractéristiques de la culture des élites : architecture rappelant celle des monuments publics, décoration prestigieuse (mosaïque, enduits peints...), nombreuses pièces de réception et bains privés dont la munificence approche ou dépasse parfois celle des thermes publics. Les propriétaires de cette grande *villa* sont à rechercher parmi les notables, grands propriétaires fonciers qui exercent sans doute aussi des fonctions politiques dans la cité. Une telle *villa*, liée à une grande exploitation, nécessitait un personnel varié, employés de maison qui résidaient sans doute dans les parties les plus communes de la résidence, et ouvriers qui logeaient avec leur famille dans les petites maisons qui cohabitent dans la cour avec des bâtiments à fonction économique.

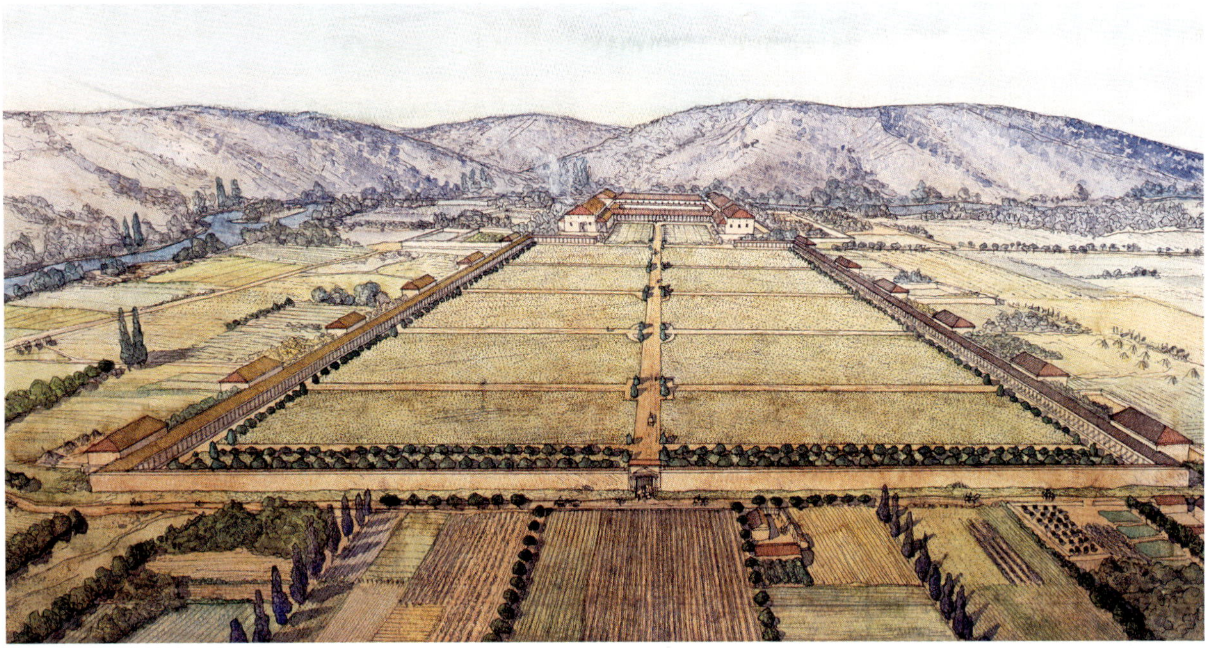

La Gaule

Cette carte montre les sites majeurs de la Gaule, répartis entre les six principales provinces : Narbonnaise, Aquitaine, Lyonnaise, Belgique, Germanies et Alpes. À l'est de Lutèce (Paris) s'étend la ville d'Andesina (Grand), identifiable au fossé circulaire qui l'entoure. Au sud, les sites voisins sont Alésia (Alise-Sainte-Reine), avec sa tour de défense en bois, et Augustodunum (Autun), symbolisée par la porte d'Arroux et ses monuments de spectacle. Tout à fait à l'ouest, on reconnaît Noviodunum (Jublains) avec son théâtre et son complexe fortifié. Plus bas, à la naissance de la Gironde, à l'est de Bordeaux, on aperçoit Vesunna (Périgeux) avec sa célèbre tour. Au sud-est, près du delta du Rhône, voici Arausio (Orange) et Arelate (Arles). Plusieurs routes, enfin, convergent vers Lugdunum (Lyon), la métropole des Gaules.

MANCHE
BELGIQUE
GERMANIES
Lutèce (Paris)
Andesina
(Grand)
Noviodunum
(Jublains)
Alésia
(Alise-Sainte-Reine)
Augustodunum
(Autun)
Bibracte
LYONNAISE
Vesunna
(Périgueux)
Lugdunum
(Lyon)
OCÉAN
ATLANTIQUE
Bordeaux
ALPES
AQUITAINE
Arausio (Orange)
NARBONNAISE
Arelate (Arles)
Martigues
Forum Julii
(Fréjus)
Marseille
Narbonne
MER MÉDITERRANÉE

Martigues

Dans la petite île au débouché de l'étang de Berre, une modeste ville gauloise se construit à partir du Ve siècle av. J.-C. Déjà, un véritable modèle s'instaure. L'habitat se caractérise par l'alternance régulière d'îlots d'habitation et de voies de communication. Proches de Marseille où les Grecs s'installèrent au VIe siècle, les indigènes sont au contact de leurs voisins, mais aussi des Étrusques et des Carthaginois. Les maisons protohistoriques sont de petite taille (de 10 à 20 m^2), constituées d'une seule pièce donnant sur l'extérieur par une porte. La construction est essentiellement de terre, les murs sont faits de briques crues, ou de terre massive, technique encore utilisée dans le monde méditerranéen. Les maisons sont couvertes de terre également, servant de terrasses où les habitants passent une grande partie de leur temps, qu'ils partagent avec la rue, où se déroulent la plupart de leurs activités, l'intérieur de la maison étant encombré de récipients de stockage et d'instruments de la vie quotidienne. Ce village a gardé pendant trois siècles un plan inchangé, malgré son histoire mouvementée. Fondé au Ve siècle avec un plan préétabli, sur un terrain vierge, il est entouré de remparts flanqués de tours semi-circulaires. Rapidement, un incendie détruit toutes les maisons, qui sont rebâties. Destructions accidentelles ou guerrières, certainement dues aux voisins grecs de Marseille, se succéderont jusqu'au IIe siècle av. J.-C., où le village sera encore une fois reconstruit, avec une économie tournée vers l'extérieur, jusqu'à destruction définitive dans le dernier quart du siècle.

Évocation de la vie quotidienne dans une rue du premier village gaulois de l'île de Martigues.

L'île de Martigues, à l'entrée de l'étang de Berre ouvert sur la mer Méditerranée, est le siège d'un village gaulois entouré d'un rempart implanté au Ve siècle av. J.-C.

Bibracte
Le Mont-Beuvray

Vue du Mont-Beuvray, qui domine cette région du Morvan, avec son double rempart. L'énorme espace délimité par ces constructions de défense et de prestige n'était pas entièrement bâti.

Bibracte est, d'après César, *"de beaucoup la plus grande et la plus riche ville des Éduens"* (César, *Bellum Gallicum*, I, 23). Elle fut le lieu de différents épisodes importants de la guerre des Gaules : César défait le peuple helvète non loin d'elle en 58 av. J.-C., une coalition gauloise menée par Vercingétorix s'y fomente contre l'envahisseur romain pendant l'hiver 53-52 ; le général romain y séjourne enfin à diverses reprises, notamment au cours de l'automne 52.

Bibracte est située sur le Mont-Beuvray (communes de Saint-Léger-sous-Beuvray, La Rochemillay et Glux-en-Glenne, départements de la Nièvre et de la Saône-et-Loire), comme l'ont montré les très importantes fouilles archéologiques menées entre 1867 et 1907 par l'érudit autunois Jacques-Gabriel Bulliot, puis par Joseph Déchelette. Depuis 1984, le site est de nouveau l'objet d'un grand projet de recherche, qui associe des archéologues issus de divers pays européens.

Situé à 25 km à l'ouest d'Autun, dont le site accueille, un demi-siècle après la conquête romaine, la nouvelle capitale gallo-romaine des Éduens, Augustodunum, le Mont-Beuvray, culminant à 821 m, est un bastion avancé du massif du Morvan, qui domine la vallée de l'Arroux, affluent de la Loire. Presque entièrement désertée au moment de la fondation d'Augustodunum et aujourd'hui recouverte de forêts, Bibracte est un représentant parfait des *oppida*, ces vastes agglomérations fortifiées qui parsèment l'Europe moyenne aux IIe et Ier

siècles av. J.-C. Elle est ceinturée d'une fortification monumentale, longue de 5 km, formée d'un rempart armé de poutres et parementé de pierre (*murus gallicus*), précédé d'un fossé. Il s'y ouvre plusieurs portes, dont l'une, récemment fouillée, a une largeur qui approche 20 m. La superficie enclose (135 ha) semble en grande partie occupée par des habitations au Ier siècle av. J.-C. Elle fut plus grande encore (200 ha) : les recherches récentes ont en effet montré que le site fut initialement ceinturé par un rempart plus étendu. L'*oppidum* est traversé par plusieurs voies qui structurent l'urbanisme. Dans une première phase (fin du IIe siècle-début du Ier siècle av. J.-C.), l'architecture n'utilise que la terre et le bois ; les vestiges des bâtiments sont donc ténus. Les techniques de bâtiment méditerranéennes sont introduites à partir du milieu du Ier siècle av. J.-C. On observe finalement la construction de maisons spacieuses, de plan romain, à la fin du même siècle et au début du suivant. Un des trois sommets du massif accueille, au Ier siècle av. J.-C., un espace réservé (la Terrasse) en périphérie duquel sera ultérieurement construit, au Ier siècle apr. J.-C., un temple de plan carré. On connaît également plusieurs fontaines et bassins situés dans l'espace public, de construction souvent monumentale. La physionomie de Bibracte reste donc résolument différente de celle d'une ville gallo-romaine "classique", par sa situation topographique, ses fortifications et son urbanisme irrégulier.

Outre son rôle avéré de capitale politique des Éduens, la ville est également un centre économique important. Sa richesse provient en grande partie du commerce avec les régions méditerranéennes, que les Éduens contrôlent grâce à leur mainmise sur les voies de communication majeures qui empruntent les vallées de la Saône et de la Loire. De fait, on observe que de très importantes quantités de denrées méridionales ont été acheminées sur le site. La plus visible est le vin, importé, principalement d'Italie, dans des amphores dont les tessons sont innombrables. Les fouilles montrent également que l'*oppidum* est un lieu très actif de transactions commerciales, où l'usage de la monnaie est quotidien. Enfin, c'est aussi un lieu de production. On a en effet mis au jour un grand nombre d'ateliers métallurgiques, où des artisans mettaient en forme des objets en fer ou en alliages de cuivre. Le site semble perdre totalement sa fonction résidentielle dès le début du Ier siècle apr. J.-C.

Le Parc aux chevaux : au centre de la capitale gauloise, deux grandes maisons construites à la manière romaine.

L'observatoire de César
C'est depuis le camp A (au premier plan à droite) que l'on a la meilleure vue sur la plaine des Laumes, où aura lieu la bataille de cavalerie définitive contre l'armée de secours. Au centre à droite, l'*oppidum* d'où Vercingétorix pouvait observer lui aussi le mouvement des troupes. Les troupes de l'armée de secours gauloise étaient vraisemblablement postées sur le flanc de la colline de Mussy, à l'extrême gauche. On comprend bien, à la vue de cette image, la faiblesse des positions romaines de la plaine contre une attaque en tenaille venue à la fois de l'intérieur et de l'extérieur. Seule la sortie de la cavalerie germanique, recrutée de toute urgence par César après la défection de nombreuses troupes gauloises, pouvait dégager les forces romaines.

ALÉSIA (ALISE-SAINTE-REINE)

L'*oppidum* d'Alise-Sainte-Reine est occupé depuis 80 av. J.-C. au moins. Le site va devenir célèbre quand Vercingétorix y trouvera refuge après la défaite de ses cavaliers et se fera encercler par les légions de César. En 52 av. J.-C., le général romain y remportera une victoire définitive, qui fera entrer la Gaule officiellement dans l'Empire romain. Les travaux qu'entreprirent les légionnaires furent colossaux. D'abord l'implantation de plusieurs camps et fortins, les plus grands pouvant atteindre 7 ha. Ensuite, une ligne de défense composée de fossés et de palissades flanqués de tours, la contrevallation, puis une ligne pour se défendre de l'armée de secours, la circonvallation. L'ensemble des lignes représentera environ 40 km de constructions. Les fouilles entreprises sous l'égide de Napoléon III et les recherches récentes ont permis de restituer précisement cet immense ouvrage de terre et de bois. La construction de ces fortifications, pour le temps d'une bataille, représente par son ampleur un inverstissement identique à beaucoup de monuments romains de grande renommée. Aujourd'hui, seuls les vestiges de la bourgade gallo-romaine du IIe siècle apr. J.-C. installée sur le sommet de l'*oppidum* sont visibles.

L'*oppidum* et les lignes romaines vues depuis la montagne de Bussy (camp du général romain Labienus)
De la montagne de Bussy, on a une vue directe sur l'*oppidum*, qui semble tout proche. En contrebas, la contrevallation entoure la position gauloise, bloquant toute sortie. À l'arrière-plan, la montagne de Flavigny, dont les camps romains sont visibles.

FORUM JULII (FRÉJUS)

Fondée par Jules César, probablement en 49 av. J.-C., Forum Julii ne connut un véritable essor que vers 29-27 av. J.-C., lorsqu'Octave – le futur empereur Auguste – y installa une colonie de vétérans de sa VIIIe légion. Colonie romaine sur la voie aurélienne, la ville reste l'un des plus importants ports militaires romains de la Méditerranée sous le Haut-Empire. Le site est remarquablement bien choisi, entre les massifs cristallins des Maures et de l'Estérel, sur un promontoire de grès bordant la basse vallée de l'Argens. Divers plans d'urbanisme ont été reconnus. Le premier, qu'il faut sans doute dater de la fin du Ier siècle av. J.-C., est d'orientation nord-nord-ouest/sud-sud-est; le second, établi au cours du Ier siècle apr. J.-C., est celui qui a déterminé la topographie générale de la ville telle que les fouilles archéologiques la retrouvent.

LES ENCEINTES URBAINES

Ces sont les murailles dont on entoure certaines villes pour les protéger. Bâtis en pierre, ces remparts sont dotés de tours et percés de portes monumentales. Dans l'Occident romain, ces enceintes, souvent conçues trop vastes, ont certes une valeur militaire, mais elles marquent surtout la puissance et le prestige des villes. Au Bas-Empire, notamment entre 270 et 370 apr. J.-C., de nombreuses enceintes faites de pierres et de briques comportent également des blocs provenant de monuments publics et de nécropoles. Ces remparts tardifs enserrent des superficies modestes.

Jusqu'à une époque toute récente, notre connaissance des infrastructures de Fréjus était tributaire des fouilles menées avant la Seconde Guerre mondiale. Celles-ci avaient révélé un bassin portuaire de forme polygonale, d'environ 22 ha de superficie, aujourd'hui complètement envasé, même si ses môles, bien conservés par endroits, sont encore visibles dans le paysage actuel. Il est vraisemblable que ce port, installé au sud-est de la ville antique, a réutilisé une ancienne lagune, bien que de très importants travaux de dragage aient été nécessaires. Ses quais se développent sur une longueur d'environ 2 km. Celui du sud avait une largeur de 4 m, une longueur de 540 m. Il était surmonté par un rempart crénelé, haut de 4 m. Au nord et à l'est, les quais, moins bien connus, forment un rentrant dans le port, ménageant une sorte de goulet qui conduit à la mer libre, vers l'est, sans qu'on sache bien où se trouvait exactement le trait de côte antique. On connaît malheureusement assez mal les installations portuaires et il faut beaucoup se méfier des attributions traditionnelles des monuments de Fréjus.

FORUM JULII (IIe siècle apr. J.-C.)

Une ville classique qui se créa à partir d'un port militaire

1 • Établissement militaire, probablement le camp de la flotte (une partie des thermes subsiste en élévation, remployée comme murs dans une ferme)
1 • Théâtre, construit *intra-muros* et de taille modeste avec un diamètre extérieur d'environ 84 m (du monument d'origine ne sont visibles que les murs rayonnants servant d'assises aux gradins supérieurs ; quant aux gradins inférieurs, ils sont modernes)
3. Nécropole
4. *Forum*, installé sur une plate-forme dominée par un grand temple (Capitole ?) ; à l'opposé, devait se trouver la basilique civile
5. Chenal reliant les deux ports
6. Le golfe de l'estuaire de l'Argens, lieu de mouillage de la flotte d'Auguste après la bataille d'Actium ; la présence d'une escadre semble attestée jusqu'au début du Ier siècle
7. Vers l'Italie
8. Port romain établi entre la citadelle de la butte Saint-Antoine à gauche et la plate-forme à droite (le bassin couvre une superficie de 22 ha et, encore aujourd'hui, on devine son emplacement dans le paysage actuel ; côté sud-est, ce bassin se resserre pour former un chenal à l'entrée duquel se dresse la lanterne dite d'Auguste)
9. Lanterne dite d'Auguste, ancien amer pour la navigation (le monument actuel est probablement d'époque médiévale)
10. *Cardo maximus*, axe majeur nord-sud de la ville, conduisant de la porte de l'Agachon au port militaire
11. *Decumanus maximus*, rue d'orientation est-ouest, reliant la porte des Gaules à la porte de Rome
12. Vers le Rhône

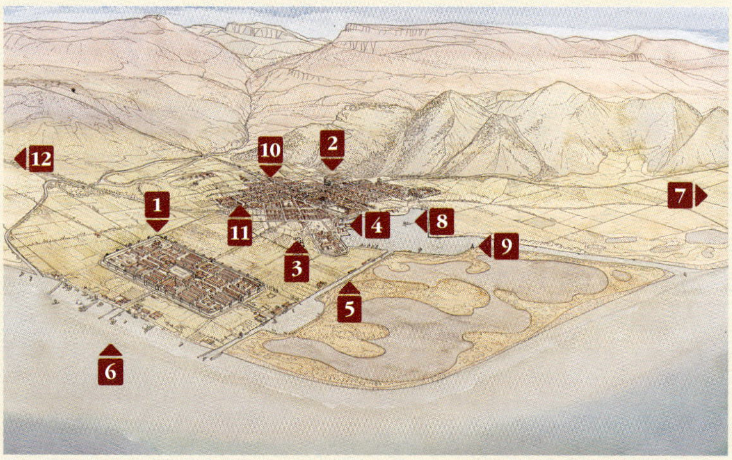

ARELATE (ARLES)

Bien qu'éloignée de la mer, la ville d'Arles est, dès le règne d'Auguste (27 av. J.-C.-14 apr. J.-C.), l'un des ports les plus actifs de la Méditerranée. Elle doit sa prospérité à sa situation géographique exceptionnelle, au croisement du Rhône – axe fluvial majeur mettant en relation la Méditerranée et l'est de la Gaule – et de la voie terrestre conduisant de l'Italie à l'Espagne. Créée par Jules César au lendemain de sa victoire sur Pompée lors des guerres civiles à Rome, en 46 av. J.-C., Arelate reçoit le statut de colonie de droit romain sous le nom de *Colonia Julia Paterna Sextanorum Arelatensium*. Port à la fois fluvial et maritime installé sur les berges du Rhône, le site est directement relié à la Méditerranée par le canal des Fosses mariennes, creusé en 103-102 av. J.-C. afin d'éviter la tête marécageuse du delta du Rhône. Ville commerciale florissante possédant notamment un comptoir à Ostie et à Beyrouth, Arelate a été chantée au IVe siècle apr. J.-C. par le poète bordelais Ausone qui n'hésite pas à la qualifier de "petite Rome gauloise", avant d'ajouter : *"Tu reçois les marchandises de tout le monde romain : cependant, tu ne les gardes pas pour toi, tu enrichis d'autres peuples, d'autres villes, tu en fais profiter la Gaule et l'Aquitaine au vaste sein."*

ARELATE (IIIe siècle apr. J.-C.)

La ville et son fleuve, étape et lieu de passage avec son pont qui sait s'ouvrir pour laisser les bateaux ravitailler la Gaule et en exporter les richesses

1 • Cirque, édifice de 450 m de long et de 101 m de large, pouvant recevoir 20 000 spectateurs (établi en dehors de la ville, il a été mis au jour dans les années 1970 et on en voit quelques vestiges près du Musée archéologique ; quant à l'obélisque qui se dressait au milieu de la *spina*, il est érigé sur la place de la République, devant l'église Saint-Trophime, où il a été déplacé sous le règne de Louis XIV)

2 • Nécropole et mausolées (comme la plupart des cimetières qui se situent à la sortie des villes, celui-ci est installé dans le quartier du cirque, mais n'est plus visible aujourd'hui ; il comportait plusieurs mausolées, tombeaux monumentaux érigés par de riches notables)

3 • Théâtre de 102 m de diamètre (initialement, l'édifice comportait trente-trois rangées de gradins pouvant accueillir 10 000 spectateurs ; aujourd'hui, seuls quelques éléments d'origine restent visibles)

4 • Amphithéâtre, l'un des mieux conservés du monde romain, avec un grand axe mesurant 136 m pour une largeur de 107 m (extérieurement, il s'ordonne sur deux étages de soixante arcades atteignant une hauteur totale de 21 m, tandis qu'un troisième niveau, l'attique, couronnait l'ensemble à l'origine ; quant à l'arène, de 69 m sur 40 m, elle était recouverte d'un plancher installé à environ 2 m au-dessus du sol actuel)

5 • Enceinte probablement d'époque augustéenne, entre 27 av. J.-C. et 14 apr. J.-C. (construite en petit appareil, elle enserre une superficie de 40 ha et se développe sur 1,6 km de long)

6 • Pont de bateaux établi ou restauré au IIe siècle apr. J.-C., aujourd'hui disparu (ce pont permanent, dont les auteurs anciens se sont plu à souligner l'ingéniosité, se composait d'une chaussée reposant sur une plate-forme installée sur des embarcations solidement arrimées les unes aux autres ; à chaque extrémité, une sorte de pont-levis, que des hommes relevaient à l'aide de treuils, permettait aux bateaux de le franchir)

7 • Thermes dits de la Trouille, également appelés palais de Constantin, uniquement visibles de façon partielle aujourd'hui puisqu'une bonne partie est ensevelie sous les constructions modernes (la ville compte au moins trois établissements de bains publics, combinant chacun salles chaudes et salles froides, et constituant un lieu de convivialité fort apprécié)

8 • *Forum*, cœur de la ville et place publique où se concentrent les activités politiques, judiciaires, administratives et religieuses (cette vaste esplanade repose sur des galeries souterraines appelées cryptoportiques ; disposées en U et mesurant 90 m sur 61 m, ces galeries constituent les substructions de cette énorme place aménagée sur un terrain en pente ; le temple, bâti en position dominante, est probablement consacré au culte impérial)

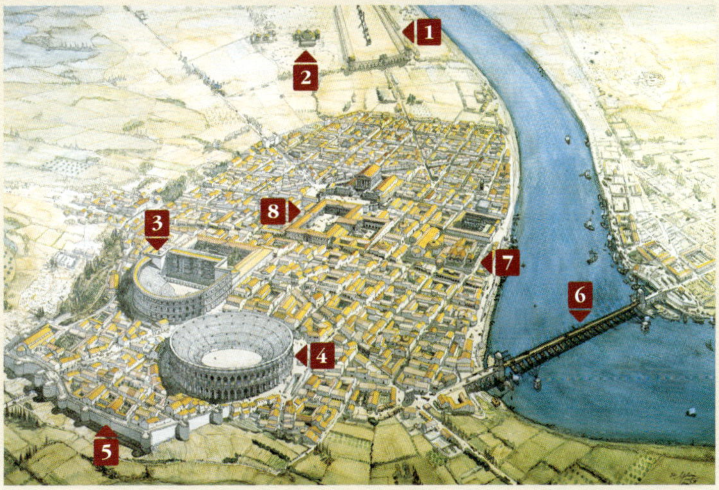

J.C.

Arausio (Orange)

La ville s'étend sur le flanc nord de la colline Saint-Eutrope et sur la plaine alluviale traversée par plusieurs cours d'eau – certains alors navigables – dont le lit a considérablement varié au cours des siècles. C'est un site qui occupe une position stratégique dans la basse vallée du Rhône, à proximité des Alpes. Cette colonie de droit romain a probablement été fondée en 35 av. J.-C. par Octave, le futur empereur Auguste, et peuplée par les vétérans de la IIe légion Gallica, peut-être avec des soldats mutinés envoyés en Gaule comme colons si l'on en croit l'historien grec Dion Cassius. Cette fondation reçoit le nom de *Colonia Firma Julia Arausio Secundanorum*. Vers 10 av. J.-C., elle est dotée d'une enceinte dont, aujourd'hui, il ne subsiste plus que la partie sud-ouest avec quatre tours attestées de façon sûre et une porte, dite de Roquemaure. Ce rempart, dont la longueur est estimée à quelque 3,5 km, englobe la colline Saint-Eutrope. À l'intérieur de cette enceinte, la ville se développe selon une trame orthogonale déterminant des îlots d'habitation – des *insulae* –, mesurant approximativement 103 m sur 34 m.

Arausio est célèbre dans le monde romain pour avoir livré plus de quatre cents fragments appartenant à trois cadastres successifs établis, pour les deux premiers, sous les règnes de Vespasien (69-79 apr. J.-C.) et de Trajan (98-117 apr. J.-C.) et, pour le dernier, à une époque postérieure. Documents officiels affichés dans les villes, ces cadastres montrent, entre autres, que sur chaque centurie, d'une superficie de 50 ha, figure le nom de chaque propriétaire.

Arausio (IIIe siècle apr. J.-C.)

1 • Théâtre d'un diamètre de 103 m, pouvant recevoir 9 000 spectateurs

2 • Temple de la colline Saint-Eutrope (si la présence d'une plate-forme rectangulaire de 60 m sur 30 m, maintenue par de puissants contreforts, y est attestée, on ignore en revanche quel édifice elle supportait : s'agissait-il d'un temple unique, d'un sanctuaire dédié à la triade capitoline ou bien encore d'une tour-signal comparable à la tour Magne de Nîmes ?)

3 • Temple et hémicycle (long de 74 m, l'hémicycle, bâti en petit appareil, enserre une place dallée au centre de laquelle se dressait un temple)

4 • Colline Saint-Eutrope (haute de 100 m, c'est une butte-témoin dont le grès a largement été utilisé pour la construction du théâtre)

5 • Mur d'enceinte, probablement construit sous le règne d'Auguste, vers l'an 10 apr. J.-C. (il n'en subsiste que quelques fragments de courtines, quatre tours et les vestiges d'une porte)

6 • Amphithéâtre (son existence est assurée, mais ses vestiges reconnus à différentes reprises depuis le XVIIIe siècle sont aujourd'hui soit détruits, soit toujours enterrés)

7 • *Forum* (si la localisation n'est pas connue avec précision, on pense qu'il devait s'étendre dans le prolongement du temple et de l'hémicycle et former, avec le théâtre, le centre monumental de la colonie)

Les édifices de spectacle

On en dénombre quatre types principaux dans l'Empire romain :

• **Théâtre**. De forme semi-circulaire, il comporte des gradins et une scène limitée par un haut mur. Tragédies et comédies y sont jouées, mais s'y produisent aussi pantomimes, jongleurs, acrobates et musiciens.

• **Amphithéâtre** (arènes). Dans ces monuments, symboles de la romanité, se déroulent combats de gladiateurs et chasses. L'amphithéâtre – dont le nom signifie "double théâtre" – comporte deux parties principales, toutes les deux elliptiques : l'arène et les gradins.

• **Odéon**. Petit théâtre couvert où les spectateurs viennent entendre conférences, concerts, récitals et lectures.

• **Cirque** (ou hippodrome). C'est là que se disputent les courses de chars et de chevaux. Le cirque a la forme d'un rectangle allongé avec une extrémité semi-circulaire. La piste est partagée en deux par un terre-plein (la *spina*). Autour se développent les gradins et, sur le petit côté opposé à la partie arrondie, s'ouvrent les boxes d'où partent les chars.

Le théâtre d'Orange est l'un des mieux conservés du monde romain. Édifié sur le flanc nord de la colline Saint-Eutrope, il est surtout remarquable par sa façade extérieure, haute de 37 m et préservée intégralement. Quant au mur de scène, il offre un décor architectural d'une extraordinaire richesse, s'apparentant à celui d'un palais : triple étage de colonnades, stucs, statues, placages de marbre... Trois portes s'ouvrent dans ce mur de scène. Au centre, la porte royale, empruntée par le tyran dans les tragédies et, de chaque côté, les portes par lesquelles entraient les étrangers, les hôtes et les personnages secondaires. La scène proprement dite, faite d'un plancher de bois, se développe sur une longueur de 61 m pour une largeur utile de 9 m. Les câbles visibles au-dessus de l'édifice permettaient de déployer d'immenses voiles – les *vela* – destinées à protéger les spectateurs les jours de chaleur.

AUGUSTODUNUM (AUTUN)

Installée sur les rives de l'Arroux, au point de convergence des bassins de la Loire, du Rhône et de la Saône, Augustodunum est l'exemple type d'une fondation *ex-nihilo*, sous le règne de l'empereur Auguste, à la fin du Ier siècle av. J.-C. Elle est établie à une vingtaine de kilomètres de Bibracte, l'ancienne capitale du peuple gaulois des Éduens. Dès sa fondation, la ville est protégée par une enceinte longue de près de 6 km, équipée d'une cinquantaine de tours et percée de quatre portes. La superficie englobée est de 200 ha, l'une des plus considérables du monde romain. Véritable vitrine de Rome, la ville connaît une vie intellectuelle intense et ses écoles – les Écoles méniennes – se hissent au rang des grandes universités de la Gaule romaine. *"Les plus nobles rejetons des Gaules"* (le mot est de l'historien latin Tacite) viennent y étudier le grec et le latin. On y inculque également des notions de géographie et d'histoire en se basant sur des cartes de l'Empire romain peintes sous des portiques. À deux reprises, la ville reçoit des hôtes célèbres : l'empereur Constance Chlore, au début du IVe siècle apr. J.-C., et Constantin le Grand, en 312 apr. J.-C.

AUGUSTODUNUM (IIe siècle apr. J.-C.)

L'ordonnance de la ville romaine qui succède à la ville celtique de Bibracte tout en préservant des originalités romano-celtiques

1 • Théâtre situé à l'intérieur de l'enceinte (c'est le plus vaste bâtiment de ce type connu en Gaule et, même, dans le monde romain avec un diamètre de 148 m ; il pouvait accueillir 20 000 spectateurs)

2 • Amphithéâtre, implanté *intra-muros* et construit immédiatement à côté du théâtre (l'édifice a été dégagé au XIXe siècle, mais n'est plus visible aujourd'hui ; ses dimensions étaient de 154 m sur 130 m et son arène elliptique mesurait 74 m sur 49 m)

3 • Enceinte dont il subsiste encore d'importants vestiges (cette muraille de 6 km de long offre une épaisseur moyenne de 2,50 m et sa hauteur devait être de l'ordre de 11 m)

4 • Porte de Saint-André, l'une des quatre portes de la ville, large de 19 m et haute de 14,60 m (sa façade présente deux avant-corps latéraux en saillie correspondant au passage des piétons et deux larges baies centrales ; elle est flanquée de deux tours, arrondies côté extérieur)

5 • Porte d'Arroux, autre porte de la ville, large de 18 m et haute de 16 m (son élévation est presque complète et son plan général est quasiment identique à celui de la porte de Saint-André)

6 • Temple de Janus, implanté hors enceinte (c'est l'un des temples les plus spectaculaires visibles aujourd'hui en Gaule, même s'il ne subsiste que la moitié de la *cella*, de forme sensiblement carrée et mesurant 16,35 m sur 16,80 m ; les murs conservent une élévation de 24 m)

7 • Théâtre voisin du temple de Janus, non visible aujourd'hui, mais dont l'existence a été révélée par la photographie aérienne et confirmée par des sondages archéologiques

8 • *Forum*, non visible aujourd'hui, dont la localisation a fait l'objet de plusieurs hypothèses, mais la découverte de nombreux vestiges lapidaires, d'éléments architecturaux et de fragments statuaires confirme bien l'existence d'un grand centre monumental

9 • Temple d'Apollon (c'est le nom donné à cet important vestige de mur en petit appareil avec arases de briques, installé le long du *cardo maximus*, mais rien ne permet de le rattacher au culte d'Apollon, attesté à Augustodunum par deux textes antiques)

10 • *Cardo maximus*, marquant le passage de la voie d'Agrippa à l'intérieur de la ville, de la porte d'Arroux à la porte de Rome (cette artère de 1,5 km de long et de 8 m de large constituait alors l'axe majeur de la ville et était pavée de larges dalles polygonales)

11 • Pierre de Couhard, mausolée en forme de pyramide se dressant dans la nécropole dite des "Champs des Urnes" située à l'est de la ville

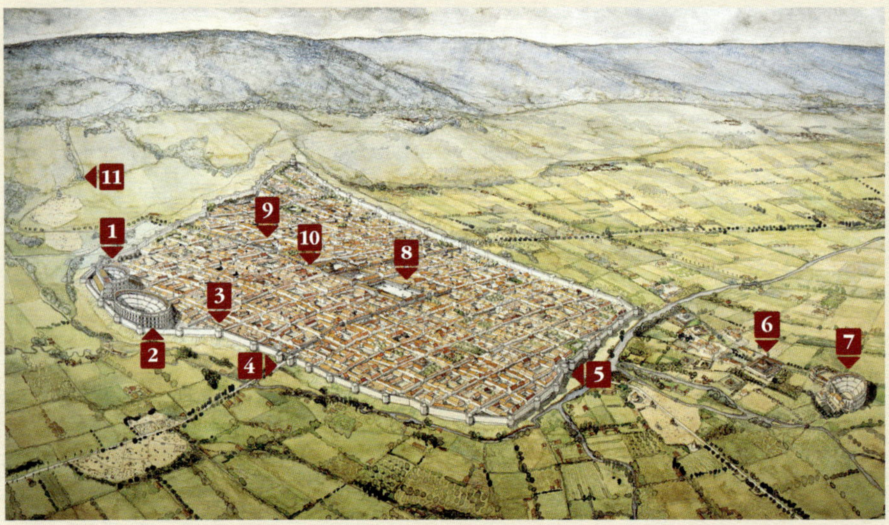

NOVIODUNUM (JUBLAINS)

Agglomération modeste, Noviodunum ne s'étend que sur 23 ha. Fondée sans doute à la fin du Ier siècle av. J.-C., en bordure d'un plateau dominant d'une cinquantaine de mètres le bassin d'Évron, la ville s'organise autour d'un alignement nord-sud: temples, *forum*, thermes et théâtre, encadrés par deux rues principales. Autour de ce noyau, matérialisé par un réseau de rues perpendiculaires mesurant de 4 m à 5,30 m de large, se développe une zone périurbaine dont les traces d'occupation se répartissent de manière plus sporadique. Un peu à l'écart de cette trame urbaine se dresse le complexe fortifié, dont les ruines sont encore très spectaculaires. Si l'on en juge par les indications fournies dans certains documents anciens, Noviodunum était un nœud routier majeur, avec dix voies permettant de se rendre notamment à Angers, au Mans, à Corseul, Évreux, Vieux…

NOVIODUNUM (IVe siècle apr. J.-C.)

1 • Complexe fortifié composé de trois éléments : un bâtiment central rectangulaire avec cour et tours d'angle ; un rempart de terre d'une soixantaine de mètres protégeant cette construction ; une enceinte périphérique en pierres et en briques, flanquée de tours et percée de deux portes et de trois poternes (édifié en plusieurs étapes, entre la fin du IIe siècle apr. J.-C. et le IVe siècle apr. J.-C., ce complexe semble correspondre à un grenier public fortifié, destiné à rassembler les impôts en nature et à emmagasiner les denrées nécessaires au ravitaillement des légions)

2 • Sanctuaire installé à la limite septentrionale de la trame urbaine, s'inscrivant dans un péribole carré de 80 m de côté et doté de trois entrées et de deux portiques, l'un extérieur et l'autre intérieur (bâti sur un *podium*, le temple, de forme rectangulaire, était probablement de type périptère classique, c'est-à-dire entouré par un portique sur quatre côtés ; on a longtemps supposé qu'il s'agissait d'un sanctuaire de source, mais les études les plus récentes ont montré qu'en réalité, les aménagements hydrauliques étaient juste destinés à capter et à canaliser les eaux pluviales)

3 • Thermes, partiellement conservés sous l'église (ils occupent presque toute la superficie d'une *insula* et l'eau est acheminée par un aqueduc souterrain ; longs de 61 m, ils ont probablement été édifiés à la fin du Ier siècle ou au début du IIe siècle apr. J.-C.)

4 • *Forum*, édifice très mal connu et non visible aujourd'hui (les travaux archéologiques ont révélé qu'il devait couvrir une superficie d'environ 3 000 m²)

5 • Théâtre implanté symétriquement au sanctuaire, à l'extrémité sud de la ville (dans son premier état, il affectait une forme presque circulaire, ce cercle étant seulement interrompu par un mur rectiligne côté sud-est ; lors d'une seconde phase de construction, il a été agrandi et doté d'un plan en forme d'arc outrepassé)

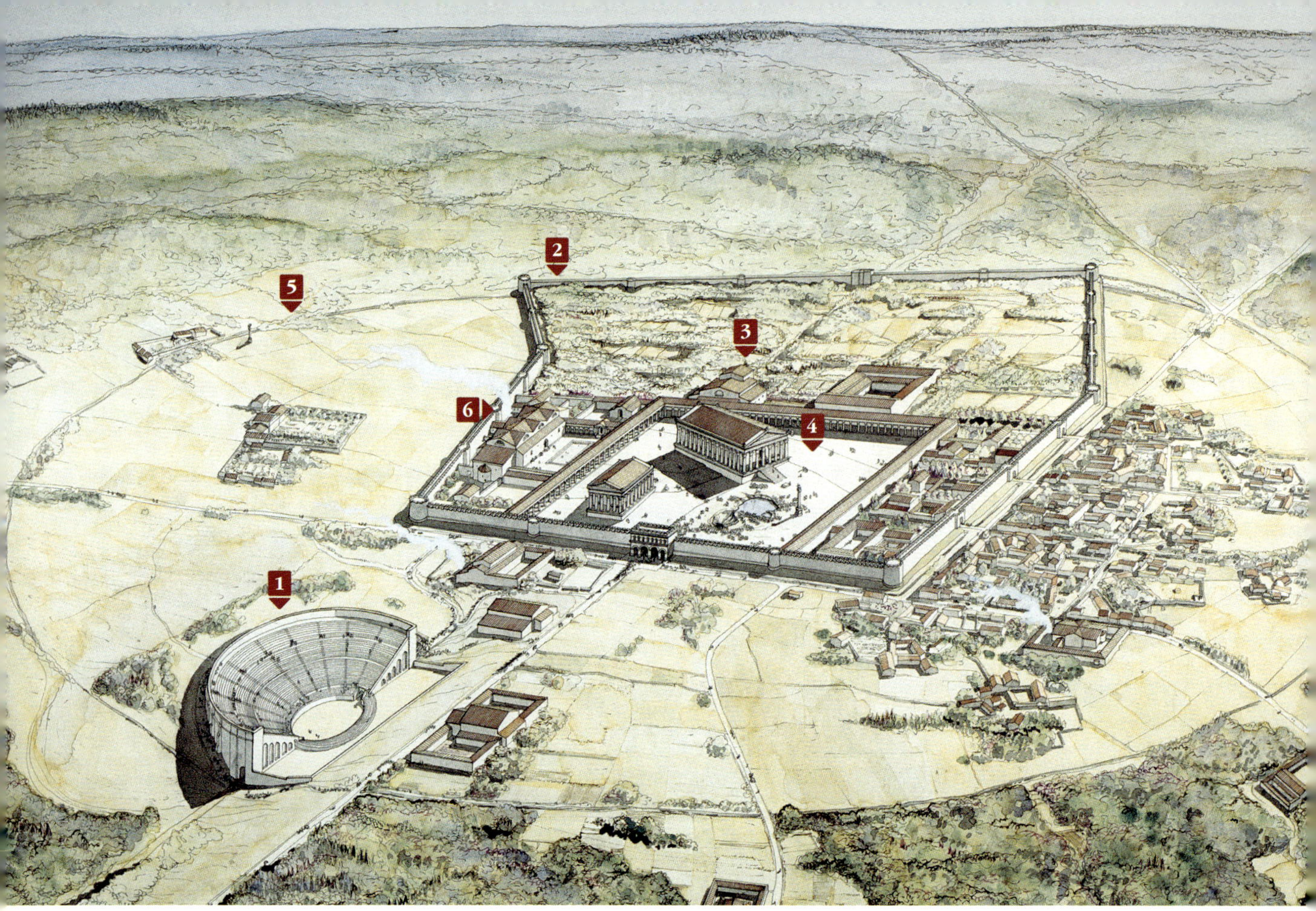

ANDESINA (GRAND)

Longtemps considérée comme une simple agglomération secondaire aux confins de la Lorraine et de la Champagne, la ville de Grand a été, en réalité, un sanctuaire célèbre dédié à Apollon Grannus. Mentionné sur la Table de Peutinger – un itinéraire routier conservé à la bibliothèque de Vienne (Autriche) –, ce sanctuaire renommé, dont la réputation dépassait largement le territoire des Leuques, a sans doute reçu la visite de Caracalla (211-217 apr. J.-C.) et de Constantin le Grand (306-337 apr. J.-C.). Si l'on en croit un panégyriste du IVe siècle apr. J.-C., c'était le sanctuaire "le plus beau de la terre". L'une des originalités les plus marquantes de ce site réside dans son extraordinaire réseau de galeries souterraines dont la longueur est estimée à 45 km et dont la profondeur atteint parfois 12 m.

ANDESINA (IIIe siècle apr. J.-C.)

1 • Amphithéâtre, ou plutôt demi-amphithéâtre, construit à la fin du Ier siècle apr. J.-C. (en partie centrale, il s'appuie sur le flanc d'un vallon, tandis qu'à ses deux extrémités, les gradins reposent sur des massifs maçonnés ; l'édifice, qui présente une arène ovale longue de 52 m, possède une capacité d'accueil de près de 20 000 spectateurs, chiffre sans commune mesure avec la population du sanctuaire et qui témoigne de la renommée du sanctuaire d'Apollon Grannus)

2 • Rempart, muraille de 1,7 km de long rythmée, tous les 80 m, par une tour ou une porte (bien qu'édifié sur un territoire ne présentant pas d'obstacles majeurs, il est de forme polygonale irrégulière ; il enserre le complexe religieux, ainsi que des portiques, des thermes et des constructions mal identifiées)

3 • Basilique, édifice richement orné avec des murs couverts de plaques de marbre très diverses provenant de tout l'Empire romain (le monument a livré une mosaïque illustrant soit une comédie latine, soit l'audience d'un pèlerin ou d'un berger avec un prêtre du sanctuaire)

4 • Temple d'Apollon Grannus, monument de type classique, non conservé (il se dresse près d'un bassin, cœur de la zone cultuelle, qui constitue la résurgence de deux réseaux karstiques)

5 • *Voie close*, désignant localement le fossé circulaire qui délimite l'espace sacré centré sur le bassin et le temple (cette enceinte en creux structure aujourd'hui encore le parcellaire du village)

6 • Thermes, totalement disparus

Lutèce (Paris)

Rien ne prédestinait Lutèce, modeste chef-lieu du petit peuple gaulois des *Parisii*, à devenir la capitale de la France. La présence de la Seine, voie de communication essentielle, et de tout un réseau de rivières navigables a évidemment été déterminant. Installée sur un site de méandres avec une plaine alluviale dominée par des buttes et des coteaux, la ville ne regroupe guère plus de 10 000 habitants au IIe siècle apr. J.-C. Elle s'étend principalement sur la rive gauche de la Seine, sur les pentes de la montagne Sainte-Geneviève, Belleville, Montmartre et sur les îlots qui formeront l'île de la Cité. Une trame de rues orthogonales structure l'espace urbain en *insulae* qui déterminent espaces publics et quartiers d'habitation ; mais, en fonction de la topographie et des implantations antérieures, certaines rues échappent à ce plan régulier et adoptent un tracé en oblique, notamment à l'est et à l'ouest. C'est au IVe siècle apr. J.-C. que Lutèce va, peu à peu, devenir Paris. La nouvelle appellation va d'abord coexister avec l'ancienne, avant de la supplanter définitivement durant le haut Moyen Âge.

Les cryptoportiques

Ce sont des galeries souterraines dont le tracé affecte un plan en U. Ils sont toujours en relation avec un monument en surface. En Gaule romaine, par exemple, ils permettent de surélever les portiques et le temple des *fora* et soulignent ainsi leur caractère monumental. Ils ont pu servir de lieu de stockage et même de galeries de circulation couvertes, espaces de fraîcheur les jours de canicule.

Lutèce (IIIe siècle apr. J.-C.)

1 • Arènes, sorte d'amphithéâtre pouvant accueillir 17 000 spectateurs et proposant un plan original : une arène elliptique classique de 52 m sur 45 m entourée par un haut mur de *podium* ; des gradins interrompus côté est et remplacés par une scène de théâtre longue de 41 m (avec cet aménagement particulier, l'édifice pouvait donc servir tantôt de lieu de spectacle de type théâtral, avec mimes et pantomimes, tantôt d'espace pour les combats de gladiateurs et les chasses)

2 • Thermes de Cluny, le monument romain le mieux conservé et le plus spectaculaire de la ville (à l'origine, les thermes occupaient une superficie d'un peu plus d'1 ha ; édifiés dans la seconde moitié du IIe siècle apr. J.-C., ils combinent salles chaudes, tièdes et froides, espaces couverts et à ciel ouvert, salles de service, le tout organisé selon la logique des bains romains)

3 • *Forum*, édifice dont il ne reste que de maigres vestiges recouverts par des constructions modernes, installé sur le flanc ouest de la montagne Sainte-Geneviève, entre le boulevard Saint-Michel et la rue Saint-Jacques, dans l'axe de la rue Soufflot (il comporte une vaste esplanade de 118 m de long sur 43 m de large, bordée de portiques surélevés et prenant appui sur une galerie souterraine, appelée cryptoportique ; côté est, on pense que cette place était bordée d'une basilique, à laquelle faisait face un temple)

4 • Théâtre, bâtiment entièrement disparu, mais reconnu au cours de divers travaux (ayant eu lieu entre 1861 et 1864) qui ont permis de déterminer le diamètre (71 m) et la largeur (47 m) de ce monument

5 • Thermes du Collège de France, le plus vaste édifice thermal de la ville avec une superficie proche de 2 ha (si la partie comprise sous le Collège de France a été détruite, d'autres vestiges existent encore sous les quartiers voisins)

6 • Thermes du Sud, édifice très mal connu et totalement disparu

7 • *Cardo maximus*, constituant l'axe majeur de la ville et la base du plan quadrillé, aujourd'hui recouvert par la rue Saint-Jacques

8 • Nécropole Saint-Jacques, établie hors de la ville, en bordure du prolongement du *cardo maximus* (seule une petite partie a pu être fouillée, mais on évalue sa superficie à environ 4 ha)

BLIESBRUCK

La région frontalière, sur la rive gauche de la Blies, entre Bliesbruck (département de la Moselle, France) et Reinheim (Land de Sarre, Allemagne), est connue depuis les années 1950 grâce à la découverte de la tombe princière celtique de Reinheim. À partir des années 40 apr. J.-C., une petite ville (à Bliesbruck), dont le noyau urbanisé couvre 15 à 20 ha, partage la vallée de la rivière avec une grande *villa* (à Reinheim). Un axe principal structure l'agglomération sur 700 à 800 m de longueur. De part et d'autre de celui-ci sont installés des quartiers à vocation essentiellement artisanale et commerciale, constitués pour l'essentiel de constructions rectangulaires allongées ouvrant par le petit côté sur la voie. Le centre de l'agglomération est caractérisé par la présence de thermes publics de caractère monumental, établis au sein d'un vaste espace comprenant d'autres bâtiments publics. L'existence de ce centre public, l'organisation régulière des quartiers bordés de portiques et dotés de confort urbain, l'attestation d'une production et d'une consommation de haut niveau montrent le caractère urbain de cette agglomération au IIIe siècle. Elle peut donc être considérée comme un modèle pour les nombreuses petites villes dont le réseau structure le territoire des cités des Trois Gaules et des Germanies et qui servent de relais aux chefs-lieux.

Après les troubles de la fin du IIIe siècle, la situation change. Les thermes perdent leur caractère public et abritent des ateliers, l'un des quartiers est abandonné alors que, dans l'autre, les constructions réoccupées ont perdu de leur confort. La *villa* continue d'être occupée, mais a sans doute perdu son caractère domanial.

Après le milieu du IVe siècle, on constate une détérioration générale des constructions ; pourtant, une activité artisanale importante se maintient dans l'un des quartiers de l'agglomération jusque vers 430, date à laquelle le site est sans doute abandonné.

La petite ville de Bliesbruck vue depuis le sud-est
La voie principale structure complètement l'agglomération. De part et d'autre de cet axe, sur presque toute sa longueur, sont installés des quartiers artisanaux et commerciaux, constitués pour l'essentiel de constructions rectangulaires allongées ouvrant par le petit côté sur la voie. Les constructions associent au sein d'une même unité espaces artisanaux, boutiques, pièces d'habitation et de séjour et se prolongent par des cours, parfois encloses, recelant des structures annexes, dépendances, puits, latrines-dépotoirs. Les thermes publics de caractère monumental occupent un des côtés du centre public, un peu en retrait de la voie principale. Au loin, la *villa* de Reinheim est établie sur la plate-forme formée par un méandre de la Blies.

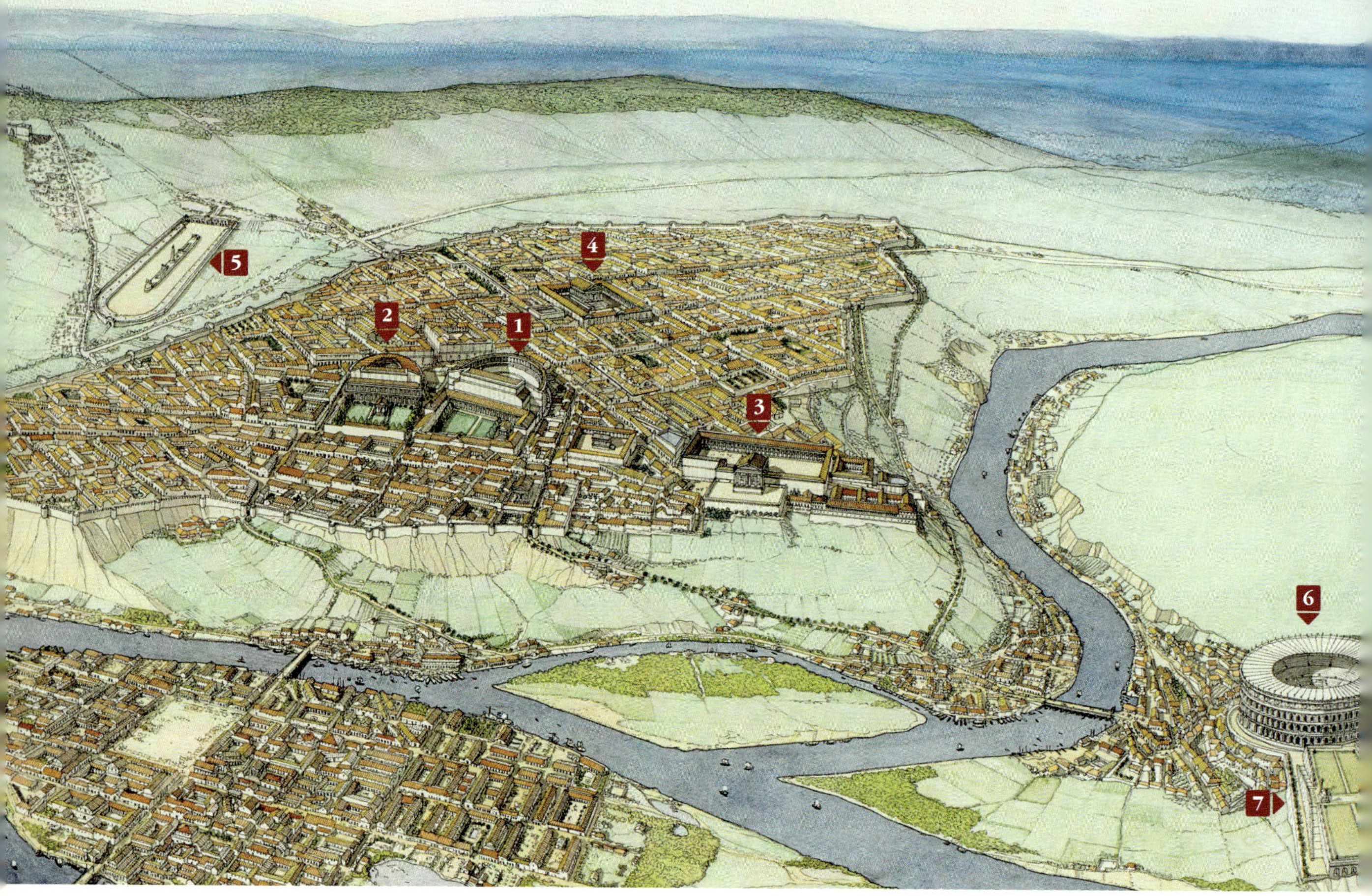

Lugdunum (Lyon)

Le site de Lugdunum s'étend sur la colline de Fourvières et ses abords, à la jonction de la Saône et du Rhône. Cette confluence se présentait alors sous un aspect bien différent de celui d'aujourd'hui, puisqu'elle était encombrée par plusieurs bras qui déterminaient toute une série d'îles et de marais. Au nord-est, entre les deux cours d'eau, se trouve la zone de la Croix-Rousse, également habitée. La colonie, qui prend son appellation définitive sous le règne de Claude, *Colonia Copia Claudia Augusta Lugdunum*, est fondée en 43 av. J.-C. par Lucius Munatius Plancus, gouverneur de la Gaule chevelue. Selon l'historien grec Dion Cassius, cette fondation s'effectue sur l'ordre du Sénat de Rome au profit de vétérans gaulois. Son nom, Lugdunum, pourrait signifier "la forteresse du dieu Lug (ou Lugus)" ou bien "la hauteur bien éclairée". Auguste fait de cette ville le chef-lieu de la province de la Celtique qui, vers le milieu du Ier siècle apr. J.-C., devient la Lyonnaise. En 12 av. J.-C., est fondé le sanctuaire confédéral des Trois Gaules où, chaque 1er août et pendant trois siècles, se réunissent les représentants de soixante peuples formant l'Aquitaine, la Lyonnaise et la Belgique. Ce sanctuaire regroupe à Condate (au sud de la Croix-Rousse), l'autel de Rome et d'Auguste, un amphithéâtre et probablement un temple. C'est en raison de ce sanctuaire où se déroulent des manifestations à la fois politiques et religieuses que Lugdunum a été qualifiée, mais à tort, de "Capitale des Trois Gaules".

Lugdunum (fin du IIe siècle apr. J.-C.)

1 • Théâtre, édifié sous Auguste et remanié vers la fin du Ier siècle ou le début du IIe siècle apr. J.-C. (avec son diamètre d'environ 108 m, il contient 11 000 places)

2 • Odéon, l'un des monuments de spectacle les mieux conservés du monde romain (il possède un diamètre de 73 m et se caractérise par le riche pavement de marbres polychromes qui orne l'*orchestra*)

3 • *Forum* mal connu, notamment son emplacement

4 • Temple du culte impérial, édifié au début du Ier siècle apr. J.-C., agrandi et embelli dans la seconde moitié du même siècle (il s'élève au milieu d'une esplanade, sur un *podium* de 43 m sur 36 m)

5 • Cirque, non retrouvé mais dont l'existence est attestée par plusieurs inscriptions lapidaires

6 • Amphithéâtre, édifié en 19 apr. J.-C., qui fait partie intégrante du sanctuaire des Trois Gaules (avec ses 80 m sur 60 m, il s'agit d'un édifice de dimensions modestes, mais c'est l'amphithéâtre le plus ancien de la Gaule)

7 • Sanctuaire des Trois Gaules (au sommet d'une double rampe, se dresse l'Autel de Rome et d'Auguste sur lequel sont gravés les noms des soixante peuples des Trois Gaules)

Vesunna (Périgueux)

Créée par l'empereur Auguste à l'occasion de l'organisation des cités de la province d'Aquitaine (ici, les Pétrocores), Vesunna offre le cas classique d'un site d'*oppidum* – place forte gauloise – auquel succède une fondation urbaine dans la plaine voisine. Le chef-lieu des Pétrocores a été implanté sur la rive droite de l'Isle, dans un large méandre formé par cette rivière. D'une superficie de 60 ha, la ville s'ordonne selon une double trame urbaine : d'une part, un quadrillage nord-sud affectant le cœur de l'agglomération et les monuments publics ; d'autre part, côté ouest, un réseau d'orientation différente, vraisemblablement plus ancien. Se juxtaposent de riches demeures et des habitations plus modestes, construites soit en matériaux légers, soit en tuiles et en mortier.

Vesunna (fin du IIe siècle apr. J.-C.)

1 • Tour de Vésonne, ancien temple constituant le monument antique le mieux conservé et le plus célèbre de Périgueux, dont il ne reste que la *cella*, haute de plus de 24 m pour un diamètre intérieur de 17,10 m (le plan initial en fait une réalisation tout à fait originale dans le monde romain : un temple circulaire avec galerie de même forme, inscrit dans un péribole ouvrant à l'est, avec un habillage de type monumental influencé directement par le Panthéon de Rome)

2 • *Forum*, dont les vestiges sont actuellement enfouis au sud de la tour de Vésonne (les fouilles opérées au début du XXe siècle et des observations plus récentes ont montré qu'il comportait deux cours séparées par une basilique avec un temple consacré au culte impérial complétant cet ensemble monumental)

3 • *Domus* des Bouquets, riche demeure jouxtant le péribole de la tour de Vésonne (constamment remaniée et embellie de la première moitié du Ier siècle jusqu'au IIIe siècle apr. J.-C., cette *domus* s'ordonne autour d'un vaste jardin doté d'un bassin circulaire)

4 • Thermes, retrouvés partiellement en 1857, mais totalement disparus aujourd'hui

5 • Aqueduc (après un cheminement de 7 km, cet aqueduc amenait aux thermes l'eau d'une source située dans la commune de Saint-Laurent-sur-Manoire ; bien que son tracé soit bien connu, il n'en subsiste aucun vestige)

6 • Amphithéâtre, sans doute commencé sous le règne de Tibère (14-37 apr. J.-C.) et achevé quelques années plus tard (c'est un bâtiment à structure creuse, c'est-à-dire entièrement construit au-dessus du sol, d'une capacité de 20 000 spectateurs ; avec ses 140 m de long et ses 116 m de large, il s'agit d'un des amphithéâtres les plus vastes de la Gaule, mais il n'a jamais été complètement dégagé et seuls quelques vestiges en sont visibles aujourd'hui, notamment deux vomitoires, nom donné aux couloirs d'accès, des restes des contre-allées et des escaliers...)

Glossaire

- *Agora*. En Grèce, place publique de forme le plus souvent carrée, tout à la fois centre administratif, politique, religieux et commercial de la cité.

- **Amphithéâtre**. Édifice de spectacle de forme elliptique avec arène et gradins, où combattent les gladiateurs, où l'on donne des spectacles de chasse et où des condamnés sont livrés aux fauves.

- **Aqueduc**. Conduite qui amène l'eau d'une source à un lieu habité. La canalisation peut être souterraine, courir au niveau du sol ou franchir une vallée ou un pont.

- **Arc de triomphe**. Monument en pierre percé de deux à trois portes, destiné à glorifier un empereur et à rappeler la toute-puissance de Rome. Son décor représente le plus souvent des scènes à caractère militaire.

- **Basilique**. Édifice rectangulaire servant de marché couvert, de salle des pas perdus, de tribunal et de lieu de rencontre, sur le *forum*, dans une ville romaine.

- ***Bouleutêrion***. Lieu de réunion de la *boulê*, conseil qui, à Athènes, préparait les lois votées par l'Assemblée du peuple (*ecclesia*).

- **Capitole**. Nom donné au temple où sont vénérées ensemble trois divinités : Jupiter, Junon et Minerve. L'édifice offre une *cella* divisée en trois parties, chacune consacrée à l'un de ces dieux et abritant sa statue.

- ***Cardo***. Dans la ville romaine, voie principale orientée nord-sud et voies secondaires parallèles à cet axe majeur.

- **Cirque**. Stade où se disputent les courses de chars et de chevaux. Sa forme est allongée avec une extrémité semi-circulaire. Une *spina* partage la piste en deux dans le sens de la longueur et les équipages partent de boxes (*carceres*).

- ***Civitas***. Unité administrative composée d'un territoire et d'une ville chef-lieu. En Gaule romaine, les *civitates* reprirent généralement les territoires des principaux peuples gaulois d'avant la conquête et dont elles conservèrent le nom.

- **Colosse**. Statue de dimensions importantes, dépassant de très loin l'échelle humaine. Les colosses de Memnon, à Thèbes, avaient 21 mètres de hauteur et le célèbre colosse de Rhodes en avait une trentaine.

- **Curie**. Lieu de réunion des sénateurs à Rome, ou des décurions de la ville en province (en quelque sorte, le "conseil municipal").

- ***Decumanus***. Dans la ville romaine, voie principale orientée est-ouest et voies secondaires parallèles à cet axe majeur.

- ***Dromos***. Grande voie dallée rectiligne conduisant à l'entrée d'un temple et généralement bordée de statues de sphinx alignées.

- ***Fanum***. Temple gaulois de tradition celtique comportant deux constructions – le plus souvent carrées ou circulaires – emboîtées l'une dans l'autre. La partie centrale est la *cella* et tout autour se développe une galerie de circulation.

- ***Forum***. Place principale de la ville romaine où se tiennent les assemblées du peuple et où se discutent les affaires. Souvent placé au croisement des deux rues principales, cet espace regroupe plusieurs bâtiments publics.

- ***Gymnasium***. En Grèce, édifice dédié aux exercices physiques. Des portiques, autour d'une cour, communiquaient notamment avec une salle de sport, un espace de jeu de balle et une salle pour lutteurs.

- **Hippodrome**. Voir **cirque**.

- ***Horreum***. Vaste entrepôt dans lequel sont stockées marchandises et denrées déchargées des navires et des chariots.

- **Hypostyle**. Terme qui désigne une salle dont le plafond est supporté par des colonnes.

- **Kiosque**. En Égypte, grand pavillon à colonnes situé devant l'entrée d'un temple et comprenant un socle servant de reposoir à la barque processionnelle de la divinité concernée.

- ***Mastaba***. Mot arabe signifiant "banquette", utilisé pour désigner les grands tombeaux de rois ou de dignitaires qui rappellent, par leur étalement, cette forme.

- **Mausolée**. Tombeau à caractère monumental, dont le nom générique a été donné par celui du roi Mausole à Halicarnasse.

- ***Megaron***. Principale salle intérieure d'un palais, en Crète ou en Grèce ancienne.

- ***Naos***. Partie la plus sacrée d'un temple ; dans le monde gréco-romain, chapelle contenant la statue de la divinité. En Égypte, sorte de grande niche monolithique généralement en granit, refermée par des volets, où était placée la statue de culte.

- **Nymphée**. Fontaine monumentale, souvent décorée de colonnes et de statues évoquant les divinités des eaux et d'autres personnages.

- **Odéon**. Petit théâtre couvert où l'on donne lectures, conférences, récitals et concerts.

- **Palestre**. Espace sablé réservé aux exercices physiques dans un *gymnasium* ou dans des thermes publics.

- **Portique**. Galerie couverte bordée de colonnes. Il en existait fréquemment le long des rues, autour des places et des cours.

- **Propylées**. Entrée monumentale d'une aire sacrée délimitée par un *temenos*.

- **Stade**. En Grèce surtout, espace consacré aux épreuves athlétiques, dont l'architecture s'apparente à celle des cirques, *spina* et *carceres* (boxes de départ) en moins.

- ***Temenos*** ou **péribole**. Le premier mot est grec, le second d'origine latine ; ils servent à désigner l'enceinte qui délimite une aire sacrée.

- **Théâtre**. Édifice composé de gradins (*cavea*), d'une scène et, entre les deux, d'une *orchestra*. S'y déroulaient tragédies, comédies, pantomimes et spectacles de bateleurs.

- **Thermes**. Établissement de bains publics ou privés qui juxtaposait vestiaire, salles chaude, tiède et froide, piscine et palestre. C'était un lieu de convivialité apprécié.

- ***Triclinium***. Salle à manger des grandes maisons romaines, comprenant un espace central entouré sur trois côtés par des lits, d'où son nom.

BIBLIOGRAPHIE

ADAM (Jean-Pierre) et BLANC (Nicole), *Les sept merveilles du monde*, Perrin, Paris, 1989

ADRONICOS (Manolis), *Delphes*, Ekdotike Athenon, Athènes, 1989

AKURGAL (Ekrem), *Civilisations et sites antiques de Turquie*, Haset Kitabevi, Istanbul, 1986

AUFRÈRE (Sydney), GOLVIN (Jean-Claude) et GOYON (Jean-Claude), *L'Égypte restituée, Sites et temples de Haute Égypte* et *L'Égypte restituée, Sites et temples des déserts* (deux volumes), Errance, 1994

AUFRÈRE (Sydney) et GOLVIN (Jean-Claude), *L'Égypte restituée, Sites, temples et pyramides de Moyenne et Basse Égypte*, Errance, 1997

BECK (Françoise) et CHEW (Hélène), *Quand les Gaulois étaient romains*, Découvertes Gallimard, Paris, 2003

BEDON (Robert), *Atlas des villes, bourgs, villages de France au passé romain*, Picard, Paris, 2001

BOMMELAER (Jean-François), "Guide de Delphes. Le site", *Sites et monuments*, n°VII, École Française d'Athènes-Éditions E. de Boccard, 1991

BOMMELAER (Jean-François), direction, "Marmaria. Le sanctuaire d'Athéna à Delphes", *Sites et monuments*, n°XVI, École Française d'Athènes-Électricité de France, 1997

BOVOT (Jean-Luc) et ZIEGLER (Christiane), *Art et archéologie : l'Égypte ancienne*, Manuels de l'École du Louvre, La Documentation française, Réunion des musées nationaux, Paris, 2001

BRUNEAU (Philippe), BRUNET (Michèle), FARNOUX (Alexandre) et MORETTI (Jean-Charles), direction, *Delos. Île sacrée et ville cosmopolite*, Patrimoine de Méditerranée, CNRS Éditions, 1996

DE CARBONNIÈRES (Philippe), *Olympie. La victoire pour les dieux*, CNRS Éditions, 1996

CLAYTON (Peter A.), *Chronique des Pharaons. L'histoire règne par règne*, traduit de l'anglais par F. Maruéjol, Casterman, Paris, 1995

COARELLI (Filippo), *Guide archéologique de Rome*, Bibliothèque d'archéologie, Hachette, 1994

COULON (Gérard) et GOLVIN (Jean-Claude), *Voyage en Gaule romaine*, Actes Sud-Errance, Arles-Paris, 2002

CUÉLLAR LÁZARO (Juan), *España romana. Architectura romana en España*, Aqualarga, 1995

GOLVIN (Jean-Claude) et GOYON (Jean-Claude), *Les bâtisseurs de Karnak*, Presses du CNRS, Paris, 1987

GOLVIN (Jean-Claude) et GROS DE BELER (Aude), *Voyage en Égypte ancienne*, Actes Sud-Errance, Arles-Paris, 1999

GOLVIN (Jean-Claude) et LANDES (Christian), *Amphithéâtres et gladiateurs*, CNRS, Paris, 1990

GOUDINEAU (Christian), "Les villes de la paix romaine", dans *Histoire de la France urbaine*, sous la direction de Georges Duby, tome 1, Seuil, Paris, 1980, p. 233-391

GOUDINEAU (Christian), *Le voyage de Marcus, les tribulations d'un jeune garçon en Gaule*, Actes Sud-Errance, Arles-Paris, 2000

GOUDINEAU (Christian) et PEYRE (Christian), *Bibracte et les Éduens. À la découverte d'un peuple gaulois*, Collection Hauts Lieux de l'Histoire, Errance, Paris, 1993

GRECO (Emanuele), D'AMBROSIO (Ilaria) et THEODORESCU (Dinu), *Guida archeologica e storica agli scavi al museo ed alle antichità di Poseidonia Paestum*, Capire l'antico, La Colomba-Scorpione Editrice, 1995

GROS DE BELER (Aude), *Vivre en Égypte au temps de Pharaon. Le message de la peinture égyptienne*, Errance, Paris, 2001

GROS DE BELER (Aude) et GOLVIN (Jean-Claude), *Guide de l'Égypte ancienne*, Errance, Paris, 2002

La Ciudad Hispanoromana, Ministerio de Cultura, Àmbit servicios editoriales, Barcelona, 1993

LANDES (Christian), direction, *Le théâtre antique et ses spectacles*, Actes du colloque de Lattes, Lattes, 1992

MALISSARD (Alain), *Les Romains et l'eau, les fontaines, salles de bains, thermes, égouts, aqueducs…*, Realia-Belles-Lettres, Paris, 2002

"Pétra et le royaume des Nabatéens", *Les dossiers d'archéologie*, n° 196, septembre 1991

POSENER (Georges), SAUNERON (Serge) et YOYOTTE (Jean), *Dictionnaire de la civilisation égyptienne*, Hazan, Paris, 1959

REDDÉ (Michel) et GOLVIN (Jean-Claude), *Voyages sur la Méditerranée romaine*, Actes Sud-Errance, Arles-Paris, 2005

REDDÉ (Michel), *Alésia. L'archéologie face à l'imaginaire*, Collection Hauts Lieux de l'Histoire, Errance, Paris, 2003

SLIM (Hédi), *El Jem. L'antique Thysdrus*, Patrimoine de Méditerranée, Alif - Les éditions de la Méditerranée, Tunis, 1996

VANDERSLEYEN (Claude), *L'Égypte et la Vallée du Nil. Tome 2. De la fin de l'Ancien Empire à la fin du Nouvel Empire*, Presses Universitaires de France, Nouvelle Clio, Paris, 1995

VERCOUTTER (Jean), *L'Égypte et la Vallée du Nil. Tome 1. Des origines à la fin de l'Ancien Empire*, Presses Universitaires de France, Nouvelle Clio, Paris, 1992

Table des matières

Imprimé en France par CLERC S.A.S.
18200 Saint-Amand-Montrond en octobre 2005